DEMOCRACIAS EM CRISE, TEORIAS EM TRANSE

LUIS FELIPE MIGUEL
LUCIANA BALLESTRIN
(ORGS.)

DEMOCRACIAS EM CRISE, TEORIAS EM TRANSE

coleção ensaios

autêntica

Copyright © 2025 Os organizadores
Copyright desta edição © 2025 Autêntica Editora

Todos os direitos reservados pela Autêntica Editora Ltda.
Nenhuma parte desta publicação poderá ser reproduzida, seja por meios mecânicos, eletrônicos, seja via cópia xerográfica, sem a autorização prévia da Editora.

Apoio:

COORDENADOR DA COLEÇÃO ENSAIOS
Ricardo Musse

CAPA
Alberto Bittencourt

EDITORAS RESPONSÁVEIS
Rejane Dias
Cecília Martins

DIAGRAMAÇÃO
Waldênia Alvarenga

REVISÃO
Lívia Martins

Dados Internacionais de Catalogação na Publicação (CIP)
Câmara Brasileira do Livro, SP, Brasil

Democracias em crise, teorias em transe / Luis Felipe Miguel e Luciana Ballestrin (organizadores). -- 1 ed. -- Belo Horizonte, MG : Autêntica Editora, 2025. -- (Ensaios ; 11)

Vários autores.
Bibliografia.
ISBN 978-65-5928-559-4

1. Democracia 2. Imperialismo 3. Neoliberalismo 4. Política e governo I. Miguel, Luis Felipe. II. Ballestrin, Luciana. III. Série.

25-261900   CDD-321.8

Índices para catálogo sistemático:
1. Democracia : Ciência política 321.8

Cibele Maria Dias - Bibliotecária - CRB-8/9427

Belo Horizonte
Rua Carlos Turner, 420
Silveira . 31140-520
Belo Horizonte . MG
Tel.: (55 31) 3465 4500

São Paulo
Av. Paulista, 2.073, Conjunto Nacional
Horsa I . Salas 404-406 . Bela Vista
01311-940 . São Paulo . SP
Tel.: (55 11) 3034 4468

www.grupoautentica.com.br
SAC: atendimentoleitor@grupoautentica.com.br

Introdução
Interpretando a crise e repensando a democracia 7
Luis Felipe Miguel e Luciana Ballestrin

Crise democrática e condições pós-coloniais 15
Luciana Ballestrin

A crise como rotina: representações da
Nova República e democracia no Brasil 41
Jorge Chaloub

Obstrucionismo, negacionismo e a
crítica na agenda das mudanças climáticas no Brasil 81
Cristiana Losekann

A crise da democracia e a nova economia da desinformação 105
Luis Felipe Miguel

Democracias em crise: um mapeamento crítico de
um debate da teoria política contemporânea 145
Marcelo Sevaybricker Moreira

A crise democrática brasileira e seu conteúdo:
a radicalização da luta pela desigualdade 183
Maria Caramez Carlotto

Crises da democracia na história brasileira 205
Gabriela Nunes Ferreira e Maria Fernanda Lombardi Fernandes

Sobre os autores 233

Introdução
Interpretando a crise e repensando a democracia

Luis Felipe Miguel
Luciana Ballestrin

Quase uma década se passou desde os eventos que chamaram a atenção da ciência política para a existência de uma crise das democracias em nível global – a primeira vitória de Trump nas eleições presidenciais estadunidenses e o resultado do plebiscito britânico favorável à saída da União Europeia, ambos em 2016. Contudo, a literatura nacional e internacional ainda não esgotou sua busca por explicações, tampouco acordou minimamente sobre como enfrentar os desafios que a situação apresenta. O progressivo acúmulo, volume e variedade de estudos ainda não foi capaz de produzir consensos disciplinares básicos. De fato, a própria existência da crise em si é disputada, a partir de perspectivas diversas.

Algumas leituras, informadas a partir do caso dos Estados Unidos (ou do Brasil), enfatizam que "as instituições estão funcionando", isto é, que as garantias democráticas sobreviveram a vitórias de governantes com inclinação autoritária em eleições competitivas. Um exemplo ilustrativo dessa argumentação, baseado no caso brasileiro, defende que "contrariando as expectativas pessimistas de muitos especialistas, a democracia mostrou-se resiliente. O país não enfrentou uma transformação institucional radical, apesar dos retrocessos observados [...]. Bolsonaro não tentou destituir juízes [...]. Também não propôs alargar a dimensão dos tribunais nem perseguiu políticos e/ou jornalistas da oposição" (Melo; Pereira, 2024, p. 149).

Não cabe aqui discutir a pertinência ou não da avaliação sobre o comportamento do então presidente brasileiro, mas observar que a escolha do adjetivo "resiliente" é significativa. As instituições deveriam atravessar as intempéries e esperar o próximo governo. De fato, apesar de ameaças e mesmo de intentonas golpistas, tanto Trump quanto Bolsonaro entregaram o cargo a seus sucessores. A alternância no poder, que visões convencionais na ciência política indicam como a pedra de toque da democracia, estaria preservada. Assim, a crise afetaria países como a Turquia, a Hungria ou a Venezuela, nos quais a integridade do processo eleitoral foi comprometida, mas estaria longe de ser tão generalizada e preocupante como muitos diagnósticos apressados indicariam.

Uma abordagem que parte de pressupostos opostos se encontra no discurso de muitos movimentos sociais combativos. Enquanto os cientistas políticos conservadores operam com a ideia de uma institucionalidade desgarrada por inteiro das condições sociais efetivas, esses movimentos apreciam a democracia exclusivamente por sua capacidade de enfrentar as desigualdades – e o veredito, não surpreende, é de que ela nunca se concretizou de fato. A dificuldade da consolidação democrática em perspectiva histórica e comparada, especialmente em contextos nacionais com trajetória pendular de democratização, escancara a coexistência entre desigualdade, injustiça e democracia, justificando tal entendimento. Este é o contexto do Brasil. Não por coincidência, as crises políticas que antecederam suas crises democráticas evidenciaram um conflito precariamente conciliável entre os esforços populares por democratização e a determinação de várias frações das elites nacionais para manter suas vantagens, prerrogativas e poder de veto.

Com um olhar mais alargado, é possível indicar que a percepção de que as democracias liberais estavam se tornando disfuncionais é constante desde a década de 1970, nos países das democracias tidas como exemplares. Houve uma crise de gestão dos Estados de bem-estar social, diagnosticada à esquerda (Offe, 1984 [1972]; O'Connor, 1973; Habermas, 1975 [1973]) e à direita (Huntington, 1975); em seguida, uma crise de representatividade dos mecanismos eleitorais, revelada pela crescente abstenção e alienação do público (Norris, 1999; Pharr; Putnam, 2000; Miguel, 2004); mais adiante, o estrangulamento do espaço de atuação dos mecanismos democráticos no período da hegemonia neoliberal, levando à constatação de um processo de desdemocratização ou emergência da "pós-democracia" (Crouch, 2004; Streeck, 2017).

A "crise" parece ser, assim, o modo de operação normal das democracias ocidentais, um efeito necessário da acomodação entre um ordenamento político nominalmente democrático e uma estrutura econômica capitalista. A excepcionalidade a ser explicada seria, então, o breve período de estabilidade, quando, em alguma medida, em alguns poucos lugares de mundo, o sistema parecia funcionar com reduzidas tensões – as três décadas posteriores à Segunda Guerra Mundial, chamadas, com exagero, de *les trente glorieuses* (os trinta gloriosos). Afinal, esse diagnóstico não se aplicaria aos contextos que vivenciavam regimes autoritários de variados tipos, nem àqueles que ainda buscavam sua independência nacional.

Mas, ainda que se possa reconhecer a procedência de argumentos que questionam, relativizam e tensionam a própria ideia de crise, é imperativo reafirmar que a crise democrática existe como fenômeno social, apresentando sinais de agravamento inclusive diante de resultados eleitorais que apontam para o caminho do autoritarismo. Ainda que sua trajetória não seja linear e sua novidade histórica não seja absoluta, a crise democrática atual possui especificidades que a distinguem de períodos anteriores e, sobretudo, está distante de ser superada. A centralidade de sua agenda de investigação e intervenção, para a ciência e a teoria políticas, dá-se então na medida em que o fenômeno persiste e com ele, a necessidade de respostas científicas e políticas.

Ainda que trabalhos qualificados e interessantes tenham sido publicados até o momento, talvez não seja exagero afirmar que a identificação tardia de uma crise democrática profunda no mundo também tornou visível uma crise teórica e disciplinar: teórica, pelas limitações não somente das teorias sobre a crise, como também dos próprios modelos democráticos considerados convencionais e até radicais; disciplinar, porque a ciência política não possui êxito em sua tradicional pretensão de monopólio no tratamento da democracia – distanciando-se intencionalmente das humanidades e falhando também em sua capacidade preditiva, aos moldes das ciências exatas que a inspiram.

Assim, problematizar a produção das teorizações sobre a crise, uma vez que sua dinâmica incide na construção e no conhecimento do objeto, tem implicações importantes para questionar os rumos que as teorias da democracia e da sua crise poderiam e deveriam tomar. Além disso, atualmente a própria identidade e a importância da ciência política como área do conhecimento estão sob questionamento, algo similar ao que vem ocorrendo na sociologia (Costa, 2024) e na história (Avila *et al.*, 2019).

O presente volume identifica e questiona algumas tendências problemáticas do estágio atual do debate sobre a crise – derivadas, sobretudo, da reverberação analítica oriunda das concepções hegemônicas na disciplina, que ainda operam com a visão de uma institucionalidade política dissociada das dinâmicas sociais mais amplas. Os textos que o compõem procuram oferecer contribuições que evidenciam a importância dos aspectos históricos, ideológicos e estruturais para o debate crítico sobre a democracia. Com diferentes ênfases, seja em autores, atores ou processos, os textos desenvolvem uma reflexão sobre a crise a partir de variadas trajetórias de pesquisa.

No primeiro capítulo intitulado "Crise democrática e condições pós-coloniais", Luciana Ballestrin chama a atenção sobre a importância de se observar como o diagnóstico da crise é concebido pela literatura corrente: tratam-na como um fenômeno político passível de ser isolado das demais esferas do social ou está conectado a uma crise sistêmica mais profunda? Entendendo que a segunda perspectiva é mais promissora em termos de perguntas e oxigenação disciplinar, a autora sugere que uma das maiores tarefas para a análise da crise democrática está na apreensão das interpenetrações: da política com a economia, do passado com o presente, do nacional com o internacional. Para ela, trata-se de uma estratégia operacional difícil, porém necessária, para entender o que provocativamente chamou de "desenvolvimento desigual e combinado das democracias ocidentais". A alusão à lei elaborada pelo marxista revolucionário tem a utilidade de inserir a desigualdade do sistema internacional de Estados, originada com a formação do sistema-mundo moderno colonial, na interpretação da crise. De natureza política e econômica, essa desigualdade possui impactos no desenvolvimento das democracias e suas crises ao longo do século XX, mais especialmente quando do estabelecimento de uma ordem internacional pós-colonial, globalizada e neoliberal.

Intervindo no debate de modo a aprofundar as especificidades do caso brasileiro, Jorge Chaloub, no capítulo seguinte, oferece uma interpretação autoral sobre a crise, que considera suas representações pelas elites políticas em temporalidades particulares e sobrepostas. A originalidade de sua proposta interpretativa está na identificação de que três discursos sobre a crise estão presentes na direita brasileira após a Constituição de 1988: do Estado, da moral e da ordem. Nesse sentido, entender a radicalização da direita brasileira exige conhecer a historicidade de seus discursos sobre a crise, os quais podem ser encontrados desde o início da Nova República e que são constitutivos do próprio campo da direita no Brasil. Propondo o entendimento da transformação hegemônica das linguagens políticas da direita brasileira (conservadorismo e liberalismo; reacionarismo e fascismo), o autor entende haver uma "mútua determinação" entre sua adesão ao ultraliberalismo (radicalização do neoliberalismo) e a conflagração da crise.

Cristiana Losekann introduz no seu capítulo a discussão, ainda incipiente no país, sobre obstrucionismo e negacionismo climático. A intersecção entre crise democrática e climática são exploradas pela autora no mapeamento dos atores que mobilizam o conflito climático para a defesa de seus interesses econômicos, por um lado, e pela reivindicação da justiça socioambiental por outro. Nesse sentido, o capítulo evidencia discursos antiambientalistas por parte de grupos de interesse ligados à direita do espectro ideológico, trazendo também as dificuldades encontradas pela esquerda governamental desenvolvimentista para lidar com as críticas e com os limites da transição energética e do mercado de carbono. A autora demonstra a difícil conciliação das lutas ambientais com o enquadramento liberal-democrático no Brasil, uma vez que este apresenta constrangimentos estruturais para um questionamento mais profundo do capitalismo e economia verdes.

Crise da democracia, ascensão da nova extrema direita e a reconfiguração do espaço do debate público pelas arenas digitais são fenômenos concomitantes, mas ainda se discutem as relações de causalidade que podem ser estabelecidas entre eles. Luis Felipe Miguel, em seu capítulo, discute o novo ambiente comunicacional – ou "nova economia da desinformação" –, caracterizado pela erosão dos atributos de legitimidade que distinguiam determinados discursos (como da ciência e do jornalismo) e pelo reforço de circuitos de validação fundados em proximidade e afetos. Nessa realidade, é prejudicado um dos fundamentos das democracias concorrenciais limitadas: a ideia de que um público com baixa possibilidade de participação, pouca informação e reduzido interesse na política seria capaz, ainda assim, de alcançar consensos minimamente razoáveis. A possibilidade de recomposição do arranjo hoje perdido é, assim, remota.

Marcelo Sevaybricker Moreira faz um amplo mapeamento da literatura sobre a crise da democracia na ciência política. Em grande medida, a crise é identificada com a ascensão de lideranças consideradas "populistas", isto é, que evocariam a soberania popular para, com essa autoridade, atropelar as instituições democráticas representativas. É uma literatura que muitas vezes possui um tom altamente prescritivo, com conselhos bastante explícitos sobre como proceder para debelar a ameaça "populista" e, assim, "salvar" a democracia. Mas, como observa o autor, poucas vezes se discute no que consiste essa democracia que precisa ser preservada, cuja defesa é apresentada como obrigatória até para "grupos que denunciam viver situações de opressão, a despeito da institucionalidade democrática". Assim, a defesa de uma democracia abstrata torna-se, na prática, a imposição de uma aceitação acrítica do ordenamento liberal, a despeito de todas as suas limitações.

Enfrentando tanto a literatura internacional quanto o caso brasileiro, Maria Caramez Carlotto discute a crise atual das democracias a partir da compreensão de que é preciso ir além do aspecto institucional. O projeto da democracia não se reduz às regras da competição e do exercício do poder, como querem as visões procedimentalistas historicamente predominantes na ciência política: ele contempla um ideal de igualdade, mas desprovido de sentido. Por isso, diz a autora, políticas de frente ampla liberal – que se dispõem a enfrentar a extrema direita em seu conservadorismo e autoritarismo, mas não na adesão à agenda neoliberal – partem de uma leitura limitada e insuficiente sobre a crise, padecem de uma insolúvel contradição interna e, em última análise, são incapazes da alcançar a prometida recuperação democrática.

Por fim, de modo semelhante ao argumento de Chaloub neste volume, Gabriela Nunes Ferreira e Maria Fernanda Lombardi Fernandes questionam o ineditismo da ideia de crise e sua apropriação histórica por setores da direita brasileira. Navegando igualmente pelas águas do pensamento político brasileiro, a contribuição fundamental do capítulo das autoras é demonstrar, desde uma perspectiva histórica e ideológica, as disputas pelos significados da noção de democracia com propósitos antidemocráticos. Elas recuperam como a noção contraditória de "democracia autoritária" foi articulada na primeira metade do século XX no Brasil e como um regime autoritário foi estabelecido no país em nome da democracia pelo golpismo militar. Os agentes militares, autodefinidos como um poder moderador da República brasileira, participaram em todos os momentos de suspensão democrática – ou de sua tentativa – no país. Indubitavelmente, esse elemento possui peso específico e decisor na trajetória das rupturas democráticas, ao menos no Brasil.

Os capítulos aqui reunidos mostram a necessidade de maior renovação e ousadia nas análises da ciência política sobre a democracia, tendo em consideração a diversidade dos seus entendimentos valorativos e práticos, bem como sua relação intrínseca com a emancipação social. Em meio a contradições estruturais e dinamismos conjunturais cada vez mais preocupantes, ela não pode se furtar da crítica comprometida e rigorosa sobre o mais grave problema político da nossa geração, engajando-se seriamente com outras ciências sociais e humanas em busca de sua superação.

Referências

Avila, Arthur Lima; Nicolazzi, Fernando; Turin, Rodrigo (Orgs.) *A história (in)disciplinada: teoria, ensino e difusão do conhecimento histórico*. Vitória: Milfontes, 2019.

Costa, Sérgio. Neither Economization nor Culturalization: for a Convivial Sociology. *In*: São Paulo Critical Theory Conference, 3., 2024, São Paulo. *Anais...* São Paulo, [s.n.], 30 nov. 2024.

Crouch, Colin. *Post-Democracy*. Cambridge: Polity, 2004.

Habermas, Jürgen. *Problemas de legitimación en el capitalismo tardío*. Buenos Aires: Amorrortu, 1975 [1973].

Huntington, Samuel P. The United States. *In*: Crozier, Michel J.; Huntington, Samuel P.; Watanuki, Joji. *The Crisis of Democracy: Report on the Governability of Democracies to the Trilateral Commission*. New York: New York University Press, 1975.

Melo, Marcus André; Pereira, Carlos. *Por que a democracia brasileira não morreu?* São Paulo: Companhia das Letras, 2024.

Miguel, Luis Felipe. *Democracia e representação: territórios em disputa*. São Paulo: Ed. Unesp, 2014.

Norris, Pippa (Ed.) *Critical Citizens: Global Support for Democratic Governance*. Oxford: Oxford University Press, 1999.

O'connor, James. *The Fiscal Crisis of the State*. New York: St. Martin's Press, 1973.

Offe, Claus. Dominação de classe e sistema político: sobre a seletividade das instituições políticas. *Problemas estruturais do Estado capitalista*. Tradução de Bárbara Freitag. Rio de Janeiro: Tempo Brasileiro, 1984 [1972]. (Biblioteca Tempo Universitário, 79)

Pharr, Susan J.; Putnam, Robert D. (Eds.) *Disaffected Democracies: What's Troubling the Trilateral Countries?* Princeton: Princeton University Press, 2000.

Streeck, Wolfgang. *Buying Time: The Delayed Crisis of Democratic Capitalism*. London: Verso, 2017.

Crise democrática e condições pós-coloniais

Luciana Ballestrin

A história da democracia, sabe-se, é uma história de exceção ao longo dos milênios da vida humana na Terra. A primeira experiência democrática costuma ser atribuída à Grécia Antiga, por volta do século V a.C., com características próprias e irreproduzíveis da sociedade ateniense à época. Séculos depois, a partir do século XVIII, o ideal democrático foi retomado nos contextos revolucionários dos Estados Unidos e Europa, associando-se de modo inovador a velhas e novas instituições políticas, princípios filosóficos e organizações sociais – até então, o termo era estigmatizado e suscitava desconfiança por sua associação com as cidades-estados da Antiguidade.[1] Foi nisto que residiram as principais diferenças entre as experiências clássica e moderna da democracia: sua combinação com parlamentos preexistentes, o nascimento do liberalismo político e a criação das associações partidárias. O enquadramento territorial sob a forma de estado nacional[2] e o surgimento das ideologias políticas também são dois aspectos históricos fundamentais de serem agregados às novidades daquele contexto.

---

[1] A "constante instabilidade interna e beligerância externa, seus costumes austeros e homogêneos, e seu desprezo pelo comércio" (Ostrensky, 2024, p. 296) geravam desconfiança sobre a desejabilidade da democracia no mundo moderno.

[2] Aspecto e problema fundamental da teoria democrática, presente pelo menos desde Jean-Jacques Rousseau e os federalistas: a realização da soberania e do governo popular estariam condicionados ao tamanho reduzido de uma sociedade e do espaço que ela habita? Através da originalidade do arranjo federativo, a compatibilidade entre grande extensão territorial e o princípio republicano foi possibilitada.

Desde então, a democracia expandiu-se como regime político e forma de vida, sendo o século XX considerado o auge de sua manifestação – não obstante também fosse uma "era dos extremos" (Hobsbawm, 1995). Contudo, seu movimento de ampliação não se deu de forma homogênea, linear e síncrona em todas as regiões e países. Pelo contrário: no desenvolvimento desigual e combinado das democracias ocidentais,[3] a interação de muitas variáveis – não necessariamente mensuráveis, domésticas e de ordem política – é dinâmica responsável pelo resultado da equação final. Momentos de expansão foram seguidos de momentos de retração democráticos, o que atribui à mecânica democrática uma natureza que lhe é própria enquanto fenômeno social, mas, ao mesmo tempo, a dependência de um conjunto de condições para seu exercício.

Autocompreendida como ciência da democracia, a ciência política tem procurado apreender tal natureza através das seguintes operações disciplinares: a reafirmação do discurso da autonomia da política enquanto esfera social, distinta da econômica e cultural; a aproximação das ciências exatas enquanto lógica orientadora em termos epistêmico-metodológicos; e a eleição da institucionalidade – em *lato* e *stricto sensu* – como fundamento irradiador de preocupação analítica e normativa. Isso posto, não deixou de surpreender que, no momento mais flagrante de recuo democrático nos meados da segunda década do século XXI, a disciplina tivesse pouco a dizer. De modo compensatório, a crise da democracia se tornou incontornável para a politologia da última década, forçando o tensionamento de suas fronteiras disciplinares.

---

[3] A referência é à teoria do desenvolvimento desigual e combinado de Trótski, a qual forneceu, segundo Löwy (1998), contribuições para o rompimento do eurocentrismo e evolucionismo das análises marxistas do seu tempo. O exercício de pensar esse desenvolvimento em termos de democracia pode parecer descabido ou imprudente; contudo, realça uma ideia forte de que a construção democrática nas sociedades pós-coloniais precisa ser entendida em suas conexões com a construção democrática nas sociedades metropolitanas, incorporando contradições sistêmicas relacionadas à noção de expropriação. Segundo Fraser (2022), a expropriação – caracterizada pela violência bruta, captura forçada e roubo da riqueza dos povos colonizados – possibilitou que a exploração (da classe trabalhadora dos países centrais) se tornasse lucrativa. Ambas as lógicas podem coexistir (no centro) ou serem nubladas (no atual tipo de acumulação capitalista), e em todos os casos se vincularia ao racismo.

Quando, porém, deu-se o momento mais flagrante de que o modelo democrático representativo no Ocidente estava seriamente ameaçado? O marco costuma direcionar seu olhar para os Estados Unidos, potência hegemônica cuja relação (auto)atribuída com a democracia é de fundação,[4] exemplo e tutela. Assim, foi somente após a vitória presidencial do empresário bilionário Donald Trump pelo Partido Republicano que os sinais de alerta ressoaram mais fortemente na comunidade internacional pública – acadêmica, política, midiática. Sob quais condições uma figura autoritária como aquela havia chegado à Presidência pelas vias eleitorais? Como o sistema partidário, político e democrático permitiu sua construção política? O limite político da democracia liberal e sua sociedade aberta não seria justamente a própria democracia liberal?

Naquele mesmo ano de 2016, porém, os resultados plebiscitários pela saída da Inglaterra da Comunidade Europeia ("Brexit") em junho e pela rejeição do acordo de paz com as Farc (Fuerzas Armadas Revolucionarias de Colombia) na Colômbia em outubro, já haviam indicado vitórias populares mais reticentes às ideias de integração e tolerância, assim como a presença das *fake news* em ambas as campanhas eleitorais. Não menos sintomático, no Brasil, o golpe final pela ruptura do pacto poliárquico selado com a Constituição Federal de 1988 ocorria finalmente no mês de agosto, não obstante a previsão legal de recurso parlamentar ao *impeachment* utilizado contra Dilma Rousseff (PT) em seu segundo mandato. Tomados em conjunto, esses quatro eventos evidenciaram que as forças que atuavam – intencionalmente ou não – pela desestabilização da convivência democrática em termos minimalistas, começavam a contar com o papel das instituições e das eleições a seu favor. E, mais do que isso, que essas forças pendiam para o espectro ideológico à direita e seus extremos.

---

[4] "Não devemos esquecer que a democracia é uma minúscula partícula da história humana, recente e ainda rara. Ela só veio ao mundo em 1788, quando a primeira eleição em nível nacional, baseada no sufrágio individual, foi realizada nos Estados Unidos" (Przeworski, 2020). Essa frase é muito representativa do entendimento abstrato de democracia como excepcionalismo estadunidense. Não há dúvidas sobre o experimento original e inovador que a experiência dos Estados Unidos logrou à prática e à teoria democrática contemporâneas; contudo, a afirmação desconsidera a história e prática antiga da ideia, a circulação do espírito revolucionário e republicano no eixo norte-Atlântico e os sujeitos excluídos daquela experiência nascente.

A partir de então, tornou-se quase um dever de ofício questionar: quando, onde, como e por que a crise democrática iniciou? As perguntas são simples, mas permanecem em aberto. A primeira remete a uma relação necessária entre crise e tempo: de que modo identificar e constituir a temporalidade da crise em curso, seu início e término? A segunda coloca em perspectiva a importância dos diferentes contextos nacionais e hemisféricos: o quão global é a crise? A terceira e quarta demandam a explicação do processo e a definição de suas causas. As características da crise e sua especificidade histórica ante as anteriores, bem com seu ritmo e intensidade, também merecem preocupação. As respostas oferecidas até o momento não são consensuais, tampouco as formas de enfrentá-la. A própria ideia de crise passou a ser questionada e relativizada em determinados círculos, a depender da descentralização dos pontos de vista sobre o próprio significado de democracia. O argumento é forte desde perspectivas críticas mais ou menos radicais – teóricas e/ou oriundas de movimentos sociais –, sobretudo daquelas que questionam os limites de transformação e justiça inerentes ao modelo democrático representativo liberal.

Ocorre, porém, que a democracia não é o único aspecto da vida coletiva em risco. A crise econômica deflagrada em 2008 nos Estados Unidos foi a antessala de observação para um conjunto de outras que dali seguiram ou se tornaram mais evidentes: a política, manifestada no ciclo global de protestos conhecido como "primavera árabe"; a ambiental-climática, expressa em desequilíbrios e catástrofes associadas ao controverso termo "Antropoceno"; a ambiental-sanitária, cuja pandemia da covid-19 fora o ápice de sua manifestação; a geopolítica e humanitária, sobre a qual influem a própria crise do sistema ONU, a guerra entre Rússia e Ucrânia e a destruição total da Faixa de Gaza e do povo palestino promovida por Israel; a epistêmica, cujas disputas e impactos atravessam de certa forma todas as anteriores. Esse estado de coisas indica a convivência de múltiplas crises em escala global, e a identificação de suas interferências mútuas, bem como suas soluções, torna-se objeto de investigação científica e de intensa disputa política. Nesse contexto, pelo menos duas tendências podem ser identificadas no tratamento da crise democrática e sua natureza.

A primeira pode ser perfeitamente capturada na recuperação e disseminação do conceito de "policrise" após a pandemia da covid-19.

Descritivamente, o termo sugere e indica a interligação e sobreposição de crises, em uma dimensão cada vez mais global. Não há hierarquia de importância entre elas e as áreas críticas citadas geralmente são a econômica, geopolítica, sanitária e climática. A crise política,[5] e mais especialmente a democrática, aparece de modo um tanto diluído, sendo mais uma em meio a outras igualmente graves. O conceito começou a circular sobretudo em fóruns econômicos e financeiros, soando como um alerta às elites investidoras (Godin, 2024). Embora praticamente ainda não faça uso do termo, a ciência política de forma ampla tende a endossar seu prognóstico liberal de reforma e resiliência, evitando o questionamento estrutural da crise e sua relação com as outras existentes.

Arriscar esse questionamento aponta para outra tendência, duplamente desconfortável para a disciplina: primeiro, por provocar a necessidade de transcender a fronteira disciplinar que a constitui, reconhecendo a importância de outras ordens do mundo social na conformação da crise; segundo, por reconhecer o caráter sistêmico da policrise, o qual coloca em dúvida a capacidade das estruturas existentes em emanar contenção, respostas e alternativas. Nesse escopo estão alocadas as interpretações críticas sobre a crise democrática, as quais são caracterizadas por deslocamentos de níveis e de preocupações presentes na maioria das análises neoinstitucionalistas e neoculturalistas que conformam o *mainstream* disciplinar.

Pensada como subdisciplina da ciência política, a teoria política é a que mais exercita essa desestabilização, em diálogo com outras áreas das ciências sociais e humanidades (filosofia, história, sociologia, psicanálise) e através de diferentes perspectivas teóricas (teoria crítica, marxismo, feminismo, pós-estruturalismo). Em resumo, é em torno do reconhecimento do caráter sistêmico e estrutural da crise democrática, de sua conexão com outras crises e da necessidade de transformações profundas para sua superação, que as análises menos conformistas do fenômeno orbitam.

---

[5] Nem toda crise política se converte em uma crise democrática (Przeworski, 2020). As manifestações da crise política não são exatamente uma novidade e muitas delas ocorrem pelo menos desde os anos 1990. A discussão sobre os problemas da representação política, o papel dos partidos políticos, o declínio da confiança política e a crise da esquerda global são alguns exemplos.

O tom alarmista não é sua exclusividade, estando presente inclusive nas interpretações mais correntes da crise. Seja como for, e refletindo parte do desafio maior a ser enfrentado, a própria agenda da crise democrática precisa driblar as tendências de capitulação sistêmica – no caso, a acadêmica neoliberal (competitiva, produtivista e desigual).

O presente capítulo se aproxima desta segunda tendência, uma vez que propõe a leitura da crise democrática apoiada em suas conexões histórico-estruturais e sistêmico-internacionais, ao mesmo tempo que busca escapar das armadilhas do economicismo e do politicismo,[6] como sugere Fraser (2022), mas igualmente do culturalismo predominante das abordagens pós-coloniais em geral (Ahmad, 2002). Nesse sentido, também procura desativar o nacionalismo metodológico e o eurocentrismo no enfrentamento do problema (Costa, 2024). Reunindo intervenções realizadas nesse debate desde 2016, o texto retoma as propostas conceituais de globalidade pós-colonial e imperialidade democrática para caracterizar o funcionamento antidemocrático do sistema internacional, propondo a compreensão do Sul Global como um projeto político que tensiona as assimetrias, desigualdades e injustiças oriundas dessa dinâmica, ainda que com limitações.

Esse enquadramento sistêmico é formado pela interpenetração da política com a economia, do passado com o presente, do interno com o externo, fornecendo pistas para compreender a crise democrática na fase recente do capitalismo – financeiro, globalizado e neoliberal –, ao considerar a história do desenvolvimento desigual e combinado das democracias ocidentais nas sociedades metropolitanas e pós-coloniais. Nesse sentido, o capítulo reforça a importância das interpretações sistêmicas e ideológicas da crise (Slobodian, 2018; Miguel, 2022; Fraser, 2022), destacando a importância das realidades do sul para conformar uma visão mais global do debate, problematizando seu papel no atual interregno pós-neoliberal.

---

[6] O politicismo encerra a política como ordem determinante para o mundo social (Fraser, 2022). Está presente no discurso hegemônico da ciência política e da teoria democrática. Veja-se que para ser aceito como variável importante na explicação da crise democrática, o neoliberalismo teve de ser entendido como uma racionalidade política (Brown, 2015; 2019).

Globalidade pós-colonial

Da forma aqui definida, a noção de globalidade pós-colonial se refere a um enquadramento sistêmico supranacional que remete ao processo de descolonização (construção de uma ordem internacional pós-colonial) em interação com a globalização (Slobodian, 2018). O padrão de acumulação capitalista surgido dessa combinação é o financeiro e neoliberal, reconfigurando desigualdades sistêmicas cujas origens se deram na formação do sistema-mundo moderno colonial. Trata-se de uma categoria histórico-descritiva que comporta a produção de desigualdades produzidas pelo colonialismo e imperialismo, em suas manifestações passada e presente.

Nesse sentido, pensar em termos de uma globalidade pós-colonial também implica o reconhecimento de desigualdades intrassistêmicas entre o Norte e o Sul Global. Não menos importante, assume que a incompletude do processo de descolonização é preenchida ou potencializada pelo neoliberalismo em determinados países (Dados; Connell, 2012), suscitando a importância de investigar os efeitos desdemocratizantes do neoliberalismo em lugares onde a predação, a expropriação (Fraser, 2022) e "a brutalidade das coerções econômicas" (Mbembe, 2019, p. 26-27) tornam a democratização tão desafiadora quanto a descolonização.[7]

As tentativas de atualizar teoricamente os fenômenos imperial e colonial consideram a descolonização como um projeto inacabado em diversos âmbitos, assim como as transformações pelas quais o capitalismo passou nas últimas décadas sob a intensificação da globalização neoliberal. A discussão fundacional concentrada no imperialismo econômico europeu do final do século XIX apresenta datações e limitações para a compreensão das formas mais contemporâneas de imperialismo – entendimento esse também estendido para o fenômeno do colonialismo, cuja produção teórica avolumou-se no pós-1945. Como resultado, a relação entre colonialismo, imperialismo e capitalismo se tornou ainda menos evidente e consensual, tendo sido objeto de questionável revisionismo pós-colonial (Bhambra; Newell, 2022), de qualificada distinção desde a

---

[7] Slobodian (2018) argumenta que a descolonização do Terceiro Mundo (o fim do colonialismo autorizado no sistema internacional) foi um ponto chave para a origem do modelo neoliberal de governança global.

perspectiva da teoria política (teoria) e de uso mais convencional (Fraser, 2022) ou indistinto.

Uma espécie de divisão do trabalho teórico é encontrada entre marxistas e pós-coloniais: enquanto os primeiros geralmente se ocupam do imperialismo, os segundos se dedicam ao colonialismo. Essa divisão tácita foi sendo estabelecida a partir das preocupações comuns ao marxismo de um lado, e ao pós-colonialismo de outro. Enquanto a crítica marxista orbita em um nível macro, material e econômico, a pós-colonial se debruça sobre aspectos micro, simbólicos e culturais. Essa diferenciação alimenta uma antipatia mútua entre esses dois conjuntos de intervenção crítica, gerando um debate recorrente sobre a própria possibilidade de reconciliação ou não entre ambos. Representativas desse afastamento foram as críticas marxistas no contexto do debate inaugural sobre o próprio termo "pós-colonialismo" na década de 1990, que seguem até hoje (Ballestrin, 2017).

Desde então, existem dezenas de definições e usos circulantes acerca do "pós-colonialismo", o que afasta um entendimento minimamente compartilhado sobre o termo e as possibilidades de se chegar a ele. O suposto fim do colonialismo, como processo histórico aliado às teorizações que se seguiram sobre seus legados e formas de perpetuação, costuma gerar uma confusão e uma sobreposição entre ambas as ordens (histórica e teórica), agravadas pelo prefixo "pós-". Em um sentido histórico, o pós-colonialismo costuma ser atribuído tanto ao início quanto ao fim do período colonial – este último uso mais comum porque dedutivo; em um sentido teórico, o termo é tributário do pós-estruturalismo, suas agendas e inclinações.[8] Mas é equivocado imaginar que toda a crítica ao colonialismo provém dos estudos pós-coloniais popularizados nos Estados Unidos e na Inglaterra por intelectuais do Terceiro Mundo (Dirlik, 1994). Nesse sentido, tenho proposto a noção de "teorias críticas ao colonialismo" como forma de abarcar contextos históricos, geográficos e ideológicos[9] distintos.

---

[8] À diferença do estruturalismo, uma corrente filosófica e epistemológica, o colonialismo foi um processo histórico concreto.

[9] Ainda que a noção de uma "teoria política ideológica" possa ser confrontada na classificação proposta por Vincent (2004), a sistematização e a teorização crítica dos processos imperiais e coloniais, em distintas épocas e lugares, carregam um importante compromisso ideológico e político. A noção de "teorias críticas ao

Neste capítulo, a referência à globalidade pós-colonial como condição sistêmica para pensar a crise democrática faz um uso mais histórico do que pós-estrutural do termo em questão. É nesse sentido que o emprego do pós-colonialismo também permite a alusão às forças econômicas, históricas e estruturais que configuram a ordem internacional. De outra parte, pensar em termos de globalidade ressalta o caráter situacional, tentativo e contingente do contestado processo de globalização – à esquerda, mas também à direita. Sabe-se que grupos reacionários desconfiam da apologia (neo)liberal pelo que denominam como "globalismo", enxergando uma forma de estrangeirismo impositivo e, logo, "colonialismo", das agendas igualitárias promovidas por organizações não governamentais e intergovernamentais internacionais.

Com uma crítica intuitiva semelhante, o pensamento crítico desconfiou de tendências e impulsos universalizantes constitutivos da globalidade, enquanto lógica da globalização, pelas forças do mercado. Diferentemente do eurocentrismo, o globocentrismo perpetuaria a dominação ocidental através da "dissolução do Ocidente no mercado e sua cristalização em nódulos de poder financeiro e político menos visíveis mas mais concentrados", assim como estabeleceria "a atenuação de conflitos culturais através da integração de culturas distantes num espaço global comum", estabelecendo "a subalternidade como a modalidade dominante de estabelecer diferenças culturais" (Coronil, 2005, p. 64). Como respostas ao ímpeto globalizante da ordem internacional após o fim da Guerra Fria, tanto movimentos igualitários quanto reacionários têm encontrado em sua antítese formas de resistência. O retorno ou apelo a tradicionalismos, comunitarismos e particularismos diversos ilustram tentativas do segundo grupo, ainda que algumas dessas lógicas comecem também a exercer atração sobre determinados imaginários associados ao progressismo.

Compreender que a globalidade pós-colonial evidencia um nível de desigualdade sistêmico entre as unidades nacionais da sociedade internacional implica reconhecer seu espelhamento na arquitetura política e econômica da governança global. Nesse sentido, é importante ter em

---

colonialismo", assim, permite assumir a existência de uma gama variada de teorizações críticas ao colonialismo, sem necessariamente comprometer-se com uma filiação normativa (seja anticolonial, pós-colonial ou decolonial).

conta a não equivalência entre descolonização e democratização do sistema internacional, ainda que uma seja precondição para a outra. O raciocínio de Mbembe (2019) sobre a África pode ser estendido à sociedade internacional: a assimilação dos estados pós-coloniais recém-independentes pelo sistema das Nações Unidas, por exemplo, não significou um redesenho das instâncias deliberativas de suas instituições e uma partilha de poder menos assimétrica. Não obstante, é possível objetar que a ampliação numérica de atores, instituições e agendas nesse sistema seja um indício ao menos de democratização. Ainda que esse argumento deva ser considerado, a possibilidade de democraticidade desse sistema convive com uma lógica importante que oferece obstáculos para sua expansão. A noção de imperialidade, tal como proposta em trabalho anterior (Ballestrin, 2017), auxilia no entendimento dessa dinâmica, bem como das crises atuais da democracia e do sistema internacional construído após 1989.

Imperialidade democrática

Em trabalho pregresso, questionou-se a ausência de preocupação com o imperialismo pelos estudos pós-coloniais e decoloniais (Ballestrin, 2017). A primeira disjunção foi identificada por Coronil (2005) como decorrência da própria ausência da América Latina na discussão pós-colonial – dado o acúmulo da crítica anti-imperial no pensamento latino-americano – e da própria geopolítica do conhecimento envolvida na circulação dos estudos pós-coloniais. Porém, e a despeito dessa lacuna, notou-se que a inserção da América Latina no debate global do pós-colonialismo através do chamado "giro decolonial" pouco perseguiu essa remediação, reproduzindo o mesmo problema verificado no pós-colonialismo como campo de intervenção teórica, ou seja, a desarticulação do colonialismo em relação ao imperialismo e seu isolamento como categoria explicativa. No caso da crítica decolonial, tal dissociação pode ser facilmente observada na crescente profusão global do conceito de "colonialidade do poder", elaborado pelo sociólogo peruano Aníbal Quijano no início dos anos 1990. Nos últimos vinte anos, a noção de colonialidade foi estendida para um sem número de temas (da sexualidade, natureza, cidadania, etc.), mesma tendência ocorrida com a ideia de descolonização (da bíblia à ioga, para ficar com os exemplos mais esdrúxulos) na chave da "decolonialidade".

A partir desse entendimento, propôs-se a importância de incorporar a ideia de "imperialidade" no esquema conceitual da modernidade/colonialidade e, posteriormente, caracterizou-se o fenômeno da "imperialidade democrática". Com isso, tinha-se em mente dois objetivos: identificar aquilo o que chamei de o "elo perdido do giro decolonial" e articular o problema da ausência da democracia na governança global com a lógica do imperialismo, no contexto da então nascente crise democrática ocidental. Para subsidiar esta leitura, três problemas oriundos da relação entre globalização e democracia foram explorados: a) a descaracterização da base local ou nacional constitutiva das teorias democráticas, o que ameaçou a validade de seus princípios básicos; b) a organização não democrática do sistema internacional e a valoração da democracia como princípio a ser perseguido pelos seus membros, o que produz uma incoerência sistêmica entre os níveis nacionais e internacional, além do próprio déficit de legitimidade do funcionamento do segundo; e c) a privatização do poder através do complexo funcionamento da governança global.

Esses três diagnósticos não são uma novidade e estiveram presentes no ordenamento internacional pelo menos desde o início da década de 1990, a qual foi marcada pelo entusiasmo com a expansão da democracia liberal, o fortalecimento dos direitos humanos e a força da sociedade civil pelos setores progressistas. Mas, juntamente a esses elementos, incentivos desdemocratizantes, intrínsecos e disponíveis pelo casamento entre globalização e neoliberalismo eram também passíveis de ativação. Em outras palavras, um potencial desalinho entre tendências democratizadoras e contendoras já poderia ser avistado, caso a direção do olhar mirasse nos limites do que poderia ser democratizável e do espaço onde o princípio da soberania popular poderia ser aplicado. Não por acaso, já nos anos 1990, muitos movimentos sociais latino-americanos denunciavam os efeitos antidemocráticos do neoliberalismo sobre os recentes processos nacionais e regionais de retomada democrática.

Naquele contexto, a nova ordem internacional passou a ser politizada e disputada por diversos atores das sociedades civis nacionais, cuja atuação transnacional e global transformava seus repertórios de ação tradicionais. Os temas e os direitos reivindicados pelo campo progressista foram ampliados para inúmeras áreas, sendo a própria democratização política e econômica da governança global colocada na agenda. Essa breve digressão no tempo importa para contextualizar o papel desempenhado pelo sistema ONU no processo de democratização mais amplo após 1989.

A complexidade de seu funcionamento exige um veredicto cauteloso quanto a isso, já que existem muitas forças, atores e dinâmicas em sua estrutura institucional que não dialogam em língua democrática. Países autoritários, associações anticivis, financiamento dependente, arquitetura deliberativa ultrapassada: tendências internas contraditórias transformam a ONU em um complexo institucional contraproducente quanto aos efeitos (prescritos e esperados) da democratização/democracia nas mais variadas escalas. Ainda que possa ser tentador rotular o sistema das Nações Unidas simplesmente como "imperial", o fato de ele ter se tornado um inimigo de grupos protagonistas da crise democrática em nível global é aspecto relevante a se considerar. Situar e considerar o papel da ONU nessa crise é tarefa fundamental, visto sua porosidade e centralidade na construção e difusão das agendas internacionais que orientam tanto movimentos igualitários quanto reacionários.

Ainda que o sistema onusiano possa ressonar à semelhança de uma esfera pública global em seus múltiplos fóruns, a dependência de sua trajetória (*path dependence*) é manifestada a cada negociação fracassada em conter os impulsos coloniais e imperiais das grandes potências e seus aliados. Quando elaborei a noção de "imperialidade democrática" em 2016, alguns acontecimentos ainda não haviam ocorrido: o primeiro governo Trump, sua relação com a ONU e a crise da instituição, mais evidente após a pandemia da covid-19; a invasão da Rússia na Ucrânia e a resposta genocida de Israel aos ataques terroristas do Hamas. O fracasso das negociações pelo cessar-fogo em Gaza, assim como os próprios apelos do secretário-geral António Guterres pelo fim do massacre, demonstrou novamente[10] a convivência conflitante e paralisante entre a vocação humanitária institucional, a desigualdade do poder na tomada de decisão e os ímpetos imperializantes presentes na instituição. Na ocasião da pandemia, em meio aos ataques e boicotes à instituição pelo governo Trump, a Organização Mundial da Saúde (OMS) se revelou fundamental na coordenação política e logística da crise sanitária global. Em um dos

---

[10] Em resposta aos atentados terroristas de 11 de setembro em 2001, os Estados Unidos invadiram o Afeganistão à revelia das Nações Unidas à época.

mais de quarenta decretos assinados por Trump no início de seu segundo mandato (janeiro de 2025), figura justamente a saída dos Estados Unidos da OMS, seu maior financiador.

As duas guerras atuais em curso evidenciam uma dinâmica imperial tradicional ambientada em um sistema competitivo predominantemente interestatal de ampliação territorial. Ambas promovem destruição material concreta, renovando conflitos representativos e não findados no século passado. Trata-se de uma inflexão importante para a observação das dinâmicas imperiais atuais, deslocadas da figura estatal com a noção de imperialidade democrática. A argumentação foi a de que o poder imperial no pós-Guerra Fria seria reproduzido e perpetuado nas dinâmicas da governança global. Relacionou-se a "governança sem governo" (Rosenau; Czempiel, 1992) com o "imperialismo sem império" (Hardt; Negri, 2000), processos caracterizados pela informalidade, nebulosidade (Cox, 1996) e invisibilidade de seus mecanismos, o que dificulta a identificação e responsabilização de seus agentes. Trata-se de um cenário onde o poder é constantemente pulverizado, descentralizado, deslocado e privatizado, com a anuência dos próprios Estados nacionais. A governança, portanto, não constitui um projeto político global propriamente dito, mas um meio que garante a viabilidade da "não regulação como estratégia de hegemonia global" (Avritzer, 2002). Nesse sentido, Slobodian (2018, p. 12) investigou a importância da Escola de Genebra para a construção de um "ordoglobalismo" (*ordoglobalism*).

Com a intensificação das dinâmicas e atuações transnacionais de empresas, indústrias, conglomerados, oligopólios, mídias corporativas, instituições financeiras, organizações internacionais – governamentais, intergovernamentais e não governamentais –, fundações privadas, comunidades epistêmicas, entre outros, a diluição entre o que é público e privado, interno e externo, e mesmo lícito ou ilícito, dificultam formas de controle, transparência, responsabilidade e responsividade públicas. Assim, tem-se a garantia de construção permanente da hegemonia econômica do neoliberalismo por caminhos consensuais, espontâneos, colaborativos e não violentos. A captura, seleção e neutralização do potencial da vida democrática de maneira sistemática e global tornam-se estratégias que permitem a blindagem do funcionamento da economia global dos impulsos democratizantes oriundos dos planos doméstico e internacional. Daí o retorno ao local e territorial, com todas as suas potencialidades e limites emancipatórios (Kapoor, 2024).

Democracias no Sul Global

A tensão e a incompatibilidade entre capitalismo e democracia estão sendo profundamente agravadas nas últimas décadas. Grande parte dos fatores conexos com esse aprofundamento está relacionada à reconfiguração do Estado nacional na política e na economia, nos âmbitos nacional e internacional. A não providência de estruturas políticas democraticamente investidas capazes de acompanhar e controlar as forças não estatais transnacionais – especialmente a econômica –, contribui para aquilo que se chamou de privatização internacional do poder político, amparando-se em Wood (2014). Democracias nacionais que estão sendo corrompidas – algumas desde seu nascimento, como em algumas "democracias pós-coloniais" africanas – muito raramente podem isolar a força das variáveis econômicas – e, portanto, políticas – internacionais.

Ainda que esse processo seja comum às democracias do Norte e do Sul Global, a manifestação histórica do capitalismo apresenta variações importantes nos países centrais/metropolitanos e periféricos/pós-coloniais. Essa diferença é importante para o entendimento das dinâmicas da crise democrática no segundo grupo, uma vez que historicamente "a tolerância dos grupos dominantes à igualdade é muito baixa, o que faz com que a avaliação subjetiva dos custos da ordem democrática siga padrões diferentes daqueles que vigoram no mundo desenvolvido" (Miguel, 2022, p. 13).

Atualmente, a ideia de Sul Global é herdeira do "Terceiro Mundo". Criada em 1952, a expressão pretendia classificar um conjunto de países não associados à modernidade capitalista e comunista no contexto inicial da Guerra Fria (Dirlik, 2007). Posteriormente, foi apropriada e ressignificada como um projeto político vinculado à esquerda para indicar um caminho alternativo de pertencimento internacional. A Conferência de Bandung (1955), a articulação do Movimento dos Não Alinhados (1961) e a Conferência Tricontinental em Cuba (1966) foram iniciativas impulsionadoras do Tricontinentalismo (Young, 2003). Pela sua inflexão no ordenamento geopolítico da bipolaridade, a Conferência de Bandung (1955) simboliza até os dias de hoje uma tentativa de descolonização e resistência por parte de um conjunto de Estados sem representação na arquitetura interestatal forjada após o final da Segunda Guerra Mundial (Pasha, 2013).

Isoladamente, o termo "sul"[11] apareceu pela primeira vez no relatório intitulado "Norte-Sul: um programa para sobrevivência" (*Brandt Report*), escrito pela Comissão Independente para Assuntos de Desenvolvimento Internacional (*Brandt Comission*), constituída em 1977 e presidida pelo ex--chanceler alemão Willy Brandt. O relatório continha um mapa do mundo com a linha de Brandt (*Brandt Line*) dividindo-o em dois, aproximadamente ao meio: na parte superior do mapa, encontrar-se-iam os países desenvolvidos; enquanto, na parte inferior, os países em desenvolvimento.[12] Sua associação com o adjetivo "global" ocorreu ao longo dos anos 1980 (Dirlik, 2007).

Desde então, a expressão "Sul Global" passou a ter vários significados e usos intercambiáveis. No vocabulário internacional, possui um emprego descritivo e técnico estimulado por diversos programas e projetos voltados à cooperação após os anos 2000; na academia, usos técnicos e metafóricos estão presentes, evidenciando uma elasticidade conceitual carente de rigor científico e operacionalidade analítica; no mundo político e cultural, a expressão projeta uma identidade geopolítica subalterna. O conceito por vezes opera como "uma designação simbólica destinada a capturar uma imagem de coesão que emergiu quando antigas entidades coloniais se engajaram em projetos políticos de descolonização e avançaram para a realização de um internacional pós-colonial" (Grovogui, 2011, p. 176). O termo alude, portanto, à história do colonialismo e do imperialismo, assim como à violência sofrida pelos seus diferentes povos.

Tal mobilização da ideia de Sul Global trabalha com aspectos simbólicos e imaginários, históricos e culturais. Contudo, as forças do Sul

---

[11] Interessante notar que a referência ao "sul" já havia sido utilizada em diferentes situações para descrever posições marginalizadas. No pensamento político e cultura latino-americanos, ela pode ser encontrada já no ensaísmo crítico do jornalista colombiano José María Torres Caicedo – ver, por exemplo, o poema "Las dos Américas" (1857) – e no mapa "América invertida" (1936) do artista uruguaio Joaquín Torres García. Em 1930, Gramsci publicava "A questão meridional", referindo-se ao desenvolvimento retardatário do capitalismo no sul da Itália.

[12] O Norte compreenderia basicamente toda a América do Norte, Europa, Rússia, Japão, Austrália e Nova Zelândia, enquanto o Sul abrangeria as Américas Central e do Sul, África e Ásia.

Global não são necessariamente Estados nacionais, podendo ser definidas "em termos sociais transnacionais" (Hurrell, 2013, p. 206) ou mesmo "como um conjunto de práticas, atitudes e relações" (Grovogui, 2011, p. 177). Trata-se de uma categoria sem escala definida ou forma exclusiva, sendo importante reconhecer a grande variedade de atores, discursos, instituições e movimentos agrupados sob seu rótulo. O Sul Global não é, dessa forma, uma entidade monolítica, coesa, coerente e homogênea em termos de interesses. Para propósitos políticos e sobretudo analíticos, é fundamental não simplificar ou reduzir a ideia de Sul Global a um conjunto harmonioso e alinhado, sem conflitos e disputas político-econômicas. É preciso reconhecer a polissemia do termo, sendo seu potencial político permanentemente disputado pelas forças progressistas e regressivas da ordem pós-colonial.

Quando associado à noção de democracia e à crise democrática, o Sul Global desempenha um papel importante no que se refere à lembrança do passado colonial e, logo, da inserção subalterna, dependente e assimétrica de determinados países na sociedade capitalista internacional. Contudo, é preciso especular sobre as vantagens conceituais e heurísticas de associar a condição pós-colonial/terceiro-mundista ou o pertencimento ao Sul Global com a ideia de democracia, dada a heterogeneidade de experiências coloniais modernas e suas possíveis conexões com o desenvolvimento institucional posterior de práticas democráticas. Também, é preciso considerar que regimes autoritários e autocráticos existem em parte significativa do Sul Global, dificultando relações simplistas e generalizações condicionadas somente à presença do passado colonial. Tal ponderação ganha força quando Brasil, Índia e África do Sul fornecem experiências originais e inovadoras capazes de incrementar o repertório democrático global (Heller, 2022).

Assim, se por um lado pensar em termos de "democracias pós-coloniais" auxilie em apontar a intersecção de históricos coloniais e desenvolvimentos democráticos estruturalmente precários, por outro, prejudica a análise comparada ao homogeneizar realidades nacionais e regionais muito distintas quanto à inserção no período e ciclo colonial modernos. Essas dificuldades também se apresentam em relação às rupturas democráticas recentes, dado o caráter transnacional de variáveis independentes importantes (por exemplo, discursos da extrema direita global, ambiente virtual sem fronteiras, natureza do estado nacional diante à globalização neoliberal) e a particularidade de cada histórico político nacional recente, mesmo que sejam em alguma medida moldados pelas forças políticas e econômicas erguidas após a independência do país. É preciso ainda relembrar que, em determinados países, a violência colonial não instituiu de forma original a desigualdade – como na Índia, por exemplo. Em suma, o argumento pós-colonial parece ser mais interessante para pensar na inserção desigual de ex-colônias na sociedade internacional de Estados em termos políticos, econômicos e culturais, do que para condenar sociedades pós-coloniais ao determinismo autoritário (Limongi, 1999). As especificidades do Sul Global no fenômeno da erosão democrática global podem não ser generalizáveis entre si ou associadas a um passado colonial comum.

Ainda assim, entende-se que a compreensão dos paradoxos conceituais, experiências históricas e particularidades contextuais colocadas pelas sociedades pós-coloniais é fundamental para complexificar a teoria democrática comparada e normativa. O reconhecimento do desenvolvimento desigual e combinado das democracias ocidentais pode contribuir com essa tarefa, reafirmando a importância da globalidade pós-colonial e suas desigualdades para o entendimento da crise atual, sem sucumbir a lógicas explicativas universalistas ou particularistas.

Qual pós-neoliberalismo?

O tema do neoliberalismo ganhou interesse acadêmico e atenção renovada na segunda década do século XXI (Springer *et al.*, 2016; Cahill *et al.*, 2018). Ainda que isso por si só mereça uma investigação à parte, é possível especular sobre as razões desse crescimento, associando-o ao evento da crise econômica global de 2008 e seus diversos efeitos, inclusive políticos. Se assim entendido, percebe-se certa confluência na ascensão das agendas de pesquisa sobre neoliberalismo e crise democrática, especialmente na Europa e nos Estados Unidos. A partir da publicação em francês e tradução para o inglês do livro *Nascimento da biopolítica* de Michel Foucault,[13] as interpretações neofoucaultianas sobre o papel da

---

[13] Cruz (2020, p. 3) observa que o curso de fevereiro de 1979 sobre "o nascimento da biopolítica" de Michel Foucault foi publicado em francês somente no ano de 2004 e em inglês no ano de 2008 (em 2010, a editora portuguesa Edições 70

racionalidade neoliberal na corrosão do princípio da soberania popular foram difundidas na academia francesa e norte-americana.

Wendy Brown (2015, p. 17-18), por exemplo, oferece uma análise que vincula a crise das democracias à expansão da lógica neoliberal em distintas esferas da vida para além da própria economia. O neoliberalismo promoveria assim uma economização da política, subvertendo o caráter distintivamente político da democracia, produzindo subjetividades não democráticas e desmantelando a própria ideia do social. Esse tipo de esforço requereu um revisionismo crítico do próprio pensamento neoliberal em seus contornos políticos e ideológicos, já presente no trabalho seminal da dupla francesa Dardot e Laval publicado em 2009 (Dardot; Laval, 2016; Brown, 2015; 2019; Slobodian, 2018; White, 2019).

É curioso observar que a disjunção entre as necessidades da economia de mercado e da política democrática provocada pelo neoliberalismo tenha chamado a atenção tão tardiamente de pesquisadores e intelectuais críticos do Norte Global. Isso porque a crítica ao neoliberalismo tem sido gestada pela academia e pelos movimentos sociais na América Latina com bastante intensidade pelo menos desde a década de 1990.

A experiência latino-americana oferece pelo menos dois elementos originais para a análise da relação entre neoliberalismo, autoritarismo e democracia, de um lado, e para a relação entre neoliberalismo, democratização e desdemocratização, de outro. O primeiro elemento se refere ao fato de que a primeira experiência neoliberal no mundo ocorreu após um violento golpe de Estado e a instauração de um regime autoritário de tipo militar-personalista por Augusto Pinochet, no Chile dos anos 1970. Com efeito, cada vez mais o pioneirismo da experiência chilena é reconhecido na história global do neoliberalismo (Connell; Dados, 2014), o que revela a compatibilidade – e não rivalidade, como pressupõe a noção de pós-democracia (Ballestrin, 2019) – fundacional entre o projeto autoritário e neoliberal. Além disso, a própria consolidação democrática no

---

publicou-o em português pela primeira vez). Nele, haveria a consideração original do neoliberalismo como "uma nova moralidade econômica do exercício do poder". Isso parece explicar em parte o extenso volume de publicações que associam o neoliberalismo e a crise democrática atual. No Brasil, uma rápida busca na plataforma SciELO confirma essa tendência a partir de 2017.

continente latino-americano, ao longo dos anos 1990, ocorreu de modo concomitante à implementação da agenda neoliberal recomendada pelo chamado "Consenso de Washington", formulado em 1989 e assumido como diretriz pelo Fundo Monetário Internacional (FMI) em 1990. O segundo aspecto original é, assim, que a dinâmica de democratização – e agora desdemocratização – na América Latina convive com o neoliberalismo desde os anos 1990, situação que produziu e antecipou críticas sociais e populares, teóricas e acadêmicas, sobre os efeitos antidemocráticos do projeto neoliberal.

Em relação às críticas sociais e populares, o questionamento do neoliberalismo como entrave à democratização foi feito por um conjunto muito variado e heterogêneo de forças da sociedade civil e política. O chamado "ressurgimento da sociedade civil" na América Latina no final dos anos 1970 foi fundamental não somente para os processos nacionais de redemocratização após as ditaduras civis-militares, mas também posteriormente para ampliar temas e construir agendas não colocadas pelos partidos políticos. Nesse sentido, a crítica ao neoliberalismo pela sociedade civil ao longo dos anos 1990 esteve inserida no contexto de democratização, implementação da agenda neoliberal e intensificação da globalização. De modo geral, todo aquele cenário estimulava a ampliação e transnacionalização da escala de ativismos e mobilizações diversas: do âmbito local e nacional para o regional e o global.

Em tal contexto, a atuação da sociedade civil latino-americana foi responsável por contestar, através de intensas mobilizações de rua e criatividade associativa, os processos de privatização dos serviços e empresas públicas; os cortes dos gastos sociais em nome das reformas de Estado gerenciais; o aumento da pobreza, violência urbana e desemprego; as negociações fechadas de determinados acordos e tratados que tornariam a economia regional ainda mais vulnerável em relação aos Estados Unidos e ao então "G7". A suspensão das negociações em torno da Alca (Área de Livre Comércio das Américas), em 2005, revelou a politização das negociações comerciais internacionais pela reação da sociedade civil através da formação da Aliança Social Continental. Propositivamente, as primeiras edições do Fórum Social Mundial (FSM) no Brasil sugeriam que um "outro mundo era possível", na sequência dos protestos contra a Organização Mundial do Comércio (OMC) em Seattle (1999), o

FMI e o Banco Mundial em Praga (2000) e o G8 em Gênova (2001). A globalização e o neoliberalismo geralmente apareciam associados (globalização neoliberal) pelas contestações do ativismo transnacional e altermundialista, tendo a sociedade civil latino-americana participado ativamente do processo de democratização dos blocos regionais e políticas externas nacionais.

O contexto ao qual o projeto autoritário respondeu e se rearticulou em alguns países latino-americanos pode ser considerado uma manifestação regional adaptada do "neoliberalismo progressista" – expressão cunhada por Fraser (2017) para descrever a convivência harmoniosa entre neoliberalismo e políticas de reconhecimento no contexto dos Estados Unidos dos anos 1990. No caso latino-americano, porém, esse fenômeno foi mais profundo, multifacetado e ampliado, uma vez que o heterogêneo campo das esquerdas esteve nele de alguma forma implicado e o enfrentamento governamental ao neoliberalismo, em suas diferentes gradações, caracterizou seu próprio surgimento e constituição. Não por acaso, os termos "*left turn(s)*", "*pink tide*" ou "*post-neoliberal*" foram empregados para descrever a sucessão de governos de esquerda e de centro-esquerda, eleitos democraticamente ao longo dos anos 2000 e suportados por múltiplas forças progressistas e populares reativas às políticas neoliberais implementadas na década anterior (Ballestrin, 2019). A expressão *left turns* (Cameron, 2009), precisamente, procurou marcar a pluralidade e heterogeneidade desses governos. No que se refere à acomodação ou enfrentamento do neoliberalismo, eles se dividiram entre aqueles nos quais houve disposição para transformações reformistas ou radicais no tratamento das profundas, históricas e estruturais desigualdades na América Latina – refletidas na renovação ou refundação das instituições políticas liberais. Os processos ocorridos no Cone Sul e na região Andina representaram, respectivamente, as primeiras e as segundas tendências (Ballestrin, 2019).

A literatura dedicada à análise desses governos no continente ressalta não somente as reações ao neoliberalismo dos anos 1990, como também sua relação com o populismo. Nota-se que o populismo é fenômeno presente em toda a vida política moderna latino-americana, podendo ser compreendido como uma complexa manifestação discursiva e relacional de representação política. Aqui, importa observar como o neoliberalismo esteve presente ao longo da consolidação democrática latino-americana após 1980, associando-se ao populismo – do "neopopulismo¹⁴ neoliberal" de Menem, Fujimori e Collor ao "populismo radical" de Chávez, Morales e Correa (Torre, 2008, p. 25). Isto é, neoliberalismo e populismo foram elementos presentes nos processos de consolidação democrática na América Latina, diferenciando-se dos seus congêneres europeus e antecipando lições que poderiam ter sido apreendidas. As inclinações democráticas ou autoritárias do populismo, assim como suas expressões ideológicas, têm sido discutidas por muitos autores e autoras contemporâneas, chamando atenção a originalidade latino-americana em associar populismo e democracia no enfrentamento ao neoliberalismo – antes mesmo da experiência espanhola ou grega no contexto dos ciclos de protestos globais iniciados em 2009.

Assim, é impressionante como fenômeno político que vários países latino-americanos tenham eleito governos críticos ao neoliberalismo implementado no continente nos anos 1990. Pela primeira vez na história da região, as elites políticas e econômicas toleraram o acesso democrático ao poder da oposição partidária da esquerda sem lhes oferecer riscos de supressão. Com isso, a eleição de vários governos de esquerda e centro-esquerda representou a última etapa simbólica para a consolidação democrática, dada sua perseguição pelas ditaduras civis-militares. Ainda que o neoliberalismo tenha sobrevivido de diferentes maneiras nesses governos, a retomada do papel do Estado foi responsável por políticas redistributivas que tiveram impactos positivos na diminuição de desigualdades variadas. Em suma, a história do neoliberalismo na América Latina antecipou sua compatibilidade com o autoritarismo e o conservadorismo através da experiência chilena; posteriormente, impactou na transição e na consolidação democrática de muitos países da região, produzindo experiências de adesão e resistência ao neoliberalismo que impactaram forma e substância de seus regimes democráticos. Nesta terceira década do século XXI, porém, a discussão sobre "pós-neoliberalismo" está relacionada ao diagnóstico da policrise e ao debate sobre o retorno do Estado no mundo (pós)pandêmico. Nobre (2024) identifica que a necessidade de transição de um capitalismo neoliberal para um pós-neoliberal foi colocada em diferentes momentos

---

¹⁴ O "populismo clássico" de Perón, Vargas e Cárdenas dos anos 1930 e 1940 teria sido a primeira manifestação do fenômeno, com a crise do modelo agroexportador e a política de substituição das importações (Torre, 2008).

por elites políticas e econômicas internacionais após 2020. Ele argumenta que tal transição está atualmente em disputa, não estando seus contornos e rumos ainda claros ou definidos. Defendendo o retorno renovado da teoria da dependência, o autor especula sobre o papel que o Sul Global democrático poderia ocupar no novo bloco progressista, este atento ao problema das desigualdades sociais e da destruição ambiental. Ainda que seu prognóstico seja questionável, a noção de transição e interregno reafirmada nessa argumentação é válida para a discussão proposta neste capítulo, uma vez que mobiliza aspectos sistêmicos e ideológicos da crise, reafirmando sua centralidade estratégica para o debate.

Considerações finais

Por ocasião da posse do segundo mandato de Donal Trump em janeiro de 2025, o pesquisador holandês Cas Mudde em sua conta na rede social Blue Sky, chamou a atenção sobre as lacunas de pesquisa sobre o processo de normalização da extrema direita no atual processo de crise democrática. Essa observação é importante não somente porque revela o aspecto ideológico da crise, como também expõe uma situação paradoxal à qual se chegou: a acomodação de discursos ou políticas fascistas pelos regimes democráticos liberais representativos. O outro lado do aspecto ideológico da crise espelha a desorientação da esquerda global, pelo menos desde os anos 1980: "à medida que os partidos democráticos vão se aburguesando, os partidos de direita se proletarizam" (Przeworski, 2020, p. 166).

Não parece ser exagerado o diagnóstico de Fraser (2022, p. XV), para quem este é um tipo raro de crise, uma vez que é generalizada para toda a ordem do social. De fato, é preciso dimensionar a gravidade do momento histórico no Ocidente e fora dele. As diferenças do momento atual com aqueles anteriores e turbulentos de transição histórica do passado, contudo, estão relacionadas ao estágio atual de desenvolvimento do capitalismo e seus impactos sobre a desmobilização e indiferença social *vis-à-vis* à crescente consciência do seu nível destrutivo para a vida planetária. Um complexo de crises profundas, observadas em diferentes domínios, estão de algum modo interligadas: ambiental/climático, ambiental/sanitário, epistêmico/informacional, político/democrático, humanitário/geopolítico, econômico/capital. A sensação de distopia, colapso e fim de mundo é generalizada a ponto de ser explorada por diversos filmes e séries da indústria cultural atual, movida pelo capitalismo de plataforma das *big techs*. Por isso, discutir a crise democrática hoje exige explicitar, já de partida, qual o peso que sua coexistência com outras crises terá na análise, assim como o da própria esfera política em sua determinação.

A promoção e a exportação internacional da democracia representativa, fenômeno associado à imperialidade democrática, não foram capazes de assegurar maior estabilidade interestatal e apreço aos valores democráticos ocidentais. Pensar a democracia como um regime político desenraizado de práticas sociais e apartado da discussão sobre valores apresenta limites para sua própria consolidação. O entendimento da democracia como método representativo, deliberativo ou participativo também demonstrou esgotamento ao valorizar a participação democrática por si só, esvaziada de outros princípios. Em tempos de fim do humanismo e da apropriação de espaços democráticos pela extrema direita, o desafio do entendimento e a superação da crise não serão possíveis sem esforços coletivos e dedicação contínua. Nesse sentido, a ciência política pode e deve contribuir com as oportunidades que se abrem para auxiliar nessa tarefa exigente, superar seu estágio de letargia e reconstruir sua importância disciplinar.

Referências

Ahmad, Aijaz. *Linhagens do presente*. São Paulo: Boitempo, 2002.

Avritzer, Leonardo. Globalização e espaços públicos: a não regulação como estratégia de hegemonia global. *Revista Crítica de Ciências Sociais*, Coimbra, n. 63, p. 107-121, 2002.

Ballestrin, Luciana. Modernidade/colonialidade sem imperialidade? O elo perdido do giro decolonial. *Dados Revista de Ciências Sociais*, Rio de Janeiro, v. 60, n. 2, p. 505-540, abr./jun. 2017.

Ballestrin, Luciana. Post-Democracy and Neoliberalism in Contemporary Latin America: the Rise of the Left Turns and the Brazilian Democratic Failure. *In*: Puzone, Vladimir; Miguel, Luis Felipe (Orgs.). *The Brazilian Left in the 21st Century: Conflict and Conciliation in Peripheral Capitalism*. New York: Palgrave Macmillan, 2019, p. 259-283.

Bhambra, Gurminder; Newell, Peter. More than a Metaphor: "Climate Colonialism" in Perspective. *Global Social Challenges Journal*, v. 2, p. 179-187, 2022.

Brown, Wendy. *Undoing the Demos: Neoliberalism's Stealthy Revolution*. New York: Zone Books, 2015.

Brown, Wendy. *In the Ruins of Neoliberalism: the Rise of Antidemocratic Politics in the West*. New York: Columbia University Press, 2019.

Cahill, Damien; Cooper, Melinda; Konings, Martijn; Primrose, David (Eds.). *The SAGE Handbook of neoliberalism*. London: SAGE, 2018.

Cameron, Maxwell. Latin America's Left Turns: Beyond Good and Bad. *Third World Quarterly*, v. 30, n. 2, p. 331-348, 2009.

Coronil, Fernando. Natureza do pós-colonialismo: do eurocentrismo ao globocentrismo. *In*: Lander, Edgardo (Org.). *A colonialidade do saber: eurocentrismo e ciências sociais. perspectivas latino-americanas*. Buenos Aires: Clacso, 2005, p. 87-111.

Connell, Raewyn; Dados, Nour. Where in the World does Neoliberalism Come From? The Market Agenda in Southern Perspective. *Theory and Society: Renewal and Critique in Social Theory*, v. 43, n. 2, p. 117-138, 2014.

Costa, Sérgio. Neither Economization nor Culturalization: For a Convivial Sociology. *In*: São Paulo Critical Theory Conference, 3., 2024, São Paulo. *Anais...* São Paulo: Cebrap, 30 nov. 2024.

Cox, Robert. Global Perestroika. *In*: Cox, Robert; Sinclair, Thimothy (Eds.). *Approaches to World Order*. Cambridge: Cambridge University Press, 1996, p. 296-313.

Cruz, Carlos Estêvão Caligiorne. O significado político do neoliberalismo e a ciência política. *In*: Encontro Da Abcp, 12., 2020. Texto apresentado na área temática de Teoria Política na modalidade on-line em 20 nov. 2020.

Dados, Nour; Connell, Raewyn. The Global South. *Contexts*, v. 11, n. 1, p. 12-13, 2012.

Dagnino, Evelina; Olvera, Alberto; Panfichi, Aldo (Orgs.). *A disputa pela construção democrática na América Latina*. Rio de Janeiro: Paz e Terra, 2006.

Dardot, Pierre; Laval, Christian. *A nova razão do mundo: ensaio sobre a sociedade neoliberal*. São Paulo: Boitempo, 2016.

Dirlik, Arif. The Postcolonial Aura: Third World Criticism in the Age of Global Capitalism. *Critical Inquiry*, v. 20, n. 2, p. 328-356, 1994.

Dirlik, Arif. Global South: Predicament and Promise. *The Global South*, v. 1, n. 1, p. 12-23, 2007.

Fraser, Nancy. Progressive Neoliberalism Versus Reactionary Populism: A Hobson's Choice. *In*: Geiselberger, Heinrich (Ed.). *The Great Regression*. Cambridge: Polity Press, 2017, p. 40-48.

FRASER, Nancy. *Cannibal Capitalism: How our System is Devouring Democracy, Care, and the Planet – and What We Can Do about it*. London; New York: Verso, 2022.

Godin, Romaric. Bem-vindo ao mundo da "policrise". *A terra é redonda*, 12 jan. 2024. Disponível em: https://aterraeredonda.com.br/bem-vindo-ao-mundo-da-policrise/. Acesso em: 21 jan. 2025.

Grovogui, Siba. Revolution Nonetheless: the Global South in International Relations. *The Global South*, v. 5, n. 1, p. 175-190, 2011.

Hardt, Michael; Negri, Antonio. *Empire*. Cambridge: Harvard University Press, 2000.

Heller, Patrick. Democracy in the Global South. *Annual Review of Sociology*, v. 48, n. 23, p. 1-23, 2022.

Hurrell, Andrew. Narratives of Emergence: Rising Powers and the End of the Third World? *Brazilian Journal of Political Economy*, São Paulo, v. 33, n. 2, p. 203-221, 2013.

Hobsbawm, Eric. *Era dos extremos: o breve século XX (1914-1991)*. São Paulo: Companhia das Letras, 1995.

Kapoor, Ilan. Intersectionality, Decoloniality, Indigenous Localism: a Critique. *Theory, Culture & Society*, v. 0, n. 0, p. 1-21, 2024. Disponível em: https://journals.sagepub.com/doi/full/10.1177/02632764241303689. Acesso em: 01 mar. 2025.

Löwy, Michael. A teoria do desenvolvimento igual e combinado. *Revista Outubro*, n. 1, p. 73-80, 15 jan. 1998. Disponível em: http://outubrorevista.com.br/wp-content/uploads/2015/02/Revista-Outubro-Edic%CC%A7a%CC%83o-1-06.pdf. Acesso em: 21 jan. 2025.

Limongi, Fernando. Prefácio. *In*: Dahl, Robert. *Poliarquia: participação e oposição*. São Paulo: Edusp, 1999.

Mbembe, Achille. *Sair da noite grande: ensaio sobre a África descolonizada*. Petrópolis: Vozes, 2019.

Miguel, Luis Felipe. *Democracia na periferia capitalista: impasses do Brasil*. Belo Horizonte: Autêntica, 2022.

Nobre, Marcos. O que vem depois do neoliberalismo? *Piauí*, São Paulo, n. 213, ano 18, p. 24-28, jun. 2024.

Oliveira, Osmany Porto. Mecanismos da difusão global do Orçamento Participativo: indução internacional, construção social e circulação de indivíduos. *Opinião Pública*, Campinas, v. 22, n. 2, p. 219-249, 2016.

Ostrensky, Eunice. *Política, retórica e contingência: estudos em teoria política moderna*. São Paulo: Alameda, 2024.

Pasha, Mustapha Kamal. The "Bandung Impulse" and International Relations. *In*: Seth, Sanjay (Ed.). *Postcolonial Theory and International Relations*. New York: Routledge, 2013.

Przeworski, Adam. *Crises da democracia*. Rio de Janeiro: Zahar, 2020.

Rosenau, James; Czempiel, Ernst-Otto (Eds.). *Governance without Government: Order and Change in World Politics.* Cambridge: Cambridge University Press, 1992.

Slobodian, Quinn. *Globalists: the End of Empire and the Birth of Neoliberalism.* Cambridge, Massachusetts; London: Harvard University Press, 2018.

Springer, Simon; Birch, Kean; Macleavy, Julie (Eds.). *The Handbook of Neoliberalism.* New York: Routledge, 2016.

Torre, Carlos de la. Populismo, ciudadanía y Estado de derecho. *In*: Peruzzotti, Enrique. *El retorno del pueblo: populismo y nuevas democracias en América Latina.* Quito: Flacso, 2008, p. 23-53.

Vincent, Andrew. *The Nature of Political Theory.* Oxford: Oxford University Press, 2004.

Young, Robert J. C. *Postcolonialism: a Very Short Introduction.* Oxford: Oxford University Press, 2003.

White, Jessica. *The Moral of the Markets: Human Rights and the Rise of Neoliberalism.* London; New York: Verso, 2019.

Wood, Ellen Meiksins. *O império do capital.* São Paulo: Boitempo, 2014.

A crise como rotina: representações da Nova República e democracia no Brasil[1]

Jorge Chaloub

A crise é um pressuposto da maior parte das reflexões sobre o cenário político contemporâneo. Mudam as origens escolhidas, as causas assinaladas e mesmo os sentidos da ideia, mas persiste a ideia de que há algo de evidente e quase inescapável nesta definição do presente. Em certo sentido, a crise deixa de ser conceito e passa a ser representada como fato, evidência.

Não se trata de algo restrito às formulações correntes na universidade. Há uma hipertrofia dos discursos sobre a crise, presentes dos editoriais da grande mídia até postagens populares nas redes sociais, passando por discursos de políticos e intelectuais públicos. Também é fundamental destacar como estamos diante um fenômeno que ultrapassa as fronteiras nacionais, já que tanto a bibliografia quanto a percepção generalizada de que vivemos uma crise são correntes nas mais diversas latitudes e formações nacionais, em dinâmica que merece, sem maiores reservas, o sempre complicado adjetivo "global".

---

[1] Este capítulo é financiado pela Bolsa de Produtividade do CNPq (Conselho Nacional de Desenvolvimento Científico e Tecnológico), pelo programa Jovem Cientista do Nosso Estado da FAPERJ (Fundação Carlos Chagas Filho de Amparo à Pesquisa do Estado do Rio de Janeiro) e pelos editais de iniciação científica de 2022 e 2023 da FAPERJ e de 2022 da Universidade Federal do Rio de Janeiro (UFRJ). Uma versão preliminar foi apresentada no grupo de trabalho "Democracias em declínio: desafios políticos, teóricos e analíticos", realizado no 47º Encontro Anual da ANPOCS em 2023. Dentre os ótimos comentários dos colegas que estiveram presentes, gostaria agradecer particularmente pelas contribuições de Flávia Biroli, Luciana Ballestrin, Claudia Feres e Daniel Andrade.

Com frequência, o conceito se refere à democracia, ou ao menos a certa experiência democrática (Levitsky; Ziblatt, 2018; Mounk, 2018; Snyder, 2019), em esforço de interpretação responsável por uma ampla bibliografia e, até mesmo, pela consolidação de certo filão editorial: os livros sobre a crise democrática. Os autores mais influentes nessa perspectiva naturalizam, contudo, certa ideia de democracia, relacionada ao pós-1989 e a variantes da tradição liberal (Miguel, 2022; Cruz; Chaloub, 2021; Sevaybricker, 2020). Sem maior surpresa, a terapêutica para a superação dos problemas do presente está na reconstrução de um passado idealizado, em retórica na qual partes das experiências políticas do pós-guerra e as duas décadas após a Queda do Muro de Berlim se tornam expressão da verdadeira essência democrática.

É relevante destacar que, por articulações editoriais e grande receptividade da mídia a algumas das teses, o impacto de tal bibliografia ultrapassou os limites do debate acadêmico especializado e passou a pautar o debate público. O processo é visível pela forte presença de alguns dos autores acima mencionados como fontes e referências de reportagens, análises políticas e comentários em redes televisivas, jornais e postagens de influenciadores das redes sociais.

Em outros trabalhos, de perfil mais à esquerda, o olhar se volta para o esgarçamento de certas estruturas modernas, como o Estado, o capitalismo, a sociedade (Fraser, 2024; Brown, 2019; Streeck, 2017). Aqui as saídas da crise não passam pela simples reconstrução do passado, mas exigem uma crítica dos limites da ordem do pós-1989, o que inclui o acerto de contas com o evidente rebaixamento do horizonte de expectativas da esquerda hegemônica. Pautados por uma abordagem sistêmica dos problemas do presente, esse diverso grupo de autores se aproxima na identificação de raízes pregressas dos desafios do presente, que ultrapassam a crise de 2008 ou a emergência de lideranças "populistas".

Mesmo ante a grande diversidade da bibliografia, a ideia da crise é, porém, quase que inconteste, ao menos nos mais relevantes trabalhos do campo. Pode-se disputar a extensão, a ênfase ou eventuais remédios, mas deve-se partir dela para um diagnóstico acurado do mundo contemporâneo. Predomina, neste sentido, a ideia de que a crise não se circunscreve a certos países ou regiões, mas é global, ou seja, afeta, com maior ou menor intensidade, as mais diversas localidades. A partir de tal premissa, a maior parte dos trabalhos sobre o tema tende a enfatizar os traços comuns, os padrões que, com feições diversas, são repetidos com nomes e particularidades nas mais diversas localidades. O Brasil surgiria, assim, como um "caso", local de aplicação mais geral de uma teoria geral sobre as crises democráticas produzida com maior atenção aos eventos dos Estados Unidos ou da Europa Ocidental. Presente no Sul Global, a ideia de crise ganha força a partir de teses do Norte.

Outro campo de pesquisa, já explorado por alguns trabalhos (Miguel, 2022; Ballestrin, 2023; Pinheiro-Machado; Vargas-Maia, 2023; Chaloub; Bianchi; Rangel, 2020), problematiza a ênfase em certos contextos na bibliografia sobre a crise. Se, por um lado, é inegável que as reflexões sobre o fenômeno exigem o abandono de premissas pautadas por certo nacionalismo metodológico, também é necessário destacar que a ênfase exclusiva nos seus condicionantes globais menospreza elementos centrais do Sul Global e, no caso em análise, da trajetória política brasileira das duas últimas décadas.

Por certo, não é possível analisar o cenário político brasileiro de modo isolado, como marcado por uma cultura política plenamente autônoma. É inevitável, contudo, tomar como ponto de partida que os eventos não transcorrem de modo idêntico no centro e na periferia do capitalismo, seja por acúmulos históricos diversos, seja por morfologias sociais contemporâneas particulares. Uma situação crítica apresenta contornos diferentes em sociedades diversas. Distintamente do que sugerem autores como José Maurício Domingues (2013), isso não implica pensar o Brasil como separado do "tempo do mundo", mas sim reconstruir a variedade dos regimes de historicidade (Hartog, 2014), que não operam do mesmo modo em todas as sociedades.

O truísmo de que a crise é global, mas possui particularidades locais, é, contudo, apenas o primeiro passo de uma investigação mais aprofundada. A questão mais central é quais são essas particularidades, como elas operam e se construíram. Uma primeira hipótese do presente texto é de que a organização histórica, bem frequente nos trabalhos sobre o tema (Nobre, 2022; Nunes, 2022; Limongi, 2023), entre um momento de "normalidade" anterior à tormenta, usualmente situado antes de 2013 ou de 2008, e um momento posterior de crise não dá conta da complexidade do cenário. A reconstrução da historicidade dos discursos sobre a crise, que expõe um cenário anterior de sua hipertrofia com maior protagonismo da direita, é relevante para descontruir um discurso esquemático, marcado pela oposição entre a regularidade do passado e a excepcionalidade do presente. Os diagnósticos da crise passam, por um lado, pelas reações à vitória eleitoral de um partido de esquerda, que apesar de todos os movimentos de moderação nunca deixou de ser em vários sentidos estranho à ordem política construída após a redemocratização (Barbosa, 2019). Creio, contudo, que é possível reconstruir suas raízes em momentos anteriores a 2005, ano do recrudescimento aberto dos ataques públicos ao Partido dos Trabalhadores (PT), ou mesmo a 2002, ano da sua primeira vitória eleitoral. Em maior ou menor intensidade, a crise de ordem está presente na ordem do pós-1988 e passa por uma insatisfação de primeira hora da direita ante a ordem constitucional construída após a ditadura militar. Como argumentei em outro texto (Chaloub; Lynch, 2018), a Constituição recebe críticas diversas, de maior ou menor radicalidade, não apenas desde os seus primeiros passos, mas durante toda a sua vigência. Mesmo que ela, sem dúvida, exponha acomodações e carregue continuidades ante a ordem autoritária anterior (Miguel, 2022), há um constante desconforto à direita ante vários traços do novo cenário político-institucional.

Bons trabalhos sobre a direita norte-americana explicitam como sempre houve uma contestação pública da ordem do pós-1989 (Ganz, 2024; Hemmer, 2022), exposta pela emergência no Partido Republicano de personagens como Pat Buchanan e David Duke, e por movimentos públicos de intelectuais como Murray Rothbard (1992). A narrativa sobre a normalidade e o amplo consenso neoliberal é, nesse sentido, parcial mesmo quando pensamos no país símbolo da nova ordem, a superpotência vitoriosa após a Guerra Fria.

No cenário brasileiro, contudo, a contestação, marcada por certo discurso em torno da crise, era não apenas mais constante, como parecia envolver segmentos mais centrais das elites políticas. Mesmo repleta de composições e concessões, a ordem de 1988 soava excessivamente progressista para a morfologia ideológica nacional. Parte desse sentimento decorre da hegemonia relativamente tardia do neoliberalismo no debate público brasileiro, que fez com que a Constituição de 1988 contivesse segmentos conflitantes com um discurso que, logo após a promulgação do texto constitucional, seria fortemente abraçado pela burguesia e por grande parte das lideranças políticas. Não se trata de ineditismo do liberalismo econômico, que sempre se fez presente, de formas diversas, no debate público brasileiro, mas de certo consenso neoliberal atravessado tanto por continuidades quanto por novas questões.

A mais longa duração da ideia de crise não indica, contudo, que estamos falando do mesmo fenômeno, ou da mesma temporalidade. É mais preciso apontar como estamos falando de crises distintas, com uma historicidade diversa e particularidades, mas que não apenas se sobrepõem, como, em vários momentos, retroalimentam-se. Em meio a sua diversidade, reflexões clássicas e mais recentes em torno do conceito de crise convergem sobre certa constância, que o fazem sempre acompanhar qualquer ideia de ordem (Cordero, 2014; Streeck, 2017; Maia, 2021; Koselleck, 1999; Habermas, 1988). Tal constatação não impede, todavia, a identificação de certos momentos, ou lugares, nos quais o discurso ganha volume e centralidade.

O cenário acima descrito possibilita algumas investigações. Uma primeira seria sobre a as representações da crise no passado recente, ou seja, quais são as feições e temporalidade dos discursos sobre a crise nas últimas conjunturas. Sem a maior pretensão de reconstruir uma causalidade dura, este texto sem dúvida deseja avançar na compreensão sobre as relações entre as representações da crise e os movimentos dos atores políticos. É importante destacar, porém, que essa distinção analítica não pretende reduzir a crise a uma "narrativa", caso de alguns trabalhos contemporâneos sobre o tema (Melo; Pereira, 2024), mas, de modo diverso, refletir sobre a possível influência de ideias e visões de mundo sobre o cenário político, o que não pressupõe que as ideias e discursos operem em um vácuo social ou não sejam influenciadas por condições sociais concretas. Esse esforço, nesse sentido, retoma reflexões sobre o papel das representações da crise em nossa última experiência de retrocesso autoritário (Motta, 2021; Chaloub, 2015).

Parte dos esforços analíticos passam, por sua vez, por outro movimento teórico: a necessária distinção de fenômenos profundamente relacionados, mas diversos – a crise democrática e protagonismo da ultradireita. Se é inegável que a construção de uma coalizão de ultradireita encontre espaço e oportunidades em meio a um cenário de normalização da crise, ou ao menos da ideia de crise, por outro lado é importante separar analiticamente a história da crise da trajetória das direitas. Para tanto, é necessário complexificar as relações entre os atores políticos e a ordem de 1988, de modo a refletir sobre as distintas temporalidades da crise, algumas das quais ultrapassam as conjunturas mais recentes, tomadas por boa parte dos trabalhos como ponto de partida.

Um olhar sobre as diversas representações da crise permite reconstruir movimentos interrelacionados, mas diversos, de construção de uma coalizão de ultradireita no Brasil ao longo da última década, composta tanto por uma nova extrema direita quanto por uma direita tradicional radicalizada (Lima; Chaloub, 2024). Se há uma emergência de novos atores políticos com críticas radicais à ordem política e social (Rocha, 2021; Chaloub; Perlatto, 2016), não podemos perder de vista um movimento central para a atual conjuntura: a radicalização das elites políticas hegemônicas no pós-1988.

A proposta do presente texto é reconstruir as várias crises sobrepostas, cada uma marcada por certa temporalidade, a partir dos discursos sobre essas crises. O esforço teórico permite avançar nas duas agendas descritas nos últimos parágrafos: (1) melhor desenvolver as das especificidades da crise democrática brasileira e (2) construir uma teoria mais ampla para as relações entre direita e democracia no Brasil. A partir desse movimento, pretendo desenvolver duas hipóteses. Primeiramente, defendo que há um descompasso entre a crise democrática e o protagonismo da ultradireita no Brasil da última década. Se, por um lado, os dois fenômenos se retroalimentam, é possível afirmar que a normalização da ideia de crise não apenas é anterior, como foi condição fundamental para as vitórias políticas da ultradireita.

A segunda hipótese é mais ambiciosa e será apenas esboçada neste capítulo. Argumento que existe uma afinidade entre os diagnósticos radicais em torno da crise e o protagonismo de uma direita antidemocrática no Brasil, de modo que cenários nos quais a direita assume uma postura abertamente autoritária, em regra, convivem com certos diagnósticos de crise profunda. É evidente, por um lado, que a existência de discursos sobre a crise é característica de momentos de mudança radical da ordem política e social, à direita e à esquerda. Haveria no pós-1945, todavia, uma propensão à radicalização, não apenas retórica, da direita, que não encontraria similaridade entre a esquerda. Essa assimetria seria mais clara nos grupos hegemônicos, à direita e à esquerda, do que nos extremos. Não se trata de particularidade do Brasil ou mesmo do Sul Global, já que se pode observar movimento semelhante no cenário norte-americano, mas a trajetória da direita brasileira, justamente pelo lugar particular da democracia em países periféricos, é particularmente eloquente nesse sentido. O argumento exige uma reconstrução histórica que ultrapassa os limites deste capítulo, mas creio que a conjuntura das últimas três décadas é um ótimo ponto de partida para a análise de uma tendência mais ampla.

Proponho que as formulações sobre a crise contemporânea são compostas pela sobreposição de três discursos sobre a crise, marcados por temporalidades distintas. Um primeiro é a crise no conceito de Estado, perspectiva esboçada como interpretação da queda da ditadura militar, mas que a partir de 1989 se tornou um mote comum e reiterado no debate público brasileiro. A crise do Estado não olha, contudo, apenas para o passado, mas pauta a forma pela qual a Constituição de 1988 é retratada no debate público. Apesar dos claros avanços na universalização de políticas sociais, que tem no Sistema Único de Saúde (SUS) o exemplo mais evidente, predomina a narrativa do Estado brasileiro como entrave para o desenvolvimento e mesmo para a democracia.

Um segundo discurso é o da crise moral, caracterizada por uma retórica de decadência e perda de valores, que sugere a erosão das bases morais da sociedade brasileira. No centro dessa perspectiva está uma ideia alargada de corrupção, vista não somente como apropriação privada de recursos públicos, mas sobretudo como sinônimo de falência da ordem social e política. Com longa história no cenário político brasileiro, o discurso ganha novo impulso a partir do escândalo do Mensalão e atinge o centro do debate público brasileiro a partir da emergência da Operação Lava Jato.

Por fim, é possível identificar um terceiro discurso da crise, o do colapso da ordem, que não apenas articula os dois discursos da crise antes identificados, mas os aprofunda ao retratar os problemas da atual conjuntura como insolúveis por meio instituições e sociabilidade vigentes, o que exige soluções ainda mais radicais e urgentes. Já presente nas franjas do debate público, a narrativa se torna crescentemente influente a partir de 2015, quando ganha intensidade o ataque ao governo Dilma Rousseff. A centralidade da coalizão de ultradireita na construção desse discurso ocorre sobretudo neste terceiro momento.

A crise do Estado: uma disputa em torno da Constituição de 1988

Ficou famosa a frase de José Sarney de que a Constituição tornaria o país ingovernável.[2] Nem mesmo tínhamos uma carta constitucional definitiva e o então presidente, uma importante liderança da ordem autoritária anterior, já diagnosticava um futuro trágico para a institucionalidade nascente. O político maranhense era uma liderança impopular, sobretudo após o fracasso do Plano Cruzado, mas não estávamos diante de uma voz isolada.

Distintamente de uma narrativa comum às lideranças contemporâneas da ultradireita (Chaloub, 2022), e reproduzida de forma acrítica por diversas análises, a cena política e o debate público da década de 1980 não desconheciam lideranças à direita do espectro político, ou ignoravam valores públicos e argumentos tradicionalmente relacionados ao campo. O momento de superação da ditadura produziu, por certo, interpretações pautadas pelo forte otimismo na construção de uma nova ordem, tanto pela emergência de novos atores quanto pelo surgimento de repertórios inéditos (Sader, 1988), assim como trouxe as marcas de uma "relativa hegemonia cultural de esquerda" (Schwarz, 1978), construída anteriormente em certos espaços. Apesar da existência de uma esquerda mais influente e mais capaz de propor utopias futuras que a atual, nunca deixaram de atuar com alarde e pautar o debate público, contudo, lideranças de direita.

Houve uma relativa deflação de identidades ostensivas de direita e do conceito como forma de autodenominação, destacadas por alguns trabalhos (Pierucci, 1987; Power, 2000), o que permite, em certo aspecto, falar de "direita envergonhada". Há que se destacar, contudo, que a ausência de uma reivindicação ostensiva de pertencimento à direita não implica o ocaso de atores ou ideias relacionadas ao campo. Um breve olhar para os resultados eleitorais do período ou ideias presentes no debate público sugere um cenário bem distinto. Sem dúvida não havia uma extrema direita com forte influência social, ou uma coalizão de ultradireita no governo, como

---

[2] A frase foi registrada, entre outros veículos, na *Folha de S.Paulo* do dia 27 de julho de 1988 (cf. Sarney..., 1988).

ocorreu algumas décadas depois, mas não apenas havia direita organizada, como esta era hegemônica entre as elites políticas e em parte sensível da esfera pública. Algumas interpretações relevantes sobre o cenário recente, como a de André Singer (2021) sobre a "reativação da direita" no Brasil, parecem tomar a identidade ostensiva como sinônimo de ocaso político.

Há, porém, mais um elemento digno de nota: a identidade ostensiva da direita no Brasil não era popular ou frequente durante a ditadura militar, ou mesmo durante a República de 1946. Personagens identificados à história das direitas no Brasil enquanto intelectuais e líderes políticos, como Carlos Lacerda e Roberto Campos, não apenas não utilizam o conceito, mas mesmo negam sua pertinência para o mundo de então. O ocaso do conceito passa, em boa medida, da sua identificação com o fascismo e com a amplo consenso antifascista do pós-guerra. Não faltavam, todavia, lideranças que reivindicassem o conservadorismo ou defendessem uma identidade pública com diversos elementos tradicionais da direita, mesmo sem claramente falar o termo. Se figuras como Sarney ou Marco Maciel cultivavam uma identidade sobranceira às disputas políticas, não se pode dizer o mesmo de personagens como Jânio Quadros, Fernando Collor ou Enéas Carneiro. Já no debate público, atores como Roberto Campos, Paulo Francis e Miguel Reale eram vozes não apenas constantes, mas influentes. O evidente espólio negativo da direita sem dúvida abalou sua influência, mas não implica nada próximo de uma ausência. Envergonhada, em alguma medida, mas não carente de uma identidade pública, a qual, em boa medida, passava pela afirmação das mazelas a ordem política do pós-1988 e pela sua interpretação a partir da perspectiva da crise.

A história das sucessivas disputas em torno da Constituição é um bom caminho para situar a disputa política então vigente. São frequentemente retomadas as críticas da esquerda à carta constitucional, como as produzidas por lideranças e intelectuais ligados ao PT (Fernandes, 2014). A supracitada reação de Sarney teve, contudo, companhia à direita. Pensando em lideranças com fortes vínculos com o regime anterior, é importante citar o livro *Constituição de 1988: o avanço do retrocesso*, organizado por Paulo Mercadante (1990), intelectual ligado ao Instituto Brasileiro de Filosofia (IBF). Com forte tom crítico à carta constitucional recentemente promulgada, o livro reunia personagens como Miguel Reale, Roberto Campos, Ives Gandra Martins, José Guilherme Merquior, Ricardo Vélez Rodríguez, entre outros. Composto por textos que iam da exegese jurídica à análise política, quase todos os textos retratavam a nova Constituição pela chave do retorno de velhas formas do atraso brasileiro. Como Mercadante ressalta na introdução: "a cultura nacional havia de impor cruelmente os mesmos requisitos arcaicos" (1990, p. 10). A ênfase da crítica está na ausência do liberalismo na carta constitucional que, com isso, se revelaria "anacrônica". Enquanto "o Velho se liberalizara, trocando o estatismo por uma economia de mercado", aqui o "Progressismo foi o termo excogitado a fim de sacralizar um nacionalismo exacerbado e démodé" (Mercadante, 1990, p. 10).

Desde a década de 1970, autores ligados ao IBF, como Reale e Antonio Paim, procuravam construir uma síntese entre a tradição do conservadorismo brasileiro e as novas tendências do liberalismo econômico, como forma de oferecer caminhos para a renovação do regime militar. A conjunção entre liberalismo e conservadorismo não era novidade na cena da direita brasileira, mas encontrava nesses intelectuais um desejo, já esboçado por Reale desde os momentos posteriores ao Golpe de 1964 (Reale, 1965, 1977), de construir uma doutrina sistemática para a coalização à frente da ditadura militar. Ante tal trajetória, a crítica ao Estado construído pela Constituição de 1988 despontava como promissor alvo das críticas.

Em 1989, por sua vez, uma série de lideranças políticas egressas da esquerda do PMDB fundaram uma nova legenda: o Partido da Social Democracia Brasileira (PSDB). Corresponsáveis por alguns traços progressistas da Constituição, as principais lideranças do novo partido foram fortemente marcadas pelo clima do tempo, de superação das "ideologias" e afirmação do liberalismo como único caminho viável. As críticas aos defeitos da política brasileira e da Carta de 1988 foram fundamentais para construir essa identidade. Dois discursos proferidos no Senado e relacionados às eleições presidenciais de 1989 e 1994 são marcos importantes desse movimento.

Líder da bancada do PMDB no Senado na Constituinte e importante oponente da direita organizada no Centrão, Mário Covas faria uma marcante fala no Congresso em 1989, como anúncio de sua candidatura à Presidência. Conhecido pela sua defesa de um "choque de capitalismo", o discurso concentrava suas propostas em uma reforma do Estado, imprescindível pelas mudanças então em processo no mundo. O "verdadeiro nacionalismo" passava por uma "proposta de reforma radical do Estado e da sociedade" amparada em um movimento de "privatizar com seriedade e não apenas na retórica", já que "Estado brasileiro cresceu demasiadamente como produtor direto de bens, mas atrofiou-se nas funções típicas de governo" (Covas, 1989). Pelas palavras do próprio senador, não basta, contudo, um "choque fiscal", pois o país precisaria de "choque de capitalismo, um choque de livre iniciativa, sujeita a riscos e não apenas a prêmios" (Covas, 1989).

Ganha corpo um discurso que identifica a crise com o Estado, identificado com uma tradição longeva, que foi continuada e consolidada na nova Constituição. A retórica apontava para uma passagem do predomínio do Estado para a hegemonia da "sociedade", mas esta era definida à imagem e semelhança do mercado.

Cinco anos depois, já eleito para seu primeiro mandato como presidente, Fernando Henrique Cardoso fornece maior perspectiva histórica à formulação, em seu discurso de despedida do Senado. A reforma do Estado passa a ser o "fim da Era Vargas". Em peça retórica com a feição de um programa de Governo, o sociólogo afirma:

> A divisão histórica entre apoiadores e opositores do regime de 64, que de algum modo sobreviveu ao pacto da Aliança Democrática, também não vigora mais. Não polariza as forças políticas nem o eleitorado. As tentativas de restabelecer esse divisor de águas no processo eleitoral frustraram-se. [...] Eu acredito firmemente que o autoritarismo é uma página virada na história do Brasil. Resta, contudo, um pedaço do nosso passado político que ainda atravanca o presente e retarda o avanço da sociedade. Refiro-me ao legado da Era Vargas – ao seu modelo de desenvolvimento autárquico e ao seu Estado Intervencionista (Cardoso, 1995, p. 5).

Após relegar o autoritarismo ao passado e vaticinar "o fim da jornada da transição", o candidato eleito propõe a superação de um modelo de relação entre Estado e sociedade que supostamente duraria mais de sessenta anos. Evidentemente o Estado brasileiro passou por profundas mudanças ao longo desse tempo e um conceito genérico de desenvolvimentismo mais atrapalha do que ajuda a compreensão do processo, mas nos importam aqui as feições de um programa político, que visa a uma ideia de transformação do Estado ao demonizá-lo.

Há, em todo o texto, a sugestão de uma afinidade profunda entre o Estado e o autoritarismo, que assume as feições de uma fluida cultura política.[3] Se o predomínio estatal fora a marca das duas últimas experiências autoritárias, a consolidação da democracia impunha uma mudança, caracterizada pela passagem do protagonismo do Estado para o mercado ou, nas palavras do sociólogo, de um movimento no qual "o eixo dinâmico da atividade produtiva passa decididamente do setor estatal para o setor privado" (Cardoso, 1995, p. 17). Para tanto, ocupa papel fundamental a "abertura da economia", movimento que aproximaria o Brasil do tempo do mundo e lhe garantiria a eficiência roubada pelo Estado, passo fundamental para a consolidação da democracia nascente.

Está explícito no discurso como esse programa político depende de mudanças profundas na Constituição vigente há poucos anos, no que ele define como "agenda constitucional". Depois de ponderar que a agenda não é pessoal, mas se identifica com o interesse nacional, Cardoso defende a "remoção, da carta de 1988, dos nós que atam o Estado brasileiro à herança do velho modelo" (Cardoso, 1995, p. 25). O plano é conhecido, com traços amplamente reiterados, a partir da enorme simpatia da mídia, durante as últimas décadas: reforma da previdência, reforma tributária, amplo projeto de privatizações e a busca da "verdade orçamentária" (Cardoso, 1995, p. 25), por meio da desvinculação de gastos constitucionais relacionados às políticas sociais.

Nos dois discursos acima analisados, está exposto o projeto do neoliberalismo brasileiro, que não se restringiu ao PSDB, mas se tornou elemento imprescindível das coalizões políticas vitoriosas após-1994. Ele foi abraçado de forma desigual pelos atores políticos mais influentes, tendo até mesmo partes adotadas por seus críticos de primeira hora do PT, mas permaneceu como agenda prioritária da maior parte da imprensa, da burguesia nacional e de boa parte das elites políticas. Impressionam, por exemplo, as imensas semelhanças entre as propostas desenhadas

---

[3] Vale destacar que parte dessa narrativa foi adotada e reproduzida por trabalhos acadêmicos, como é o caso de Sallum Jr. (1995).

por Fernando Henrique Cardoso e o programa "Ponte para o Futuro", lançado nos últimos meses de 2015 pelo PMDB com o intuito de dar clareza ideológica aos movimentos golpistas do então vice-presidente Michel Temer.

Deve-se ressaltar que a proposta diverge das críticas pautadas pelos intelectuais do IBF, com seu liberal-conservadorismo, pela negação da própria feição ideológica, marca típica desse discurso neoliberal (Foucault, 2008; Dardot; Laval, 2016; Andrade, 2021). A reforma do Estado e da Constituição seria uma imposição da razão técnica, uma adequação do país aos movimentos do mundo. Ao fim e ao cabo, estaríamos diante de algo que foge aos desígnios da disputa política. Os adversários da agenda são representados como arcaicos, ineptos e/ou mal-intencionados, por seus compromissos com o "corporativismo" e os "privilégios".

O mais relevante para o presente texto é, contudo, como se naturalizou um discurso sobre crise do modelo de Estado e da própria ordem constitucional, que passou a acompanhar de forma constante o debate político brasileiro. Mesmo nos momentos de melhores resultados econômicos e com concessões à parte das propostas, como no período entre 2006 e 2012, permanecia renitente no debate público um discurso de precariedade das bases da ordem vigente, o que prometia uma crise já prevista no horizonte.

O discurso nunca defendeu a substituição da Constituição de 1988, mas naturalizou um discurso crítico sobre sua realidade, que demandava reformas as quais, mesmo quando realizadas, nunca eram suficientes. Há que se considerar, é claro, as feições da Constituição, que consagra em seu texto elementos centrais da disputa política ordinária, o que muitas vezes torna necessárias reformas constitucionais para implementar elementos centrais dos programas políticos (Couto; Arantes, 2006). O que se busca descrever, todavia, vai além: normalizou-se uma representação do Estado e da Constituição como responsáveis pela persistência do atraso e por boa parte das mazelas nacionais.

Houve, por certo, contradiscursos, preocupados em defender as virtudes da ordem de 1988. Sem qualquer esforço exaustivo, é o caso de perspectivas vinculadas à centralidade dos direitos e da cidadania (Gohn, 2008); de elogios à dimensão participativa da ordem de 1988 (Avritzer, 2008); de leituras neoconstitucionalistas populares em meio a elite jurídica (Barroso, 2008; Vianna *et al.*, 1999), ou mesmo dos trabalhos neoinstitucionalistas produzidos a partir do conceito de presidencialismo de coalizão, que carregam marcas normativas (Figueiredo; Limongi, 1999). Nenhuma dessas reflexões, porém, alcançou o mesmo grau de influência no debate público.

A persistência de discurso semelhante em meio ao processo de ascensão da ultradireita é, contudo, pouco analisada pelos trabalhos sobre a crise democrática e acerca das direitas contemporâneas. A ênfase nos "atores" (Limongi, 2023; Alonso, 2023) ou no "sistema" (Nobre, 2022; Nunes, 2022), na maior parte da bibliografia sobre a democracia brasileira, traz pouca ênfase para as continuidades de médio prazo da ordem democrática do pós-1988, pois pensa a crise a partir de uma brusca ruptura com a ordem anterior. Por outro lado, nos bons trabalhos sobre a ultradireita (Rocha, 2021; Cesarino, 2022) a ênfase recai frequentemente na novidade, como chave de explicação sobre o inegável protagonismo de novas elites políticas. Os trabalhos se aproximam ao enfatizar crise como uma dimensão externa à ordem, em modelo explicativo próximo da ideia das *invasões bárbaras*, em que uma conjunção entre fragilidades internas e atores externos promove a queda do mundo político.

É curioso que alguns dos trabalhos internacionais mais influentes sobre as direitas, como o de Brown (2019), tenham por eixo central as consequências do neoliberalismo, com forte ênfase nos modos como a estrutura de uma ordem anterior responde por parte dos novos tempos. Livros brasileiros preocupados com a ordem anterior (Nobre, 2022; Nunes, 2022), contudo, avançam pouco na análise do neoliberalismo, mais preocupados em ressaltar o pertencimento das esquerdas ao sistema, a vaticinar um insulamento entre um sistema político e a sociedade, ou, no máximo, são hábeis, a mobilizar um conceito genérico de neoliberalismo progressista. Se foram inúmeras, por certo, as concessões da esquerda hegemônica à ordem neoliberal, é simplista pensar que não existem clivagens ideológicas profundas em meio ao cenário político (Lima; Chaloub, 2024).

Ao mesmo tempo que a ascensão da ultradireita envolve uma dimensão de ruptura e novidade, creio que é fundamental ressaltar como ela contém algo de acúmulo, dos efeitos da longa reiteração de um discurso. Ao lado da emergência de novos discursos influentes sobre a crise, há outras representações da crise anteriores que persistem nos debates contemporâneos.

Basta lermos os editoriais da semana, acompanharmos as redes sociais ou ligarmos a televisão para ouvi-los.

A construção de um crescente protagonismo da ultradireita passou pela emergência de novos atores de extrema direita, parte mais evidente de um movimento recente de renovação das elites políticas, mas também contou com um processo de radicalização das direitas hegemônicas no pós-1988. Os processos se retroalimentam, mas apresentam distinções importantes. É fundamental compreender por que certas direitas que atuavam primordialmente dentro das instituições democráticas aderiram a um candidato e se subordinaram a um campo político que têm no ataque frontal à democracia um elemento inegociável da sua identidade.

O papel da oposição ao pacto de 1988 na definição da identidade da ultradireita foi destacado por alguns trabalhos (Miguel, 2022; Rocha; Medeiros, 2022; Chaloub; Bianchi; Rangel, 2020). É importante destacar, porém, que os ataques à ordem de 1988 não se restringiram à contestação aberta, de personagens como Jair Bolsonaro ou Olavo de Carvalho, mas também decorreram do acúmulo de consensos negativos. Se há influências globais e escolha de uma via "pragmática" para derrotar um adversário vitorioso nas últimas eleições presidenciais, o PT, deve-se também ressaltar as consequências de escolhas e movimentos pregressos.

A construção de uma sensação de crise não passou, todavia, apenas pelo discurso da crise no Estado. O discurso anticorrupção, frequente na tradição política brasileira, foi central para os contornos do cenário político, que, nesse caso, não se restringia às instituições, mas assumiu uma feição de crise moral.

A corrupção e a crise moral

"Você pode chamá-lo de burro, de mau administrador, mas de ladrão você não vai conseguir" (Sanches, 2020). Proferida por Olavo de Carvalho em uma entrevista à BBC Brasil, a frase resume um dos argumentos mais frequentes dos apoiadores de Jair Bolsonaro: a suposta aversão do atual presidente à corrupção. Todos os descalabros seriam aceitáveis, até os que eventualmente resultem na morte de milhares de pessoas, já que antes de qualquer valor estaria a suposta moralidade do governante. Mesmo que não resista a uma análise superficial do governo ou das condutas públicas dos políticos mencionados, o argumento expõe um traço mais longevo do debate público brasileiro: a centralidade do discurso anticorrupção. O constante retorno do tema e sua importância em momentos distintos sugerem um olhar mais atento para os motivos dessa longa persistência. Por que a corrupção está sempre na ordem do dia?

A resposta é particularmente difícil em virtude dos incertos contornos do conceito de corrupção, que sempre se relaciona com o modelo de ordem social e política imaginado pelos que o utilizam. Por mais que seja comum uma definição limitada aos usos privados do dinheiro público, toda proposta de organização política pressupõe determinadas ideias de corrupção. Há sempre a imaginação de uma outra ordem, não corrompida, nos diagnósticos de uma sociedade intrinsecamente corrupta.

Isso não indica, entretanto, que o discurso anticorrupção seja identicamente distribuído em todos os quadrantes políticos e períodos históricos. A inflação desse tipo de narrativa revela algo sobre os atores que a utilizam e os seus modos de relação com o tempo. O grande número de políticos, quase todos pertencentes à ultradireita, que alcançaram vitórias eleitorais ao redor do mundo com uma versão particular desse discurso, que contesta a própria ideia de democracia, é, por exemplo, um claro sinal sobre a crise da ordem global do pós-1989. O crescente uso do conceito diz algo sobre certas épocas. Fernando Filgueiras (2008) o relaciona a momentos de crise de legitimidade, nos quais há forte disputa sobre os consensos políticos e morais de uma sociedade.

Sem destoar do autor, eu sugeriria uma outra possibilidade: a corrupção é também uma arma para fomentar crises por meio da hipérbole crítica de alguns autores. A construção de um senso comum sobre a corrupção onipresente é um dos mais eficazes meios para desestabilizar uma ordem política. As especificidades e a longa história da corrupção como narrativa política na história brasileira sugerem uma atenção especial a alguns atores e contextos.

Após a conjugação entre política de massas e eleições periódicas, o que somente ocorreu na história brasileira após 1945, o discurso anticorrupção se tornou a marca de certos atores mais à direita no espectro político. Narrativas críticas sobre uma sociedade corrompida são elementos frequentes em diagnósticos sobre os supostos descaminhos da República de 1946. Dentre as causas da ordem corrupta, era frequentemente mencionado o predomínio de elites supostamente pervertidas, usualmente aquelas que mobilizavam símbolos e discursos identificados às classes populares e que, com isso, enganariam as massas em sua ingenuidade. Não importa o que fizessem, alguns governantes, justamente os que mais mobilizavam símbolos populares, seriam intrinsecamente corruptos (Chaloub, 2015).

O conceito de corrupção operava não apenas como um modo de disputa entre lideranças, em perspectiva que atribuía a certos governos um déficit insuperável de legitimidade, mas também como uma forma de crítica ao processo de democratização ocorrido ao longo da República de 1946 e ao maior destaque de atores historicamente excluídos da política institucional. Os novos tempos da política brasileira teriam corrompido os principais valores da sociedade brasileira, que agora tomava o vício por virtude e via seus valores morais violados por indesejados novos personagens, ainda despreparados para a vida democrática.

A radicalidade do diagnóstico crítico à democratização não apenas justificava o discurso "anticorrupção", mas também dava razão a sua particular virulência e repetição: contra uma ordem corrupta, todos os meios seriam justificáveis. O protagonismo da União Democrática Nacional (UDN) no tema tornou comum o uso do termo "udenismo" para se referir a essa prática política, do mesmo modo que a memória construída em torno do mais popular líder do partido, Carlos Lacerda, fez com que, por outras vezes, o substantivo escolhido fosse "lacerdismo" (Chaloub, 2015).

O repertório anticorrupção não se esgotou com o Golpe de 1964, mas se manteve como discurso influente para a crítica política de lideranças com identidade pública de esquerda no Brasil. A constante sugestão de envolvimento com esquemas corruptos foi uma arma contra os mais populares políticos do campo no Brasil, como João Goulart, Leonel Brizola e Lula. Construiu-se, assim, um imaginário político que relaciona as massas populares e a corrupção no Brasil, o que, por sua vez, justificaria uma agressiva oposição contra tal campo político.

Parte desse imaginário se relaciona a determinado uso do conceito de "populismo", que após uma recente trajetória de interpretações críticas no Brasil passou a ser fortemente mobilizado pela mídia e por intelectuais, a partir de forte influência de certa bibliografia estrangeira sobre as crises da representação e da democracia. Pretensamente objetivo, o termo muitas vezes tem forte carga depreciativa em relação à atividade política e a qualquer manifestação política que critique a ordem institucional (Cruz; Chaloub, 2021).

O discurso sobre a corrupção não é, todavia, exclusividade da direita. Ele foi linguagem frequente, por exemplo, durante as primeiras décadas de existência do Partido dos Trabalhadores (PT), que utilizava o discurso não apenas contra os adversários de um campo ideológico diverso, mas também contra outros partidos da esquerda brasileira. O PT pretendia ser distinto das tradições comunista e trabalhista, que se corromperiam por uma excessiva subserviência ao Estado, o que fez com que Leonel Brizola, em tom irônico, tenha intitulado o partido de "UDN de macacão". O discurso anticorrupção também expunha as críticas do partido contra a ordem política brasileira da redemocratização, tida como excessivamente conciliadora e ainda marcada pelo predomínio de práticas autoritárias.

No discurso petista a corrupção não pressupunha, todavia, uma incapacidade das massas, mas apostava justamente na virtude de certa ideia de sociedade civil, representada pela entrada em cena de novos movimentos sociais, que poderiam evitar os problemas do mercado e do Estado. O conceito foi, contudo, praticamente abandonado pelo petismo após a vitória na eleição presidencial de 2002. Deixado de lado pelo maior partido da esquerda, o discurso da corrupção voltou, de modo semelhante à República de 1946, a ser uma marca de atores pertencentes ao campo da direita.

Nas três últimas décadas se tornou cada vez mais comum outro sentido do conceito de corrupção. Ganhou força uma narrativa que retrata o Estado como intrinsecamente corrupto e vê na sua limitação o melhor remédio contra práticas corruptas (Chaloub; Lima, 2018). Tal discurso frequentemente conjuga um imaginário neoliberal, fortemente atrelado à naturalização da ação individual e avesso a perspectivas sistemáticas sobre a sociedade, e um repertório conservador, crítico da imoralidade da ação estatal. Não estamos diante de uma narrativa sistemática, mas de um discurso público composto por distintas linguagens políticas, manejadas de formas diversas por vários atores.

Os argumentos neoliberais da identificação entre corrupção e Estado usualmente partem de uma ideia de *eficiência*, que contrapõe as ações privadas às públicas e critica não apenas a intervenção do Estado na economia, mas seu protagonismo em políticas públicas. O Estado seria potencialmente corrupto por concentrar recursos que estariam mais bem preservados se estivessem dispersos em meio aos indivíduos e por suas possibilidades de intervir politicamente no mercado, sem a legitimidade das instituições técnicas ou reguladoras. De forma frequentemente pouco explícita, acaba-se por criminalizar a política e o próprio conceito de comum, que surgem como ruído, indesejado e evitável, para atrapalhar a interação entre indivíduos e instituições neutras, e transformar uma sociedade competitiva em terreno fértil às corporações.

O discurso não ganha força a partir dos casos particulares de ilegalidades, mas toma-os como elemento para confirmar uma visão prévia de que há uma tendência natural à corrupção em qualquer prática que envolva a política. Aparentemente construído de forma objetiva a partir de pesquisas, o discurso possui forte conteúdo valorativo e uma cerrada visão de mundo, que é quase sempre ocultada em meio a um discurso que se pretende puramente técnico. Como toda narrativa em torno da corrupção, ele também carrega um discurso propositivo do que seria uma nação não corrupta: aquela na qual a política cederia lugar à técnica e o coletivo a uma maior liberdade individual.

Os economistas costumam ser os principais entusiastas de tal discurso no debate público, que frequentemente surge pelas vozes de intelectuais públicos como Marcos Lisboa, Samuel Pessôa, Marcos Mendes, entre outros, todos com amplo destaque na imprensa. Deve-se ressaltar, contudo, que tal discurso não se limita à economia, mas é uma narrativa de grande influência na ciência política de corte neoinstitucionalista e nas agências internacionais de avaliação da qualidade democrática. Se a pura oposição mercado e Estado não dá conta do estado da arte do debate acadêmico da economia ortodoxa, que tem na ideia de regulação um elemento central dos conceitos mais contemporâneos de mercado e está mais preocupada com o tipo de ação estatal do que com a sua ausência, as manifestações de tais atores no debate público frequentemente assumem feições mais simples. Em suas colunas de jornal, por exemplo, é comum uma superficial demonização do Estado, que é quase automaticamente identificado à corrupção.

O discurso neoliberal apresenta, por outro lado, forte afinidade com certa linguagem política conservadora, sobretudo em suas florações mais contemporâneas. Há também nessa perspectiva uma rejeição ao Estado como corrupto, mas aqui o conceito ganha tintas morais evidentes e contesta, com maior intensidade, a intervenção pública em questões de valores, que devem ser espaço exclusivo da religião e da família. Desse modo, o Estado seria, ao mesmo tempo, consequência e causa de uma suposta crise moral da sociedade. Pautas como a Escola Sem Partido e o *homeschooling* são exemplares nesse sentido (Miguel, 2016; Biroli; Machado; Vaggione, 2020).

Muitas vezes tomado como um todo coerente, o campo conservador possui uma grande diversidade interna e comporta tanto atores mais críticos ao Estado, caso de algumas lideranças neoconservadoras de feições religiosas diversas (Almeida, 2017), quanto representantes de outra tradição conservadora brasileira, bem representada pelos militares, que não recusa o Estado, mas critica sua utilização a partir de valores diversos dos defendidos por sua concepção de nacionalidade. A maior circulação de discursos críticos à esquerda e a sensação de predomínio político dos valores progressistas na última década, a partir da série de vitórias do PT em eleições presidenciais e do fortalecimento dos movimentos antirracista e feminista, aproximou essas vertentes do conservadorismo e as articulou a alguns discursos neoliberais a partir de uma ideia de inimigo comum, definido por um vago conceito de esquerda.

A corrupção seria o grande critério para a definição desse inimigo e assumiria um sentido que tanto aponta para a apropriação privada de dinheiro público quanto retoma a velha retórica anticomunista da subversão, variante comum do discurso anticorrupção, particularmente forte no discurso militar e no udenismo. Segundo esse discurso, o Brasil contemporâneo seria em parte dominado por atores intrinsecamente corruptos, verdadeiros inimigos internos que precisam ser derrotados para que o país recupere um passado idealizado e construa um novo futuro.

Não é adequado, entretanto, pensar que esse discurso anticorrupção se limita aos jornais, *think tanks*, universidades, igrejas ou grupos sociais específicos. Ele também transborda os limites do debate intelectual mais tradicional e dos espaços identificados com um discurso conservador para se tornar senso comum repetido nos mais diversos lugares, dos salões endinheirados aos botequins. Se muitos desses discursos públicos se confundem com propaganda institucional de certos interesses e ganham força por uma explícita defesa da mídia, há também adesão popular ao discurso, mesmo em suas formulações mais simplistas. Quais seriam as razões desse fenômeno?

Dentre muitas possíveis hipóteses, gostaria de destacar uma: a corrupção é uma explicação simples para a abissal desigualdade da sociedade brasileira. Mesmo sem dados confiáveis, responsabilizar o *dinheiro perdido para a corrupção* pela pobreza do país é um argumento de fácil inteligibilidade, afinado com um discurso presente nos meios de comunicação, compatível com experiências individuais e condizente com os valores morais da maior parte da população.

A responsabilização de determinadas ações individuais por uma realidade complexa é sem dúvida simplista, mas justamente por isso ganha força e ressonância como discurso público. As relações entre corrupção e desigualdade estão afinadas, por outro lado, com discursos de forte adesão popular no Brasil contemporâneo, como a ode ao empreendedorismo e a teologia da prosperidade. O cenário se completa com o ambiente propício oferecido pelas redes sociais, que favorecem, com sua estrutura organizada em torno de perfis individuais, discursos de forte conotação moral e tom agressivo, sempre dispostos a criar um outro, um inimigo.

Dessa forma, a corrupção surge como um argumento político de grande utilidade, interessante para eleições e debates públicos, sobretudo por sua capacidade de explicar os mais diversos fenômenos a partir da experiência cotidiana de boa parte da população.

Esse uso é particularmente intenso durante os governos petistas. Em tempos de forte uso de narrativas sobre a redução da desigualdade por intelectuais e lideranças do partido, a corrupção ganhou a condição de discurso alternativo, que pretendia expor as persistências de reais problemas da sociedade brasileira e contestar argumentos públicos centrais para a imagem do governo. O termo frequentemente dizia revelar uma verdade escondida pelas ideias de ascensão social, expansão da classe média, fim da pobreza e da fome, com a suposta intenção de revelar seus erros e limites.

A Operação Lava Jato ocupa papel de destaque na construção desse imaginário. Perpassa o discurso de muitos membros do Judiciário e do Ministério Público a tese da corrupção como grande problema nacional, causa fundamental dos males nas mais diversas searas. Da saúde pública à educação, sem esquecer do desenvolvimento econômico, há uma raiz fundamental que deve ser duramente extirpada: as práticas corruptas. Tal imaginário também ganhou grande força em virtude da afinidade de perspectivas entre a operação e os mais importantes veículos da mídia brasileira, o que deu a alguns dos protagonistas da operação um enorme espaço público, tornando-os um misto de heróis nacionais e intérpretes da sociedade brasileira.

Há uma ambiguidade na definição de corrupção por parte das principais lideranças da operação, como Sergio Moro e Deltan Dallagnol, ou dos seus principais fiadores institucionais e defensores públicos, caso de Luís Roberto Barroso. Ao mesmo tempo que esses personagens retomam velhos discursos sobre uma cultura brasileira intrinsecamente corrupta (Chaloub; Lima, 2018), para o que reivindicam conceitos como patrimonialismo e populismo, eles apontam, por outro lado, para o recrudescimento da corrupção nos governos petistas e identificam esse processo a uma ampliação das ações do Estado.

Pode parecer curioso que funcionários públicos, como os acima mencionados, cultivem um discurso que identifica o Estado à corrupção. Há em tais atores, assim como em tantos outros de tais instituições, a identidade de representantes privilegiados de um conceito mítico de sociedade civil hipossuficiente, como bem aponta Rogério Arantes (2002), o que predomina ante seus vínculos com o Estado. A representação da sociedade brasileira por esses personagens não apenas exporia verdades não percebidas, mas as qualificaria a partir da sua interpretação. A definição de um "papel iluminista" do STF, feita por Luís Roberto Barroso, é o perfeito exemplo desse imaginário.

> Supremas cortes desempenham três grandes papéis em uma democracia: contramajoritário, representativo e iluminista. [...] o papel iluminista deve ser exercido com grande parcimônia e autocontenção, em conjunturas nas quais é preciso empurrar a história. Em alguns momentos cruciais do processo civilizatório, a razão humanista precisa impor-se sobre o senso comum majoritário. (Barroso, 2018)

No mencionado artigo, o Ministro do STF logo passa a uma reflexão sobre a corrupção, seus vínculos com o Estado e o papel do Judiciário, e naturalmente da sua mais alta corte, no combate a tais males. A corrupção é definida como um "pacto oligárquico" de longa duração: "A corrupção no Brasil, que vem em processo acumulativo desde muito longe, não se manifesta em falhas individuais ou pequenas fraquezas humanas. Ela é fruto de um pacto oligárquico celebrado entre boa parte da classe política, do empresariado e da burocracia estatal para saque do Estado brasileiro".

O tom próximo a certa mobilização genérica de Raymundo Faoro, bem ao gosto de Barroso, revela uma definição simplista da corrupção que pode ser resolvida pela substituição do predomínio do Estado por uma visão idealizada do mercado. Afinal, se o problema é o "pacto", a raiz dos males passa necessariamente pelas instituições políticas articuladas a partir dessa lógica. Em outros momentos, Barroso mobiliza um culturalismo genérico, que vê na ausência do capitalismo os males do país, ou define a corrupção em perspectiva próxima de uma cultura disseminada: "O país enfrenta dificuldades éticas não apenas no governo, mas na sociedade em geral. Pessoas apontam o dedo incisivamente, mas vivem sob a égide de uma moral dupla, quando não da mais pura hipocrisia" (Barroso, 2015).

Entre a formulação da corrupção como problema de certo Estado e ideia da corrupção como cultura onipresente na sociedade, há uma vagueza funcional para a força pública do argumento, que o permite circular como senso comum e justifica o papel autoatribuído pelo ministro.

O discurso se amparava, por um lado, em motes semelhantes aos do udenismo, como no tema do encontro trágico entre as elites moralmente depravadas e as massas inconscientes, outra vez tomado como razão da ilegitimidade da ordem política brasileira. Por outro, um dos seus fundamentos era o discurso que identificava o Estado à corrupção, o que não apenas atingia politicamente parte da elite política, sobretudo a que defendia uma ação mais ativa do Estado no combate às desigualdades, como reforçava uma perspectiva crítica à cena política brasileira, com ampla reverberação no debate público. Os efeitos colaterais da narrativa se mostraram particularmente graves. A generalização do discurso anticorrupção ultrapassou seus objetivos políticos mais imediatos e colocou em xeque, como nunca, a ordem política de 1988. Se o atual cenário tem certamente contornos mais complexos, não se pode menosprezar as consequências de tal imaginário.

A ultradireita se destaca pela habilidade de agir em meio a esses escombros. O discurso anticorrupção foi, por um lado, fundamental para abrir as brechas para sua emergência. Por outro, ele funcionou como justificativa para aglutinar as bases da sua heterogênea coalizão, entre as massas e elites. Jair Bolsonaro, por exemplo, mobilizou com frequência diversos conceitos de corrupção, dos construídos pelas vertentes conservadoras às versões mais extremas do ultraliberalismo, e a eles atribuiu uma proximidade genérica a partir de uma definição relativamente próxima de inimigo.

Soma-se a tais sentidos do termo um conceito de corrupção bem próximo dos seus usos fascistas, que opõe a uma ordem formal corrupta a necessidade de renovação por meio de destruição violenta, conduzida por parte das vanguardas fiéis aos valores do líder. O diagnóstico de uma suposta corrupção endêmica, cuja vagueza aumenta a força do discurso de que tudo está corrompido, surge como principal justificativa para apologia de uma violência explícita contra as instituições, que são vistas como guardiãs da ordem e dos atores corruptos. O apelo é não só à razão, mas a um afeto de inconformidade, longamente cultivado, perante "tudo isso que está aí".

O amplo processo de destruição institucional contemporâneo tem nessa variedade de discursos sobre a corrupção uma das suas principais razões. Mesmo os males mais intensos são justificados a partir de uma corrupção prévia e atribuídos a inimigos evidentes ou ocultos. Ironicamente, mesmo a corrupção acaba por ser justificada, desde que para combater práticas e ordens corruptas anteriores e supostamente mais nocivas.

A crise como colapso

As representações da crise a partir do Estado e da corrupção retratavam a sociedade brasileira e a ordem de 1988 em tintas negativas, mas ainda viam espaço para saídas reformistas, mesmo que de caráter estrutural e profundo. A consolidação de um campo de ultradireita mudou tal cenário. A partir de novos atores, ideias e performances no debate público, aumentou sensivelmente o tom das críticas e da representação da crise, construindo-se uma perspectiva contrária a elementos essenciais da democracia brasileira. Com isso, a crise passa a ser sinônimo de colapso da ordem democrática no Brasil, de modo que a única saída seria uma ruptura, não apenas ante as instituições, mas também ante os atores e valores vistos como hegemônicos. Se a crise democrática e a ascensão da ultradireita são fenômenos distintos, com tempos diversos, há uma direta relação entre a popularização de certa ideia da crise, como colapso, e o protagonismo desse campo. A construção de certa perspectiva sobre a crise é indissociável das representações da ultradireita sobre a ordem política brasileira e a democracia.

É um argumento frequente na bibliografia a ideia de que direita e esquerda são categorias em parte posicionais (Bobbio, 2016), fortemente marcadas pelas disputas histórias de cada conjuntura. A afirmação não implica, todavia, a impossibilidade de se estabelecer analiticamente continuidades de longa duração. Desde 1945, o grande campo da direita pode ser definido a partir da sua contestação, de graus variados, a processos de democratização. Deve ficar clara a diferença entre democratização, como processo, e democracia, definida a partir de marcos pluralistas (Dahl, 2005; Tilly, 2007). Se uma ampla literatura converge em torno de aspectos mínimos de uma democracia contemporânea, como o sufrágio universal e a não supressão violenta de minorias, há, por certo, muitas divergências em torno do conceito, fortemente disputado como é usual em conceitos políticos. Em meio a uma diversidade de significados, parte da direita por certo apoia ordens democráticas, como o fez no pós-1988 brasileiro. Democratização, por sua vez, dialogando com o trabalho de Wendy Brown (2019), pode ser definida como uma ampliação do exercício do poder democrático pelo maior número, seja em relação à frequência da participação, seja ao peso dessa participação para as decisões democráticas.

Nesse sentido, se em muitos momentos o campo da direita aceitou regimes que podem ser definidos como democráticos, é possível afirmar que ela se distingue por uma constante contestação a processos de democratização. Não faltam exemplos. Da oposição ferrenha da UDN e de parte do PSD ao voto dos analfabetos, na República de 1946, até o próprio apoio ao Golpe de 1964 e à ditadura militar, passando pela oposição às Diretas Já, o diverso campo da direita encontra coerência em seu constante combate a medidas de democratização.

A visão de mundo hegemônica do campo se construía a partir de um amálgama das linguagens políticas do conservadorismo e de vertentes à direita do liberalismo, uma mais conservadora, outra mais tecnocrática. Se a crescente defesa de versões radicais do liberalismo econômico começa a ganhar corpo a partir da década de 1980 no debate brasileiro, assim como passa a organizar os setores mais bem-sucedidos da direita na eleição presidencial pós-1989, é possível afirmar, por outro lado, que sempre houve uma tendência à convergência entre liberais, campo bem mais amplo que o neoliberalismo ou o ultraliberalismo contemporâneo, e conservadores no Brasil. Essa aproximação, com peso distinto das linguagens políticas, já se fazia presente na coalizão do Golpe de 1964, na ditadura militar e no discurso público de intelectuais públicos da direita, muitos deles influentes nas elites políticas.

As seguidas vitórias do PT na eleição presidencial e o processo lento, mas constante, de naturalização das ideias de crise, acima abordadas, promoveram dois movimentos, centrais para a configuração do campo da direita contemporânea: (1) a radicalização das linguagens políticas características do campo das direitas; (2) o retorno ao centro da cena de duas linguagens políticas há muito distantes de qualquer destaque na política brasileira, o reacionarismo e o fascismo.

Inicialmente, é necessário ressaltar a diversidade de expressões e atores do campo da direita. A ideia de uma direita uniformemente liberal na economia e conservadora nos costumes, ponto central de bons trabalhos sobre a direita contemporânea (Messenberg, 2017; Rocha, 2021; Kalil, 2018), perde de vista parte da complexidade das linguagens políticas que constitui o campo. O pertencimento ao campo da ultradireita não exige uma adesão uniforme a todas as linguagens, mas frequentemente passa pelo uso instrumental de argumentos em determinado contexto.

A mencionada diversidade não passa apenas pela inclusão de novas linguagens, mas tem como elemento central a radicalização de linguagens pregressas, como os casos do neoliberalismo e do conservadorismo bem explicitam. O conceito de ultradireita pretende dar conta não apenas da heterogeneidade do campo, como dos movimentos que o constituem. A ultradireita é uma coalizão, política e ideológica, composta tanto por atores da direita hegemônica no pós-1988 que se radicalizaram, o que promove mudança qualitativa de sua ideologia anterior, quanto por novos protagonistas da extrema direita, que defendem uma brusca ruptura com a ordem existente. Se antes defini a direita, de forma mais ampla, como contrária a qualquer ideia de democratização, a ultradireita seria frontalmente contrária não apenas à ordem democrática de 1988, mas a todos os conceitos mínimos de democracia formulados no pós-1945. No longo prazo, a ultradireita não consegue atuar de forma constante e coerente em ordens democráticas.

Há uma relação de mútua determinação entre a ultradireita e a crise democrática. Por um lado, a construção dessa coalizão influente só foi possível pela normalização antes descrita da ideia de crise, que teve papel central para a porosidade do debate público a discursos de crescente radicalidade contra a ordem democrática. Por outro, o aprofundamento da crise democrática passou pelo bem-sucedido movimento de naturalização do campo da ultradireita. Tal como a defino, a ultradireita é composta de duas linguagens políticas construídas a partir da radicalização das linguagens anteriormente hegemônicas na direita brasileira, o conservadorismo e o liberalismo, e por duas linguagens antes relegadas ao ocaso, ao menos desde 1945, o reacionarismo e o fascismo.

O amplo conceito de neoliberalismo tem servido para dar conta de atores diversos. Entre Armínio Fraga e Hélio Beltrão, por exemplo há não apenas uma diferença de estilos, mas uma distância de ideias. Boas pesquisas sobre a expansão de formas de um liberalismo econômico extremamente radicalizado (Cassimiro, 2018; Rocha, 2021) apontam para as formas extremas e mesmo, em alguns casos, adotam novas denominações do campo. É central, todavia, esclarecer que os novos nomes do ultraliberalismo, de clara influência norte-americana – anarcocapitalistas, libertários, minarquistas, entre outros – não apenas registram novas identidades, mas expõem as distâncias entre modos de ver a relação entre indivíduos, Estado e mercado. Diretamente relacionados à recepção da escola austríaca, de Hayek e Mises, no debate norte-americano (Nash, 2006; Zwolinski; Tomasi, 2023), os ultraliberais contemporâneos destoam bastante de clássicos do neoliberalismo, como Milton Friedman, por exemplo. O último é muito mais comprometido com uma construção da economia a partir de demonstrações econométricas rigorosas, com farto recurso a metodologias quantitativas, e reivindica claramente a identidade de cientista, cujas conclusões carregam clara objetividade. Os ultraliberais brasileiros ecoam, quando mais moderados, o Hayek posterior a *O caminho da servidão*, crítico da econometria e defensor da linguagem da filosofia política, ou, quando mais radicais, autores como Murray Rothbard. Para os últimos, a organização do Estado a partir do direito privado e a sua redução a um papel regulatório não bastam: por fundamentos éticos superiores a qualquer cálculo utilitário, é necessário liberar o indivíduo das amarras ilegítimas do Estado. Sem dúvida os neoliberais friedmanianos continuam a ocupar espaços no governo e a influenciar elites políticas. Houve, contudo, uma inegável radicalização do discurso neoliberal e a construção de um campo ultraliberal, que não apenas se fez presente nos jornais, editoras e demais fóruns do debate público, mas teve papel de destaque durante o governo Bolsonaro, com especial destaque para o Ministério da Economia.

O conservadorismo, por sua vez, tem na sua radicalização certo retorno, em outros termos, para o passado. Temas tradicionais do campo, como o pertencimento a uma tradição cristã, a centralidade da família, o elogio de mudanças graduais e o anticomunismo, que frequentemente transborda para um ataque ao progressismo em geral, permanecem em cena. Sua radicalização, por sua vez, passa outra vez pelo diagnóstico de guerra à identidade nacional brasileira, ao Ocidente e à civilização cristã, temas com forte apelo nas Forças Armadas, Forças de Segurança e em grupos religiosos mais conservadores (Chaloub, 2023). A ideia de uma nova Guerra Fria, presente no discurso de Eduardo Villas Bôas (Castro, 2021), ou as formulações das ameaças representadas pelos movimentos sociais – como o antirracista, o feminista e o LGBTQIAPN+ (Biroli; Machado; Vaggione, 2020) –, apontam para um cenário em que os antigos meios e posturas não mais bastam. Como em 1964, a democracia surge como boa candidata de peso a ser jogado ao mar, enquanto forma de melhor manter o rumo da embarcação.

Quando radicalizado, o conservadorismo por vezes se torna difícil de distinguir da linguagem reacionária. As distinções entre conservadorismo e reacionarismo são objeto de longo debate. Alguns autores, como Richard Shorten (2015; 2022) e Mark Lilla (2016), buscam distinguir as duas vertentes ideológicas, em perspectiva que as retrata como linhagens autônomas. Outros, como Corey Robin (2017) e Albert Hirschman (2019), tomam o reacionarismo como um elemento central da própria definição de ideologia conservadora, que teria na retórica da reação um elemento incontornável. O presente artigo se aproxima da primeira perspectiva e estabelece duas distinções analíticas entre conservadores e reacionários: a compreensão da história e as gramáticas políticas mais frequentes. De acordo com a perspectiva aqui assumida, conservadores não cultivam um conceito de história marcado pela ideia de progresso, já que destacam, por meio de um particular apreço pela ideia de tradição, os vínculos entre o passado e o presente. Essa visão espacial de história, nos termos de Mannheim (1959), não sugere, contudo, a simples defesa do retorno a um passado imaginado, mas frequentemente se expressa através do combate a perspectivas progressistas e da defesa de uma ideia gradual de mudança social, que submete o novo ao crivo da tradição. Os reacionários, por sua vez, muitas vezes defendem o recurso à mudança radical como uma forma de reconstruir um passado perdido. Há nessa linguagem política um componente voluntarista explícito e uma rejeição mais intensa do presente, que é visto não apenas pela chave da ameaça de decadência, como no conservadorismo, mas muitas vezes acaba representado a partir da ideia de catástrofe. Uma das marcas do reacionarismo é certa hipertrofia do conceito de crise.

As distinções entre as tradições não apontam aqui para um critério normativo de definição das ideologias políticas, que por vezes pode caminhar para a ideia de diferenciação entre verdadeiros e falsos conservadorismos. Distintamente, o presente texto toma essas distinções conceituais como forma de compreender as divergências entre atores tidos por homogêneos e dar conta da diversidade do campo das direitas. Mais do que uma particularidade brasileira, convém refletir se essa relação entre conservadorismo e reacionarismo não seria uma marca das expressões periféricas dessas ideologias. O olhar crítico ao passado nacional leva os conservadores a flertarem com mais frequência do que em outras latitudes com soluções de exceção, o que aproxima a linguagem conservadora de conjugações reacionárias. Sem uma tradição decantada a ser mantida, os conservadores muitas vezes deixam de lado seu pretenso realismo, por eles reivindicado, em busca de uma dimensão utópica mais próxima às formulações reacionárias.

Seria o conservadorismo brasileiro, então, indistinto do reacionarismo? Não. Há, contudo, uma zona fronteiriça, ou de eventual sobreposição, entre as linguagens conservadora e reacionária, a qual é fundamental para compreender seus contornos. Dito de outro modo, as representações comuns do passado brasileiro atraem as formulações conservadoras para um centro de gravidade reacionário, em movimento responsável por construir indistinções e ambiguidades.

Não creio, todavia, que tal aproximação ocorra de forma semelhante em todas as conjunturas. Uma hipótese interessante, a ser futuramente explorada, é que em momentos de mais intensa luta por democratização, entendida como pressão por redução de desigualdades materiais e simbólicas, há uma forte aproximação entre os tradicionais representantes do conservadorismo e do reacionarismo, assim como um maior intercâmbio entre as respectivas linguagens políticas, como forma de reação a esse processo. Nessas conjunturas – presentes em momentos como os primeiros anos da década de 1930, o pré-1964 e o pós-2005 –, tanto conservadores recorrem de forma mais frequente a motes reacionários quanto se consolida, de forma mais evidente, uma coalizão entre os representantes de tais grupos, em movimento que normaliza representantes do reacionarismo, os quais, em outros momentos, tendem a ocupar lugares pouco influentes no debate público.

Por fim, é necessário apontar a presença da linguagem política fascista. É necessário destacar que não falamos do fascismo como regime ou muito menos enquanto uma replicação das experiências históricas dos anos 1930. Penso, porém, que a ampla bibliografia acumulada sobre o fascismo histórico, assim como o debate sobre suas expressões contemporâneas, ajudam a interpretar elementos relevantes dos discursos e ações de Jair Bolsonaro. Dentre as linguagens políticas da ultradireita, é a fascista a que melhor expõe elementos centrais do movimento político organizado em torno de Jair Bolsonaro, frequentemente definido pelo conceito de bolsonarismo. Merecem aí destaque a apologia da violência, o privilégio do instinto ante a razão, a contraposição entre personalidade verdadeira do líder e abstração falsa das instituições, a manipulação explícita do conceito de verdade (Traverso, 2021).

O bolsonarismo sugere, à primeira vista, certa similaridade com outros conceitos que buscam relacionar distintas práticas políticas às várias formas de institucionalização de lideranças carismáticas na história brasileira ou latino-americana. Falamos aqui de termos como varguismo, peronismo, lacerdismo, lulismo, entre tantos outros. A centralidade do líder é algo comum a todos esses conceitos, mesmo que suas representações públicas transcendam muito os limites da ação de qualquer uma dessas figuras históricas e que eles também expressem certa separação entre a pessoa física, que exerce a liderança, e os movimentos mobilizados por seu nome, ou os símbolos a ele relacionados. O bolsonarismo, nesse sentido, tanto é profundamente vinculado a Bolsonaro quanto ganha certa autonomia relativa quando consolida uma rede de atores políticos, que se organizam a partir do nome do presidente, mas não são completamente controlados por ele.

Ele, por um lado, cultiva as regularidades típicas de um processo de institucionalização, que vincula a liderança política a padrões e a submete às imposições de aliados, mas, por outro, aguça uma dimensão caótica a partir da dimensão dispersa e descentralizada da internet, que por vezes desconcerta adversários, mas também traz custos na disputa política, como ficou muito claro nas eleições de 2022. A impossibilidade de um controle eficaz das bases constrói uma dinâmica com muito mais proximidade com o fascismo, com sua constante mobilização das bases que frequentemente sai do controle das lideranças e da burocracia, do que com as formas de autoritarismo burocrático, como o identificado à ditadura militar brasileira. Para esse movimento de institucionalização, a internet ocupa um lugar central (Cesarino, 2022). Distintamente dos outros casos citados, o bolsonarismo não se estrutura por meio de partidos, movimentos sociais tradicionais, jornais, rádio ou televisão, mas a partir de uma institucionalidade virtual, na qual as distintas redes sociais são principal mecanismo de construção de novas formas de rotinização do carisma.

O bolsonarismo, contudo, não se confunde com o processo de construção do campo da ultradireita no Brasil, mesmo que tenha tal fenômeno como condição necessária para a sua trajetória de sucesso. Quando Bolsonaro surge como um protagonista na cena política brasileira, já haviam ganhado corpo, a olhos vistos, as crises da democracia descritas ao longo deste texto. O movimento em torno da sua liderança ocupou lugar privilegiado no campo da ultradireita, aumentou a intensidade do seu crescimento e contribuiu para aprofundar a crise democrática já encaminhada, mas não deixa de ser apenas uma parte de um cenário mais amplo.

Em meio à heterogeneidade do cenário delineado, marcado por ampla diversidade de linguagens e atores, a recusa não apenas à ordem de 1988, mas à democracia, opera como fator de coesão. O inimigo comum minimiza as diferenças de fundo e os insere no mesmo campo político. Importam, contudo, não apenas a delimitação do alvo contra o qual o campo se estrutura, mas a intensidade dessa recusa, para a qual o discurso sobre a crise ocupa um papel central.

Não atravessamos, ante tais perspectivas, mais uma crise de ocasião, passível de ser superada por reformas ou por uma transição através das instituições vigentes. A profundidade da crise exige soluções imediatas e radicais, sob pena de um colapso sem precedentes, que aprofundaria o cenário terrível do presente e fecharia as possibilidades de um futuro diverso. O discurso sobre a crise não é, portanto, lateral ou secundário, mas sim constitutivo do campo.

Se há uma proximidade em relação à intensidade da crise, as diversas linguagens políticas formulam roteiros diversos para a construção do atual cenário trágico e de seus futuros alternativos. Enquanto a linguagem do conservadorismo autoritário radicalizada, comum entre os militares, enfatiza a corrupção dos valores da nacionalidade em razão da influência de um marxismo cultural que privilegia as minorias ante a Nação (Castro, 2021), a reacionária por vezes localiza a crise na própria modernidade e constrói utopias preocupadas em retomar valores pretensamente eternos (Carvalho, 1995). Neoliberais seguem a cantilena da mudança do Estado através das reformas constitucionais e do elogio à eficiência do mercado, enquanto ultraliberais veem na própria existência do Estado a crise e defendem uma nova ordem amparada em um hiperindividualismo moralizado (Beltrão, 2022). Por fim, a linguagem fascista (Carvalho, 2020) segue um diagnóstico de degeneração moral e defende a saída por uma violência regeneradora, capaz de construir uma pátria grandiosa.

Desenham-se, portanto, crises de feições e durações diversas, mas todas convergem na defesa de que apenas uma ruptura radical com a ordem, o que inclui a exclusão dos inimigos da cena política, pode apontar para saídas adequadas. Em meio a perspectivas diferentes, há o consenso da crise como colapso.

Considerações finais

Em abril de 2018, Fernando Henrique Cardoso lançou mais um de seus livros nos quais conjuga as personas do ex-presidente, com aspiração de se vender como estadista, e do sociólogo. Velhas propostas são retomadas a partir de um mote: o país viveria sua maior crise desde 1988. O discurso sobrepõe exemplarmente duas das crises abordadas neste capítulo, a do Estado e a moral da corrupção, que compõem um amálgama muitas vezes indistinto: "Há um grito parado no ar. Vivemos uma profunda crise político-moral ligada à corrupção e ao desgoverno a que chegamos" (Cardoso, 2018, p. 19).

O texto constrói uma retórica pendular, que vai da moralidade à economia com tal frequência que acaba por perder os contornos de cada campo. De menções a decisões equivocadas em matérias "econômicas" até o diagnóstico de um "ressurgimento de um Estado desenvolvimentista"

(Cardoso, 2018, p. 31), logo se passa para a ideia de que a Lava Jato desvendou "corrupção como fonte de poder" (p. 9). Em meio a ressentimentos e um triunfalismo que logo se revelaria pouco durável, há a construção de uma profunda identidade entre Estado, corrupção, esquerda e atraso, todos tomados como conceitos intrinsecamente relacionados. Não falta, é claro, o retorno aos velhos sensos conceituais comuns da sociologia liberal no Brasil, com o uso dos conceitos de "patrimonialismo" e "clientelismo" (p. 35), devidamente relacionados a uma "matriz cultural enraizada no Brasil" (p. 34).

Se o discurso da crise do Estado busca retirar da disputa política parte central dos mais relevantes temas nacionais, a aposta no discurso da corrupção generalizada vai mais longe, ao questionar a legitimidade dos adversários políticos, que deixam de ser oponentes e passam a ser atores que, para o bem do país, precisam ser excluídos da cena política. Como mencionado anteriormente, a fonte do poder dos governos petistas não seria o povo, mas a corrupção. O enredo é semelhante ao construído quando da República de 1946. Na época, a União Democrática Nacional (UDN) passou a defender com uma virulência cada vez maior a ilegitimidade da ordem vigente, recusando-se a reconhecer não apenas as vitórias eleitorais do campo trabalhista, como mesmo a legitimidade das suas lideranças. Ante uma democracia intrinsecamente ilegítima, qualquer tipo de solução era tolerável, inclusive o golpe.

No desejo de retomar um protagonismo político, Fernando Henrique Cardoso e parte das lideranças do PSDB apostaram na aproximação com jovens lideranças de uma ultradireita nascente. Bem aceitos por alguns atores e recusados por outros, eles apostavam nesses novos personagens apesar das suas propostas radicalmente contrárias à ordem de 1988. Em um rasgo de otimismo, o ex-presidente retrata um cenário próximo ao da redemocratização:

> Desde as lutas pela redemocratização do país, jamais foi tão intenso e amplo o interesse e o engajamento dos jovens em renovar a vida pública. Isso se manifesta principalmente na criação de movimentos e organizações cívicas. (Cardoso, 2018, p. 22)

Os movimentos e organizações emergentes não eram propriamente "cívicos", mas comungavam de uma radical rejeição ante a ordem 1988 e em face das experiências democráticas do pós-1945. Acabou frustrada a aposta na crise para, após a derrota final do petismo, construir uma nova ordem mais favorável. Dos escombros de uma ordem parcialmente destruída – pela radicalização das direitas tradicionais, pelo retorno de apostas golpistas das Forças Armadas e pela ação deletéria da Lava Jato –, não emergiu uma nova ordem favorável às lideranças, as quais, com as vitórias eleitorais do petismo, perderam parte do seu poder. O protagonismo passou para as mãos de um campo disposto a militar ativamente contra a democracia brasileira. O PSDB, partido do ex-presidente, foi uma das primeiras vítimas, mas as consequências ainda não cessaram e podem se mostrar ainda mais trágicas em breve. Em meio ao cenário aqui descrito, continuamos imersos em uma espiral de crises, sem horizonte acima dos infindáveis torvelinhos.

Referências

Almeida, Ronaldo de. A onda quebrada: evangélicos e conservadorismo. *Cadernos Pagu*, n. 50, p. 1-27, 2017.

Alonso, Angela. *Treze: a política de rua de Lula a Dilma*. São Paulo: Companhia das Letras, 2023.

Andrade, Daniel Pereira. Neoliberalismo e guerra ao inimigo interno: da Nova República à virada autoritária no Brasil. *Caderno CRH*, v. 34, p. 1-34, 2021.

Arantes, Rogério Bastos (2002). *Ministério Público e política no Brasil*. São Paulo: Sumaré, 2002.

Avritzer, Leonardo. Instituições participativas e desenho institucional: algumas considerações sobre a variação da participação no Brasil democrático. *Opinião Pública*, n. 14, v. 1, 2008.

Ballestrin, Luciana. Desigualdades coloniais no processo de desdemocratização global: a ausência do sul no debate sobre a crise das democracias liberais. *Dissertatio*, v. supl. 12, p. 95-121, 2023.

Barbosa, Leonardo Martins. *Conflito partidário e ordem política: PMDB, PSDB e PT na Nova República*. 2019. 198 f. Tese (Doutorado em Ciência Política) – IESP, Universidade do Estado do Rio de Janeiro, Rio de Janeiro, 2019.

Barroso, Luís Roberto. Brazil + 30: o legado de 30 anos de democracia e os desafios pela frente. 2015. Disponível em https://luisrobertobarroso.com.br/wp-content/uploads/2023/11/Trinta-anos-de-democracia_versao-em-portugues.pdf. Acesso em: 05 mar. 2025.

Barroso, Luís Roberto. Vinte anos da Constituição de 1988: reconstrução democrática do Brasil. *Revista de Informação Legislativa*, v. 45, n. 179, 2008.

Barroso, Luís Roberto. "Operação Abafa" tenta barrar avanços do STF, escreve Barroso. *Folha de S.Paulo*, 23 fev. 2018. Disponível em: https://www1.folha.uol.com.br/ilustrissima/2018/02/em-artigo-ministro-do-supremo-rebate-criticas-feitas-ao-tribunal.shtml. Acesso em: 05 mar. 2025.

Beltrão, Hélio. A função social da riqueza. *Folha de S.Paulo*, 12 abr. 2022. Disponível em: https://www1.folha.uol.com.br/colunas/helio-beltrao/2022/04/a-funcao-social-da-riqueza.shtml. Acesso em: 05 mar. 2025.

Biroli, Flávia; Machado, Maria das Dores Campos; Vaggione, Juan. *Gênero, neoconservadorismo e democracia: disputas e retrocessos na América Latina*. São Paulo: Boitempo, 2020.

Bobbio, Norberto. *Direita e esquerda: razões e significados de uma distinção política*. São Paulo: Ed. Unesp, 2016.

Brown, Wendy. *In the Ruins of Neoliberalism: The Rise of Antidemocratic Politics in the West*. New York: Columbia University Press, 2019.

Cardoso, Fernando Henrique. *Discurso de despedida do Senado Federal: filosofia e diretrizes do direito*. Brasília: Presidência da República, Secretaria de Comunicação Social, 1995. Disponível em: http://www.biblioteca.presidencia.gov.br/publicacoes-oficiais/catalogo/fhc/discurso-de-despedida-do-senado-federal-1994. Acesso em: 05 mar. 2025.

Cardoso, Fernando Henrique. *Crise e reinvenção da política no Brasil*. São Paulo: Companhia das Letras, 2018.

Carvalho, Daniel. "Eu sou a Constituição", diz Bolsonaro ao defender democracia e liberdade um dia após ato pró-golpe militar. *Folha de S.Paulo*, 20 abr. 2020. Disponível em: https://www1.folha.uol.com.br/poder/2020/04/democracia-e-liberdade-acima-de-tudo-diz-bolsonaro-apos-participar-de-ato-pro-golpe.shtml. Acesso em: 04 mar. 2025.

Carvalho, Olavo de. *O jardim das aflições*. Rio de Janeiro: Topbooks, 1995.

Cassimiro, Flávio. *A nova direita: aparelhos de ação política e ideológica no Brasil contemporâneo*. São Paulo: Expressão Popular, 2018.

Castro, Celso (Org.). *General Villas Bôas: conversa com o comandante*. Rio de Janeiro: FGV Ed., 2021.

Cesarino, Letícia. *O mundo do avesso: verdade e política na era digital*. São Paulo: Ubu, 2022.

Chaloub, Jorge Gomes de Souza. *O liberalismo entre o espírito e a espada: a UDN e a República de 1946*. 2015. 285 f. Tese (Doutorado em Ciência Política) – Instituto de Estudos Sociais e Políticos, Universidade do Estado do Rio de Janeiro, Rio de Janeiro, 2015.

Chaloub, Jorge. Uma obra entre o reacionarismo e o conservadorismo: o pensamento de Olavo de Carvalho. *Dois Pontos*, Curitiba, São Carlos, v. 19, n. 2, p. 78-96, jul. 2022.

Chaloub, Jorge. The Geopolitical Imaginary of the Brazilian Ultra-Right. *Bulletin of Latin American Research*, n. 42, p. 539-550, 2023.

Chaloub, Jorge; Perlatto, Fernando. Intelectuais da "nova direita" brasileira: ideias, retórica e prática política. *Revista Insight Inteligência*, jan-mar. 2016, p. 25-41., jan./mar. 2016. Disponível em: https://bibliotecadigital.tse.jus.br/xmlui/handle/bdtse/11862. Acesso em: 05 mar. 2025.

Chaloub, Jorge; Lynch, C. E. C. O pensamento político-constitucional da República de 1988: um balanço preliminar (1988-2017). *In*: Hollanda, Cristina Buarque; Veiga, Luciana Fernandes; Amaral, Oswaldo E. (Org.). *A Constituição de 1988: trinta anos depois*. Curitiba: Ed. UFPR, 2018. v. 1, p. 251-280.

Chaloub, Jorge; Lima, Pedro Luiz. Os juristas políticos e suas convicções: para uma anatomia do componente jurídico do golpe de 2016 no Brasil. *Revista de Ciências Sociais*, v. 49, n. 1, p. 202-252, mar./jun., 2018.

Chaloub, Jorge; Bianchi, Bernardo; Rangel, Patricia. De-democratization in Contemporary Brazil: From 2015 to 2019. *In*: Bianchi, Bernardo; Chaloub, Jorge; Rangel, Patrícia; Wolf, Frieder Otto (Org.). Democracy and Brazil Collapse and Regression. Oxford: Routledge, 2020. p. 1-15.

Cooper, Melinda. *Family Values: Between Neoliberalism and the New Social Conservatism*. Nova York: Zone Books, 2017.

Couto, Claudio; Arantes, Rogerio. Constituição, governo e democracia no Brasil. *Revista Brasileira de Ciências Sociais*, v. 21, n. 61, p. 41-62, 2006.

Cordero, Rodrigo. *Crisis and Critique: On the Fragile Foundations of Social Life*. London: Routledge, 2014.

Covas, Mário. Mário Covas: o desafio de ser presidente. *Tucano.org.br*, 01 fev. 2011. [Discurso de Mário Covas em 28 de junho de 1989.]. Disponível em: http://tucano.org.br/historia/choque-do-capitalismo. Acesso em: 05 mar. 2025.

Dahl, Robert. *Poliarquia: participação e oposição*. São Paulo: Edusp, 2005.

Dardot, Pierre; Laval, Christian. *A nova razão do mundo: ensaio sobre a sociedade neoliberal*. São Paulo: Boitempo, 2016.

Domingues, José Maurício. *O Brasil entre o presente e o futuro*. Rio de Janeiro: Mauad, 2013.

Domingues, José Maurício. *Esquerda: crise e futuro*. Rio de Janeiro: Mauad, 2017.

Fernandes, Florestan. *Florestan Fernandes na Constituinte: leituras para a reforma política*. São Paulo: Ed. Fundação Perseu Abramo Expressão Popular, 2014. (Cadernos Perseu: Memória e História, 2)

Filgueiras, Fernando. *Corrupção, democracia e legitimidade*. Belo Horizonte: Ed. UFMG, 2008.

Foucault, Michel. *O nascimento da biopolítica*. São Paulo: Martins Fontes, 2008.

Fraser, Nancy. *Capitalismo canibal: como nosso sistema está devorando a nossa democracia, o cuidado e o planeta e o que podemos fazer a respeito disso*. São Paulo: Autonomia Literária, 2024.

Ganz, John. *When the Clock Broke: Con Men, Conspiracists, and How America Cracked Up in the Early 1990s*. New York: Farrar, Straus and Giroux, 2024.

Gohn, Maria da Glória. Abordagens teóricas no estudo dos movimentos sociais na América Latina. *Caderno CRH*, v. 21, n. 54, p. 439-455, 2008.

Figueiredo, Argelina; Limongi, Fernando. *Executivo e Legislativo na nova ordem constitucional*. Rio de Janeiro: Ed. FGV, 1999.

Habermas, Jürgen. *Legitimation Crisis*. Cambridge: Polity Press, 1988.

Hartog, François. *Regimes de historicidade: presentismo e experiências do tempo*. Belo Horizonte: Autêntica, 2014.

Hemmer, Nicole. *Partisans: The Conservative Revolutionaries Who Remade American Politics in the 1990s*. New York: Basics Books, 2022.

Hirschman, A. O. *A retórica da intransigência: perversidade, futilidade, ameaça*. São Paulo: Companhia das Letras, 2019.

Hunter, J. *Culture Wars: the Struggle to Control the Family, Art, Education, Law, and Politics in America*. New York: Basic Books, 1991.

Kalil, Isabela. *Quem são e no que acreditam os eleitores de Jair Bolsonaro*. Fundação Escola de Sociologia e Política de São Paulo, 2018. 27 p. Disponível em: https://www.cartacapital.com.br/wp-content/uploads/2020/03/Relat%C3%B3rio-para-Site-FESPSP.pdf. Acesso em: 05 mar. 2025.

Cruz, André Kaysel Velasco e; Chaloub, Jorge. O enigma do populismo na América Latina: conceito ou estereótipo? *In*: Ribeiro, Ednaldo; Batista, Mariana; Arantes, Rogério. *As teorias e o caso*. Santo André: Ed. UFABC, 2021.

Koselleck, Reinhart. *Crítica e crise: uma contribuição à patogênese do mundo burguês*. Rio de Janeiro: UERJ; Contraponto, 1999.

Lima, Pedro Luiz; Chaloub, Jorge. Sistema e antissistema na crítica do bolsonarismo. *Lua Nova*, n. 122, p. 1-36, 2024. Disponível em: https://www.scielo.br/j/ln/a/5N5RcqSrn8VwkQyJJtdcf3c/?lang=pt. Acesso em: 05 mar. 2025.

Limongi, Fernando. *Operação impeachment: Dilma Rousseff e o Brasil da Lava Jato*. São Paulo: Todavia, 2023.

Levitsky, Steven; Ziblatt, Daniel. *How Democracies Die*. New York: Crown, 2018.

Lilla, Mark. *The Shipwrecked Mind: On Political Reaction*. New York: New York Review of Books, 2016.

Lynch, Christian; Cassimiro, Paulo Henrique. *O populismo reacionário: ascensão e legado do bolsonarismo*. São Paulo: Contracorrente, 2022.

Maia, Felipe. Crise, crítica e reflexividade: problemas conceituais e teóricos na produção de diagnósticos de época. *Sociologias*, Porto Alegre, v. 23, n. 56, p. 212-243, jan./abr. 2021. Disponível em: https://www.scielo.br/j/soc/a/L8VGG9WJZB96CFtxxrxTr9y/?format=pdf&lang=pt. Acesso em: 05 mar. 2025.

Mannheim, Karl. Conservative Thought. *In*: *Essays on Sociology and Social Psychology*. Londres: Routledge; Kegan Paul, 1959.

Melo, Marcus André; Pereira, Carlos. *Por que a democracia brasileira não morreu?* São Paulo: Companhia das Letras, 2024.

Mercadante, Paulo. *Constituição de 1988: o avanço do retrocesso*. Rio de Janeiro: Rio Fundo, 1990.

Messenberg, Débora. A direita que saiu do armário: a cosmovisão dos formadores de opinião dos manifestantes de direita brasileiros. *Revista Sociedade e Estado*, v. 32, n. 3, p. 621-647, 2017.

Miguel, Luis Felipe. Da "doutrinação marxista" à "ideologia de gênero": Escola Sem Partido e as leis da mordaça no parlamento brasileiro. *Direito e Práxis*, v. 7, n. 3, p. 590-621, 2016.

Miguel, Luis Felipe. *Democracia na periferia capitalista: impasses do Brasil*. Belo Horizonte: Autêntica, 2022

Moreira, Marcelo Sevaybricker. Democracias no século XXI: causas, sintomas e estratégias para superar. *Lua Nova*, n. 111, p. 15-49, 2020.

Motta, Rodrigo Patto Sá. *Em guarda contra o "perigo vermelho": o anticomunismo no Brasil, 1917-1964*. São Paulo: Perspectiva, 2002.

Motta, Rodrigo Patto Sá. *Passados presentes: o golpe de 1964 e a ditadura militar*. Rio de Janeiro: Zahar, 2021.

Mounk, Yascha (2018). *The people vs. democracy: why our freedom is in danger and how to save it*. Cambridge (MA): Harvard University Press.

Nash, George H. *The Conservative Intellectual Movement in America Since 1945*. Wilmington: Intercollegiate Studies Institute, 2006.

Nobre, Marcos. *Limites da democracia: de junho de 2013 ao governo Bolsonaro*. São Paulo: Todavia, 2022.

Nunes, Rodrigo. *Do transe à vertigem: ensaios sobre bolsonarismo e um mundo em transição*. São Paulo: Ubu, 2022.

Pessoa, Samuel. A crise atual. *Novos Estudos Cebrap*, n. 102, p. 9-14, jul. 2015. Disponível em: https://www.scielo.br/j/nec/a/JzmJBF6VBPfM4hFw5Wmb5Cn/. Acesso em: 05 mar. 2025.

Pierucci, Antônio Flávio. As bases da nova direita. *Novos Estudos Cebrap*, n. 19, p. 26-45, 1987.

Pinheiro-Machado, Rosana; Vargas-Maia, Tatiana. *The Rise of the Radical Right in the Global South*. New York: Routledge, 2023

Power, Timothy. *The Political Right in Postauthoritarian Brazil: Elites, Institutions, and Democratization*. Pennsylvania: Penn State University Press, 2000.

Reale, Miguel. *Imperativos da Revolução de Março*. São Paulo: Martins, 1965. (Leituras do povo, 11.)

Reale, Miguel. *Da revolução à democracia*. São Paulo: Convivium, 1977.

Robin, Corey. *The Reactionary Mind: Conservatism from Edmund Burke to Donald Trump*. Oxford: Oxford University Press, 2017.

Rocha, Camila. *Menos Marx, mais Mises*. São Paulo: Todavia, 2021.

Rocha, Camila; Medeiros, Jonas. 2022: o pacto de 1988 sob a Espada de Dâmocles. *Estudos Avançados*, v. 36, n. 105, 2022.

Rothbard, Murray. Right-Wing Populism: A Strategy for the Paleo Movement. *RRR*, p. 5-14, Jan. 1992. Disponível em: https://www.rothbard.it/articles/right-wing-populism.pdf. Acesso em: 05 mar. 2025.

Sader, Eder. *Quando novos personagens entraram em cena: experiências, falas e lutas dos trabalhadores da Grande São Paulo (1970-1980)*. Rio de Janeiro: Paz e Terra, 1988.

Sallum Jr., Brasilio. *Labirintos: dos generais à Nova República*. São Paulo: Hucitec, 1995.

Sanches, Mariana. "Casos pequenininhos de corrupção podem acontecer em qualquer governo"... *BBC News Brasil*, 21 maio 2020. Disponível em: https://www.bbc.com/portuguese/brasil-52733746. Acesso em: 03 mar. 2025.

Sarney diz na TV que carta deixa país "ingovernável". *Folha de S.Paulo*, 27 jul. 1988. Política A-6. Disponível em: https://www2.senado.leg.br/bdsf/bitstream/handle/id/120240/1988_26%20a%2031%20de%20Julho_032.pdf?sequence=3. Acesso em: 02 mar. 2025.

Schwarz, Roberto. Cultura e política, 1964-1969. *In*: *Pai de família e outros estudos*. Rio de Janeiro: Paz e Terra, 1978. p. 61-92.

Singer, André. A reativação da direita no Brasil. *Opinião Pública*, Campinas, v. 27, n. 3, p. 705-729, set./dez., 2021. Disponível em: https://www.scielo.br/j/op/a/BHXTTx8b7Fk78jfDLRRmr8j/abstract/?lang=pt. Acesso em: 05 mar. 2025.

Shorten, Richard. Reactionary rhetoric reconsidered. *Journal of Political Ideologies*, v. 20, n. 2, p. 179-200, 2015.

Shorten, Richard. *The Ideology of Political Reactionaries*. New York: Routledge, 2022.

Snyder, Timothy. *Na contramão da liberdade: a guinada autoritária das democracias contemporâneas*. São Paulo: Companhia das Letras, 2019.

Streeck, Wolfgang. *Buying Time: the Delayed Crisis of Democratic Capitalism*. London: Verso, 2017.

Tilly, Charles. *Democracy*. Cambridge: Cambridge University Press, 2007.

Traverso, Enzo. *As novas faces do fascismo*. São Paulo: Âyiné, 2021.

Vianna, Luiz Werneck; Carvalho, Maria Alice Resende; Melo, Manuel Palacios Cunha; Burgos, Marcelo Baumann. *A judicialização da política e das relações sociais no Brasil*. Rio de Janeiro: Editora Revan,1999.

Zwolinski, Matt; Tomasi, John. *The Individualists: Radicals, Reactionaries, and the Struggle for the Soul of Libertarianism*. Princeton: Princeton University Press, 2023.

Obstrucionismo, negacionismo e a crítica na agenda das mudanças climáticas no Brasil

Cristiana Losekann

Ainda que a questão climática faça parte da agenda de movimentos ambientalistas brasileiros desde sua origem, esta não era a pauta preponderante até poucos anos atrás. Análises preliminares de pesquisas que estamos desenvolvendo[1] permitem observar que a entrada do enquadramento climático é relativamente recente e surge em contextos em que já existiam atores fortes discutindo problemas ambientais a partir de diversas e contrapostas perspectivas. Nesse sentido, nem todos os atores consolidados do movimento ambientalista aderiram plenamente à centralidade ou a preferência desta agenda em relação aos vários outros problemas ambientais existentes, tais como poluição, biodiversidade, lixo tóxico, extinções de flora e fauna, etc. Publicado pela ONG Fase, o artigo "O clima é de colapso hídrico, e a culpa não é só do clima" (Maia; D'Andrea, 2023) aponta justamente para como os problemas da falta d'água no Brasil estão relacionados à captura corporativa desse recurso pelo agronegócio e pela mineração, e como o debate na esfera pública acaba colocando toda a responsabilidade na conta do clima.

Contudo, a conjuntura política mais ampla do país, caracterizada pelo fortalecimento de movimentos de extrema direita, dos quais o ex-presidente Jair Bolsonaro é a figura mais proeminente, trouxe novos

---

[1] Nossas pesquisas giram em torno do fenômeno da "climatização do ambientalismo" no Brasil e suas consequências do ponto de vista de relações de poder e dinâmicas de ação coletiva. Os projetos têm financiamentos de Universal CNPq e Universal Fapes.

elementos ao cenário das lutas ambientais. Por seus vínculos com setores econômicos altamente poluentes e devastadores das florestas, a extrema direita estabeleceu os ambientalistas como alvos centrais dentro do seu projeto político (Acselrad, 2020). Esses grupos antiambientalistas, assim que ganharam as eleições presidenciais do país, iniciaram um processo de desmantelamento das políticas ambientais, até então sem precedentes (Losekann; Paiva, 2024). Somado a isso, a pandemia da covid-19 adicionou combustível para um conjunto de discursos obscurantistas e anticientíficos, que juntam argumentos antivacinação com teses variadas, que vão de crenças na "terra plana" até a negação das evidências acerca do aquecimento global (Miguel, 2022).

Além disso, existem forças políticas tradicionais ligadas a interesses econômicos específicos que, embora não localizados em movimentos de extrema direita, criam obstáculos concretos ao avanço das agendas ambientais. Se observarmos todo o período governado pelo Partido dos Trabalhadores (PT), veremos que ambientalistas gritaram fortemente contra o processo que ficou caracterizado como "neoextrativismo", ou seja, a retomada dos incentivos estatais para atividades de produção de *commodities*: extração de minério e de petróleo, e produção agrícola (Losekann, 2016).

É preciso lembrar que a esquerda brasileira sempre nutriu resistências às pautas ambientais e foi dentro do governo Lula que observamos crescer tendências que acusam ambientalistas de imperialismo verde com uma argumentação que defende a ideia de que os países do Norte Global, por meio de ONGs ambientalistas, impedem os países do Sul de crescerem e desenvolverem-se economicamente (Miguel, 2022). Curioso observar que esse discurso neodesenvolvimentista é convergente com o discurso ideológico oposto, tal como o da extrema direita hoje.

Para complexificar, precisamos frisar a diversidade de vertentes daquilo que chamamos ambientalismos.

Ainda que não seja possível esgotar essa complexidade neste capítulo, para fins da argumentação é importante realizar ao menos uma divisão entre aqueles que a) aderem à pauta climática alinhados às soluções da economia verde, em geral, vinculados ao discurso dominante egresso de Organismos Internacionais, e, por outro lado, aqueles que, b) mesmo dentro do campo do ambientalismo, veem com muita cautela a predominância da pauta climática e, principalmente como essa pauta conquista setores políticos progressistas e setores empresariais. Para este último grupo, as políticas do clima podem ter efeitos desastrosos se não for levada em consideração a autonomia dos povos e a de comunidades tradicionais e se estas caminharem rumo à financeirização da natureza (Miola *et al.*, 2022). Essas diferentes forças tensionam o debate que ocorre hoje sobre as mudanças climáticas no Brasil.

O objetivo deste texto é apresentar as características das diversas vertentes e atores que protagonizam o tema das mudanças climáticas hoje no Brasil, buscando compreender o que está em jogo em cada tendência para complexificar o atual reducionismo que mascara questões importantes do debate, sobretudo, quando pensamos que defesa das pautas ambientais deve caminhar com as preocupações de justiça social e democracia. Para tanto, apresentaremos três tendências que antagonizam o debate climático: obstrução climática, negação climática e crítica socioambiental. O objetivo é compreender como os dois primeiros movimentos prejudicam a construção da crítica socioambiental, esta, sim, capaz de fornecer caminhos mais promissores para alcançar justiça climática e ambiental num contexto democrático. Por fim, apresentamos um panorama empírico do combate ao obstrucionismo, ao negacionismo e os atores da crítica socioambiental.

Entre a obstrução e a negação climática

A discussão sobre "obstrução climática" é incipiente no Brasil, sendo mais comum o debate a partir do termo "negacionismo" climático, caracterizado, sobretudo, por ações de grupos ligados às novas facções políticas conservadoras e por setores de uma esquerda arcaica, ligada a vertentes anti-imperialistas na defesa do desenvolvimento econômico latino-americano. Essas ideias giram em torno da negação da ciência e da acusação de que interesses ambientalistas locais estão a serviço de interesses do Norte Global.

A filósofa brasileira Déborah Danowski aponta para o fenômeno da nossa "paralisia cognitiva, psíquica e política diante do aquecimento global de origem antrópica" como algo que tem raiz na postura negacionista comparável à de "nazistas, neonazistas e outros políticos de extrema direita na Alemanha [...]" (Danowski, 2018, p. 4). Sendo assim, defende o uso do termo negacionismo.

Contudo, como argumentam Almiron e Moreno (2022, p. 12), concordamos que não se pode reduzir todo o fenômeno relacionado às mudanças climáticas ao termo "negacionismo". Conforme os autores, o uso desse termo nubla as diferentes razões pelas quais ocorre a "inação climática". Além disso, ao utilizar o termo "negacionista" para comunicar a crise climática, cria-se a falsa ideia de que haveria apenas dois lados, aqueles que negam e aqueles que não negam a crise climática. O principal problema desse termo é, segundo os autores, invisibilizar o obstrucionismo climático que não nega necessariamente as mudanças climáticas. Afinal, como a própria Danowski afirma, "muitos que negam as mudanças climáticas o fazem simplesmente por não suportarem pensar na radicalidade das mudanças que seriam necessárias para enfrentá-las" (Danowski, 2018, p. 20). Por outro lado, nos grupos de extrema direita podemos perceber que tal tendência, muito além de ceticismo, carrega um "desejo de morte e de extermínio a um só tempo" (Danowski, 2018, p. 8). Aqui, assumimos que estas são posições diferentes, ambas observáveis na realidade brasileira atual.

O que ocorre, segundo Almiron e Moreno, são diferentes processos, os quais são resumidos em três tendências observadas no contexto europeu: retardismo (*delay*), contrariarismo (*contrariarism*) e obstrucionismo (*obstrucionism*) climático (Almiron; Moreno, 2022, p. 10). Para fins de análise da crise democrática *vis-à-vis* a crise climática e o socioambientalismo na realidade brasileira, vamos adotar a divisão entre negacionistas, obstrucionismo e inserir um conjunto de críticas às políticas climáticas que vêm sendo construídas no debate da esfera pública, e que por vezes são até confundidas com as negacionistas.

O obstrucionismo pode ser inclusive progressista e seria a tendência dominante, revelando que não é necessário negar as mudanças climáticas para atrapalhar as ações que visam a combatê-las. Esse grupo pode ser compreendido a partir da explicação de Danowski, como os intolerantes aos custos necessários ao combate às mudanças climáticas. As manifestações desse comportamento podem ser pensadas como retóricas da intransigência (Hirschman, 1992). No lugar da negação, colocam-se obstáculos que tornam a tarefa de combate ao aquecimento global quase impossível. No Brasil, esse processo vem funcionando há tempos em relação ao ambientalismo de forma geral (Acselrad, 2018). A diferença está no atual disfarce utilizado para dizer que se faz política climática ao mesmo tempo que se estimula a degradação ambiental. O obstrucionismo pode ser observado, por exemplo, nas decisões político-econômicas do atual governo, de esquerda, quando decide autorizar a extração de petróleo na Amazônia. Embora, a partir de análises técnicas, o Ibama tenha negado, em 2023, o pedido de licença ambiental para perfurar um poço de petróleo na bacia da Foz do Amazonas, o presidente Luiz Inácio Lula da Silva já se manifestou positivamente diversas vezes, no atual mandato, sobre a exploração de petróleo na região. Esse é um caso típico de obstrução climática sem negacionismo. Outro caso importante de se observar é o da Lei nº 14.876, sancionada pelo presidente Lula em maio de 2024 e que isenta de licenciamento ambiental a silvicultura, liberando o plantio de florestas cujo objetivo seja a extração de celulose, atividade altamente problemática do ponto de vista da degradação ambiental e da biodiversidade. Esse caso traz como argumentação uma espécie de contorcionismo do problema climático, já que é justificado pela eventual captura de carbono que tais florestas gerarão mas desconsidera a poluição gerada.

Esse tipo de obstrucionismo climático não negacionista, ainda que produza injustiças ambientais e climáticas, não faz isso por convicção, mas, como uma consequência incontornável da política econômica e do jogo de forças políticas. Além disso, é uma perspectiva que, embora possa ser obstrucionista, ainda opera nos limites do jogo democrático. Ou seja, dentro do desenho institucional de uma democracia representativa e participativa.

A expressão "obstrução climática" vem sendo muito utilizada em relação às ações que buscam barrar as preocupações com o clima. Obstrução climática refere-se amplamente a "campanhas e outras ações políticas lideradas por redes bem organizadas e financiadas de corporações e outros atores que buscaram ativamente impedir ações globais e/ou nacionais contra as mudanças climáticas ao longo das últimas quatro décadas" (Edwards *et al.*, 2023, p. 1). A essa definição, mais ligada às dinâmicas do Norte Global, os autores acrescentam a atuação importante do sistema político junto ao mercado quando observamos o Sul Global. Isso porque, em geral, observa-se a prevalência de discursos desenvolvimentistas que justificam políticas energéticas, tais como a extração de petróleo ou uso do carvão, tendo em vista o combate à pobreza do país (Edwards *et al.*, 2023). Ou seja, é um discurso que aciona argumentos justificáveis para práticas injustas, tornando dissonantes discurso e prática.

Por outro lado, a elaboração de um enquadramento acerca do negacionismo climático é algo disputado e confuso dentro do campo dos movimentos sociais e grupos de interesse no Brasil. A tática de *gaslighting*[2] pode ser encontrada com facilidade em setores do agronegócio que torcem discursos, apropriando-se da oportunidade aberta pela crítica à obstrução climática para acusar movimentos sociais de negacionistas em função de lutas históricas contra os agrotóxicos e as sementes geneticamente modificadas, por exemplo. Para esse grupo, os devastadores da natureza são os verdadeiros protetores do clima, conforme trecho abaixo:

> Conheça as ONGs negacionistas mais perigosas: facções recrutam vulneráveis com apadrinhamento de políticos e até da Igreja – O biólogo Luis Ventura, especialista em biotecnologia, biossegurança e comunicação científica, apontou quais são as organizações não governamentais (ONGs) mais radicais e perigosas em operação na América Latina. De acordo com ele, o ativismo negacionista da ciência e tecnologia "não perdeu força" e vem recrutando fanáticos nas periferias e até mesmo nas universidades, alimentando o ódio contra a biotecnologia. (Gottems, 2021)

Entre os movimentos sociais acusados de negacionistas estão organizações importantes da América Latina tais como Via Campesina, Biodiversidad en América Latina y el Caribe, Unión de Científicos Comprometidos con la Sociedad, Red de Acción en Plaguicidas y Sus Alternativas para América Latina e Grupo Semillas, o que nos mostra que o radar dessa articulação conservadora não está apenas no Brasil, mas na América Latina em geral.

Mas há também o negacionismo declarado, fortemente ligado ao ex-presidente Jair Bolsonaro, que duvida de todas as evidências científicas e traz um conjunto de agendas (armamentista, antivacina, entre outras) que, se aplicadas, resultam não só em aquecimento global, mas em uma transição autoritária para o fim do planeta. Segundo essa visão, os movimentos sociais são tentáculos de interesses internacionais e imperialistas sobre a América Latina (De Orleans e Bragança, 2022). Esse pensamento é fortemente

---

[2] Pode ser traduzido por manipulação ou distorção e envolve várias características tais como, negação da realidade, distorção da verdade e desqualificação do interlocutor visando desqualificar o conteúdo.

semeado por correntes monarquistas e, não por acaso, o autor da referida obra é descendente da família imperial portuguesa que colonizou o Brasil. Além de defender a volta da monarquia no Brasil, o Instituto Plinio Corrêa de Oliveira incentiva a difusão de ideias negacionistas sobre o aquecimento global e, inúmeras vezes, usa a própria crítica socioambientalista para negar qualquer política de combate às mudanças climáticas.

Os alertas de mudanças climáticas são combatidos pelo Instituto Plinio Corrêa de Oliveira (IPCO) há mais de uma década. Pode-se encontrar em seu site inúmeros artigos com referências internas a outros artigos do mesmo instituto onde são supostamente desmascaradas as farsas dos cientistas do Painel Intergovernamental sobre Mudanças Climáticas (IPCC). No exemplo abaixo, um artigo publicado há 13 anos e atualizado em 2017, eles acusam ambientalistas e cientistas de forjarem dados e mapas para sustentar que há aquecimento global quando supostamente não há:

> Ambientalismo: o clima não muda? Falsifiquemos os mapas! – O reputadíssimo *Times Comprehensive Atlas of the World* representou na sua 13ª edição, do ano 2011, a Groenlândia como tendo perdido 15% (em relação a 1999) da cobertura de gelo perene que ocupa 84% daquela imensa ilha. Eminentes cientistas acusaram o *Atlas* de falsificar o mapa da Groenlândia para encaixá-la no esquema dos supostos efeitos do "aquecimento global", noticiou *The Guardian* de Londres.
>
> O mapa da 13ª edição mostra vastas áreas da costa leste e sul da Groenlândia coloridas de modo a sugerir que 300.000 km², ou 15% da cobertura de gelo do território, perderam-se nos últimos 12 anos. Sete membros do Instituto de Pesquisa Polar Scott, da Universidade de Cambridge, apoiaram os protestos de especialistas em glaciares dos EUA, Europa e praticamente do mundo todo, no sentido de que o mapa fornecido estava errado.
>
> Cumpre observar que no protesto há cientistas de um lado e de outro da polêmica sobre o "aquecimento global" e as mudanças climáticas. O jornal parisiense *Le Figaro* observou que este é um indício de que a comunidade científica mundial está muito mais prevenida contra os alarmismos extracientíficos após o escândalo do *Climagate*.
>
> Em carta aos editores do *Times Atlas*, embora concordem que houve uma tal ou qual redução do gelo, os cientistas de Cambridge escrevem que "uma diminuição de 15% da capa de gelo permanente, desde a

publicação da edição anterior há 12 anos, é incorreta e enganosa... imagens de satélite recentes deixam claro que de fato há ainda numerosos glaciares e gelos perenes lá onde o novo *Times Atlas* mostra a aparição recente de terras livres de gelo". (Dufaur, 2011)

Luis Dufaur figura como uma das pessoas mais enraivecidas contra o ambientalismo. Ele se apresenta como "escritor, jornalista, conferencista de política internacional, sócio do IPCO, webmaster de diversos blogs" e tem 1.043 artigos publicados no site do IPCO. No seu blog pessoal, proliferam conteúdos antiambientalistas que articulam catolicismo, comunismo, ecologia, povos tradicionais, entre outras coisas. O texto intitulado "Na Amazônia se forja uma 'igreja' ecológica tribal-comunista?" é um exemplar dessa articulação. Nesse texto, que fala de uma tentativa do Papa Francisco de criar uma igreja autóctone na Amazônia ligada às Comunidades Eclesiais de Base (CEBs) e à teologia da libertação, é exposta uma foto de 2003 do então presidente da República, Luiz Inácio Lula da Silva, e Dom Cláudio Hummes, identificado como "articulador do sínodo anarco-tribalista". Além desta, são apresentadas fotos diversas do Papa e de Dom Cláudio Hummes com povos indígenas da Amazônia peruana e brasileira, e uma foto grande do então ministro Tarso Genro, manchado de pintura indígena e fumando um enorme cigarro, com a legenda: "O então ministro da Justiça Tarso Genro, em cerimônia Kuarup pelos mortos no Xingu, 2007. O ideal comuno-missionário é via de saída para as esquerdas". Uma parte do texto explica o novo Sínodo da Amazônia do Papa Francisco:

> O tema central anunciado é a ecologia. Mas não se trata de cristianizar a realidade ecológica da Amazônia, mas de "ecologizar" a Igreja Católica, dissociando-a de seu passado missionário e modelando-a segundo o modelo comuno-tribal excogitado pelo ambientalismo mais radical. (Dufaur, [s.d.])

O site, esteticamente poluído, apresenta, abaixo do texto em questão, outro título polêmico: "Religião ambientalista tomou o lugar do comunismo, diz geólogo". Trata-se de mais uma estratégia negacionista, encontrar especialistas com credenciais acadêmicas que corroborem suas afirmações. O referido especialista é Ian Plimer, um geólogo econômico australiano famoso pelo que ele mesmo denomina saga antiambientalista.

Já vendeu milhares de livros contrapondo-se à tese do aquecimento global e contra os ambientalistas. Mas, dentro da própria associação científica The Geological Society, as suas ideias são rebatidas:

> Ian Plimer "confuso sobre questões fundamentais"[3]
>
> Senhor,
>
> A edição de março da *Geoscientist* apresentou uma resenha do livro *How to Get Expelled from School: a Guide to Climate Change for Pupils, Parents and Punters* [...], o mais recente trabalho do geólogo econômico australiano Professor Ian Plimer, membro honorário da Sociedade. Esse livro é uma continuação de seu extenso *Heaven and Earth: Global Warming – the Missing Science* [...]. Plimer é membro da Australian Climate Science Coalition, um grupo altamente cético quanto ao aquecimento global antropogênico (AGW). Em seus livros e vídeos disponíveis na internet, ele deixa claro seu posicionamento profundamente antiecológico, parecendo até orgulhar-se de ser um opositor do conceito de AGW. Tenho dificuldade em compreender os textos de Plimer porque ele parece confuso em questões fundamentais. No livro, ele afirma na p. 126 que o dióxido de carbono é um gás de efeito estufa que ajuda a tornar o planeta habitável; na p. 127, nega evidências de que emissões humanas de dióxido de carbono causam mudanças climáticas; e na p. 128, diz que, se os níveis de CO_2 dobrassem, a temperatura aumentaria apenas 0,2ºC. Qual dessas afirmações é válida? Além disso, a maioria dos cientistas climáticos discorda de que o impacto do CO_2 seria tão pequeno. Mesmo o cético Richard Lindzen, do MIT, estima que uma duplicação de CO_2 elevaria a temperatura em cerca de 1ºC, enquanto Jim Hansen, da NASA, sugere 3ºC com base em evidências paleoclimáticas. Quem está orientando Plimer, pergunta-se?
>
> (Summerhayes, 2012)

A situação torna-se ainda mais complexa à medida que o próprio enquadramento de emergência climática é tensionado entre os tradicionais atores de ambientalismo latino-americano. O debate gira em torno da construção

---

[3] Carta de Colin Summerhayes sobre Ian Palmer ao *Geoscientist Online*, revista da The Geological Society.

de explicações para os problemas climáticos e as suas possíveis soluções. Ancorados em perspectivas como as da justiça ambiental e do racismo ambiental, atores históricos do continente são críticos às visões fundamentadas nas promessas de transição energética e mercado de carbono e reivindicam um debate que observe as desiguais distribuições dos efeitos das mudanças climáticas. Assim, muitos vêm denunciando que a hegemonia da pauta climática (inclusive dos doadores internacionais) baseada em soluções de mercado pode prejudicar o cenário de justiça enquanto alguns problemas ambientais importantes deixam de receber financiamento (é o caso, por exemplo, dos recursos para questões de poluição e contaminação).

A crítica socioambiental

A crítica à qual nos referimos aqui é exatamente aquela que denuncia a articulação perversa entre interesses corporativos e o discurso das mudanças climáticas, num processo que, ao contrário de buscar o cuidado da natureza, busca lucrar com essa agenda. Chamamos aqui essa tendência de crítica socioambiental, pois, no Brasil, são os grupos ligados ao socioambientalismo dos povos da floresta e às lutas por justiça ambiental que expressam a preocupação com essa articulação perversa.

A articulação mais proeminente nesse sentido é o grupo Carta de Belém,[4] que vem desde 2009 construindo uma plataforma crítica às soluções climáticas baseadas na economia verde. Na sua carta de fundação, o grupo já expressava a repulsa ao Reducing Emissions from Deforestation and Degradation (REDD) afirmando: "Rechaçamos os mecanismos de mercado como instrumentos para reduzir as emissões de carbono, baseados na firme certeza que o mercado não é o espaço capaz de assumir a responsabilidade sobre a vida no planeta" (Carta de Belém, 2009). Depois do REDD, o grupo condenou também o REDD+, e vem atuando contra o processo chamado de "financeirização da natureza", afirmando, entre várias coisas, que as iniciativas baseadas no mercado de carbono têm sido muito prejudiciais às comunidades tradicionais que vivem e dependem das florestas.

---

[4] Ver: https://www.cartadebelem.org.br. Acesso em: 08 abr. 2025.

Aprofundando esse debate, Oliveira (2022, p. 28) aponta para a assetização da natureza provocada pela junção das noções de "economia verde" (Relatório Brundtland, 1987) e de "capital natural", o que vem transformando a natureza em ativos financeiros. Para a autora, a assetização da natureza provocada pela financeirização das políticas climáticas "significa que uma coisa (tangível) ou um atributo (intangível), após subsumidos por uma lógica econômica peculiar (capitalização), encontram no sistema financeiro (financeirização) os instrumentos para fazer render o valor (assetização)" (Oliveira, 2022, p. 41). Tal conceito revela um processo mais complexo e perverso do que a noção de commodificação proposta por (Svampa, 2019), pois nos permite compreender a conversão em finanças das próprias formas de vida e existências dos povos indígenas afetados. É nesse sentido que a análise de Oliveira nos mostra a centralidade de políticas públicas voltadas ao clima e de formas de governança na assetização dos bens comuns naturais (Oliveira, 2022, p. 47).

É exatamente nesse ponto que podemos compreender como o obstrucionismo não negacionista opera produzindo efeitos perversos, na medida em que colabora com a assetização da natureza, reduzindo a própria existência das comunidades em objeto de mercado financeiro.

Vecchione-Gonçalves argumenta sobre os efeitos perversos da chamada "bioeconomia descarbonizada" sobre os territórios amazônicos (Vecchione-Gonçalves, 2022, p. 86). A autora explica que a questão-chave está na ideia de "adicionalidade", uma inversão do problema em que, ao invés de parar com a fonte dos problemas, busca mais recursos para a destruição:

> […] a descarbonização não implica necessariamente em um desenvolvimento limpo e inclusivo em cidades médias e emergentes na Amazônia, por exemplo, ou na eliminação do desmatamento, seja este ilegal ou legal. As implicações estão muito mais ligadas ao que a Amazônia representa para a continuidade de processos de circulação de valor no mundo, que, mais contemporaneamente, entremeiam-se em ações e políticas nacionais e internacionais de comando e controle levando ao planejamento sobre e deste território. (Vecchione-Gonçalves, 2022, p. 87)

Nesse processo, a autora mostra como as comunidades amazônicas têm sido reféns de projetos como as Unidades de Conservação de proteção integral que prometem deixar a floresta em pé enquanto impedem que os povos que ali vivem mantenham as suas interações constitutivas com a natureza. O que, diga-se de passagem, sempre foi fundamental para que, apesar do curso brutal da história de colonização do continente americano, a floresta amazônica permanecesse em pé. Como resume:

> Com efeito, pode-se afirmar que princípios como os de mitigação, adicionalidade e risco, em diálogo com a emergência e a crise ambiental e climática, que evocam a escassez, embora sem defender a paralisação de atividades que a provocam, reforçam o lugar dos trópicos como possibilidade de garantia do futuro global. Contudo, a maneira como isso ocorre, por atividades de cooperação na questão climática, quase sempre reservam aos mesmos trópicos papel subalternizado na reconfiguração de um desenvolvimento desigual, ainda que combinado, em atividades de conservação e expansão da produção. (Vecchione-Gonçalves, 2022, p. 87)

Outro problema enfrentado pelas vertentes críticas diz respeito à mimetização dos seus repertórios críticos pela extrema direita. A recente CPI das ONGs articulada por conservadores no Congresso Nacional apresenta diversos exemplos dessa mimetização. Um dos casos mais evidentes está na utilização do argumento da "porta-giratória", em que é apresentado como denúncia o fato de que ambientalistas que atuaram na sociedade civil hoje ocupem cargos no governo. Conforme aponta o relatório produzido pelo Instituto Democracia em Xeque: "A Ministra Marina Silva e João Paulo Capobianco são novamente citados por Marcio Bittar como parte da 'porta-giratória' entre ONGs e governo" (O. Franco *et al.*, 2023, p 10).

O argumento da "porta giratória" é uma das principais críticas que movimentos contestatórios fazem das relações entre governos e mercado quando essas relações tornam-se evidentes na distribuição de cargos para setores empresariais de forma direta e explícita. Foi o caso, por exemplo, da denúncia feita pelo Observatório da Mineração sobre as relações entre o governo Bolsonaro e a mineradora Vale ao colocar Marcelo Sampaio, ex-ministro da Infraestrutura, no cargo de diretor de Assuntos Regulatórios da mineradora. Segundo o Observatório da Mineração: "A chamada 'porta giratória' de Sampaio – quando agentes públicos vão trabalhar na iniciativa privada em áreas que o seu emprego anterior oferecia acesso privilegiado – foi direta" (Angelo, 2023).

O grande desafio posto aos grupos críticos é conseguir apresentar suas perspectivas sem serem confundidos com negacionistas climáticos. Evidentemente, as críticas desses grupos às políticas climáticas em curso não são parelhas às críticas de negacionistas. Pelo contrário, o que o criticismo climático faz é buscar aprofundar a discussão sobre as origens do aquecimento global em razões sistêmicas de evolução do capitalismo e das formas como a política liberal, ainda que dentro dos contornos democráticos, não resolve os problemas das injustiças socioambientais e climáticas. Além disso, a profusão de grupos com tendências variadas, conforme apresentado no Quadro 1, traz outro desafio ao criticismo, talvez até mais real: o de ter o seu conteúdo silenciado em nome da defesa da democracia, tendo em vista a necessidade de controlar o avanço dos grupos de extrema direita que governaram recentemente o país. Nesse sentido, o pensamento de que toda a crítica ao atual governo, e à esquerda em geral, nos empurraria à extrema direita faz com que muitos atores importantes do criticismo socioambiental estejam calados.

Quadro 1 – Resumo das tendências de grupos organizados no Brasil frente ao debate das mudanças climáticas

Tendências de grupos organizados no Brasil frente ao debate das mudanças climáticas	Posição frente às mudanças climáticas	Concepção política
Defendem ações de combate às mudanças climáticas via mercado.	As soluções estão no mercado.	Convergente com a democracia liberal.
Defendem criticamente ações de combate às mudanças climáticas.	As soluções não estão no mercado, é o sistema capitalista que gera o problema.	Convergente com uma perspectiva de democracia radical onde justiça seja central.
Negam o aquecimento global.	É um problema ilusório, o mercado não deve se preocupar com isso.	Convergente com autoritarismos e populismos antidemocráticos.

| Não negam o aquecimento global, mas agem flexibilizando as medidas de redução do aquecimento global. | O problema existe, mas as ações para resolvê-lo muitas vezes são custosas politicamente. | Convergente com a democracia liberal. |

Fonte: elaboração própria.

Mas, por outro lado, o avanço recente da extrema direita no Brasil também teve os seus efeitos adversos. Os ataques contra ambientalistas, o desmanche das políticas ambientais e a adesão ao negacionismo durante o governo de Jair Bolsonaro (2019-2022) produziram como efeito uma nova onda de mobilização ambientalista no país. Como veremos na próxima sessão, os novos atores que entram em cena tomam como questão central o contra-ataque ao negacionismo. Enquanto isso, o debate sobre obstrução climática é quase inexistente na sociedade civil e o criticismo socioambiental pode ser observado em iniciativas bastante pontuais.

Um sobrevoo empírico sobre as reações ao obstrucionismo e ao negacionismo

As reações a essas ofensivas do negacionismo das mudanças climáticas têm sido produzidas principalmente por movimentos de popularização da ciência, ações individuais de cientistas engajados em redes sociais e organizações de jornalistas dedicados à batalha contra desinformação e *fake news* e a favor das informações baseadas em fatos e pesquisas científicas. Não se trata de uma reação que parte de movimentos sociais já estabelecidos, mas particularmente de novas organizações que surgem, principalmente, do engajamento de grupos profissionais da ciência e do jornalismo. Nesse sentido, jornais de comunicação científica de grandes institutos de pesquisa têm publicado investigações que visam a esclarecer como o negacionismo se estrutura, além de publicarem comunicações sobre pesquisas que desmentem notícias falsas (cf. Dados..., 2003).

Dentre as organizações de jornalistas, destaca-se no Brasil o Instituto ClimaInfo,[5] que se dedica exclusivamente à divulgação do tema da

---

[5] Ver: https://climainfo.org.br/. Acesso em: 07 mar. 2025.

emergência climática e ao combate da obstrução dessa agenda. Dentre os institutos de pesquisas de caráter não estatal, destaca-se o Instituto Serrapilheira,[6] fundado em 2017, que vem tanto financiando pesquisas científicas envolvendo questões climáticas quanto financiando ações de divulgação e contra a obstrução de conhecimento científico. Outro destaque importante é o Instituto Cipó, fundado em 2020 com o intuito sobretudo de produção de pesquisa sobre o clima com uma perspectiva latino-americana, de gênero e do Sul Global. Tais organizações vêm se especializando no repertório de produção de dados, informações e até conhecimento científico não acadêmico.

As ações produzidas são principalmente: relatórios técnicos, artigos acadêmicos ou não, *policy briefs*, mapeamentos e questionários, notas técnicas, memorandos, relatórios de campo, produtos midiáticos, criação e manutenção de bases de dados, monitoramento e avaliação, análise geopolítica e de risco, capacitação, treinamentos e cursos, eventos presenciais e debates virtuais.

Outro tipo de atuação é aquela que visa a produzir influência nos debates legislativos e jurídicos, em parlamentos e instituições do sistema de justiça do país, chamando a atenção para a especificidade das questões climáticas e a necessidade de criação de arcabouços normativos que respondam à urgência desses problemas. A mobilização da justiça também vem sendo produzida com força no âmbito das lutas climáticas, com destaque para a litigância climática que está organizada já em organizações formais recentes com atuação exclusiva nas questões climáticas. Como a organização latino-americana Laclima. Nesse caso, os novos atores unem-se às parcerias com ONGs tradicionais de advocacia que adaptam as suas antigas agendas ao enquadramento das questões climáticas. A Laclima,[7] fundada em 2019, destaca-se pela pretensa atuação em todo o continente latino-americano, já tendo realizado diversos casos grandes de litigância climática. Tanto a Laclima quanto o ClimaInfo atuam, também, na área de educação, desenvolvendo cursos de formação em temáticas variadas sobre questões climáticas. Esse tipo de atuação é o

---

[6] Ver: https://serrapilheira.org/. Acesso em: 07 mar. 2025.

[7] Ver: https://laclima.org/. Acesso em: 07 mar. 2025.

mais próximo do sentido de uma reação ao obstrucionismo climático, ainda que não utilizem esse termo.

Outra organização importante nesse sentido é o Instituto Democracia em Xeque (DX),[8] que surgiu em fevereiro de 2021 como um projeto voltado para pesquisa aplicada e que, em 2023, tornou-se um instituto de pesquisa, visando a ampliar o conhecimento e combater a desinformação, o discurso de ódio e o extremismo político violento. Nos últimos três anos, o DX colaborou com a imprensa, o Judiciário e a sociedade civil para defender a integridade eleitoral e a legitimidade dos resultados. O foco está no fortalecimento do Estado Democrático de Direito, na promoção da integridade informacional e no monitoramento do debate político digital, da desinformação e das violações de direitos humanos. O DX tem como característica enfrentar o "Tripé Negacionista" – desinformação coordenada nos contextos democrático-eleitoral, climático-ambiental e sanitário-vacinal – por meio de metodologias avançadas. Isso inclui análise de dados, estudo de narrativas e pesquisa social, visando a criar soluções comunicacionais que reforcem a integridade da informação.

No âmbito do negacionismo climático-ambiental, o DX produziu recentemente um relatório de acompanhamento de grupos de Telegram de direita que revela alguns aspectos de mudanças no negacionismo climático (Costa; Abrantes, 2024). O relatório mostra a conexão entre negacionismo climático e grupos de extrema direita e algo importante: o crescimento da ressonância de teorias da conspiração. O estudo mostra que as dez principais hashtags giravam em torno de teorias da conspiração no conteúdo sobre meio ambiente. Estavam presentes conspirações tais como a da Nova Ordem Mundial e outras:

> Já comum em conteúdo sobre o meio ambiente, mensagens contendo teorias da conspiração foram encontradas em grande volume. Se sobressaiu a ideia conspiratória de que existem mecanismos de controle climático – que começou a circular com mais força com as enchentes ocorridas no RS –, sendo associada a todos os grandes fenômenos climáticos extremos ocorridos durante o período, como o furacão nos EUA e as enchentes na Espanha. Assim, tem um forte caráter

---

[8] Ver: https://institutodx.org/. Acesso em: 07 mar. 2025.

negacionista, ao rechaçar que os eventos decorrem de mudanças climáticas, além de alegar que envolvem interesses escusos de governos mundiais por trás da agenda climática, tendo especial destaque a ideia de redução populacional – que teve grande circulação no período da pandemia da covid-19. Por fim, é importante destacar que, assim como no relatório de setembro, o conteúdo tem sido reproduzido por figuras influentes, como o vereador Carlos Bolsonaro, que a utilizou para reforçar as duas narrativas mencionadas anteriormente. (Costa; Abrantes, 2024, p. 12-13)

A análise feita durante o mês de outubro de 2024, mês marcado pela passagem do furacão Milton nos Estados Unidos, mostra a ocorrência de três linhas de ideias convergentes com temas ambientais: críticas ao governo Lula, ideia de crise do agronegócio e as teorias da conspiração que apontam para o que seria uma "farsa climática", ao sustentarem que são os ambientalistas a partir do uso de tecnologias que estariam fabricando catástrofes climáticas. Este é o caso das teorias das "HAARP" – sigla em inglês para o Programa de Pesquisa em Aurora Ativa de Alta Frequência – que já haviam proliferado durante as enchentes de 2024 no Rio Grande do Sul. Segundo essas teorias, que antes atribuíam a Obama a responsabilidade pelo furacão Sandy nos Estados Unidos, agora a China é que teria responsabilidade pelas chuvas no RS ao ter montado antenas HAARP no Maranhão (Rômany, 2024).

No Brasil, o Observatório do Clima, criado em 2001, é a organização que hoje concentra e redistribui recursos para organizações e projetos sobre emergência climática. O Sistema de Estimativas de Emissões e Remoções de Gases de Efeito Estufa (SEEG) é uma iniciativa do Observatório do Clima e reúne 77 ONGs para discutir especificamente as questões climáticas no Brasil. Do ponto de vista da crítica socioambiental, o Observatório do Clima apresenta uma postura ambígua na medida em que financia e incentiva ações voltadas à bioeconomia e às "soluções de mercado", ainda que tenha investimentos em iniciativas focadas em promover justiça climática.

No contexto brasileiro, a ação coletiva preocupada com as questões climáticas combina as formas de ação, sendo difícil separar e isolar tipos específicos. Atores que se organizam em ONGs mais novas, criadas já com a pauta do clima, têm uma conexão maior com a forma que a agenda climática vem se construindo globalmente e por isso tendem a seguir esquemas internacionais e mais planificados de ação coletiva. Porém, a região é repleta de atores históricos que discutiam indiretamente questões climáticas a partir das suas pautas específicas há muito tempo, tais como o socioambientalismo dos povos amazônicos, cuja figura emblemática até hoje é Chico Mendes. Além disso, os ambientalistas históricos latino-americanos entram na agenda climática com uma bagagem de temas e repertórios de ação que não são simplesmente apagados ou substituídos. Observamos tanto os modelos de campanhas e protestos que partem de ONGs quanto ações que combinam diferentes repertórios de ação, envolvendo ações de educação, visibilização, contestação de empreendimentos petrolíferos, contestação de políticas governamentais, entre outros.

Uma das campanhas mais importantes relacionadas ao problema da obstrução climática convergente com a crítica socioambiental é a campanha "Nenhum Poço a Mais", protagonizada pela rede Oilwatch e ONG FASE e que envolve um conjunto diverso de ações com o objetivo de barrar o desenvolvimento da indústria de petróleo no mundo. Em países do Sul Global, as iniciativas de governos e empresas na expansão de atividades extrativas de petróleo, com a justificativa de resolução de déficits históricos de desenvolvimento econômico (na comparação com países do Norte), representam um dos mais importantes pontos de obstrução ao combate às mudanças climáticas.

A campanha "Nenhum Poço a Mais", no Brasil, por exemplo, envolve principalmente o fortalecimento da agenda antipetróleo nas comunidades afetadas por essa indústria e propõe a constituição de "Áreas Livres de Petróleo". Uma das iniciativas mais notáveis é a formação de agentes comunitários para a transição energética, que foca no engajamento das comunidades e na conversão para a causa antipetroleira. A rede Oilwatch é composta por um amplo conjunto de organizações e está presente no mundo todo. Atualmente, a organização latino-americana da rede é da ONG brasileira FASE.[9] Uma declaração da Oilwatch de 2021 afirma: "O debate climático não é sobre moléculas de CO_2. É urgente deixar as energias fósseis enterradas para sempre". O documento posiciona a Oilwatch numa posição de crítica socioambiental ao mesmo tempo que inquestionavelmente levanta a pauta do clima contra a exploração de combustíveis fósseis:

---

[9] Ver: https://fase.org.br/pt/. Acesso em: 07 mar. 2025.

A extração, queima e uso industrial de combustíveis fósseis é a principal causa da crise climática. Desde 1830, e de forma exponencial nas últimas duas décadas, o planeta aqueceu devido às emissões de gases de efeito estufa. Apenas 100 empresas de energia são responsáveis por 71% das emissões geradas desde 1988. É preciso entender que políticas baseadas na contabilização, adição e subtração de moléculas de dióxido de carbono (CO_2) também fazem parte do problema, pois, habilmente, os próprios responsáveis desviam a atenção da principal causa das mudanças climáticas: a extração e o uso de carvão, petróleo e gás em um modelo econômico energívoro e petrodependente. A contabilidade de carbono consiste em mover moléculas de um lugar para outro, criando falsas equivalências, deletando emissões com um "clique" e ocultando responsabilidades, apenas para fazer negócios sem considerar os impactos no clima do planeta. As instituições focam suas iniciativas em inventários de emissões, percentuais que devem ser reduzidos – ou melhor, que podem ser emitidos – e, portanto, levam a falsa ideia de que estes podem ser "compensados" com o pagamento por "transferência de moléculas". (Oilwatch Latinoamérica, 2021)

A proposta das áreas livres de petróleo foi apresentada na COP 25 em 2019 em Madri, como a proposta de "Anexo Zero ao Acordo de Paris". Nela propõem-se criar um "Anexo Zero" na Convenção-Quadro das Nações Unidas sobre Mudança Climática (UNFCCC) para reconhecer comunidades que não exploram combustíveis fósseis, visando a recompensar povos e nações que adotam práticas sustentáveis, enquanto denunciam o impacto do capitalismo e da dependência de combustíveis fósseis sobre mudanças climáticas. As principais demandas são: parar a extração de hidrocarbonetos; proteger comunidades e territórios contra criminalização e exploração corporativa; rejeitar soluções "falsas", como créditos de carbono e tecnologias de geoengenharia; incentivos para tecnologias limpas; retirada de subsídios estatais à indústria fóssil (Oilwatch, 2019).

Essa campanha compõe, portanto, o conjunto de iniciativas que podemos compreender como parte do criticismo climático. Não obstante, a articulação central do criticismo está na Carta de Belém, que, como já apresentamos antes, é uma articulação de diversas organizações, todas de longa trajetória no Brasil e fortemente vinculadas às lutas ambientais nos territórios vulneráveis, principalmente, na Amazônia. Essa iniciativa não deixa de discutir as questões climáticas e produzir incidências nos espaços nacionais e internacionais focados no tema, contudo, a preocupação está sempre construída do ponto de vista das comunidades locais afetadas pelos problemas e políticas climáticas.

Conclusões

O presente texto teve como objetivo complexificar o debate sobre os ataques às agendas climáticas, analisando como a conjuntura política brasileira, com a ascensão da extrema direita, dificultou distinguir posições para enfrentar o debate e as críticas necessárias ao tema. As três tendências apresentadas aqui foram identificadas como: 1. Negacionismo, vinculado aos grupos de extrema direita, antidemocráticos, anticiência e que efetivamente negam o aquecimento global; 2. Obstrucionismo, identificado como aqueles que, mesmo sem negar o aquecimento global, atuam para flexibilizar as ações necessárias para o combate às mudanças climáticas. Os obstrucionistas usam razões econômicas e as desigualdades sociais presentes no Sul Global para justificar as políticas que ainda fomentam negócios com altas emissões de carbono. Além disso, justificam a impossibilidade de ações mais radicais, tendo em vista as amplas alianças políticas que vêm sendo necessárias para enfrentar a extrema direita no governo. Nesse sentido, argumentam que é inviável e arriscado prescindir dos setores do agronegócio, de energia, mineração, entre outros, em nome da agenda climática. Finalmente, apresentamos as principais razões que fundamentam a crítica socioambiental às políticas climáticas, observando como essa perspectiva desmascara falsas boas intenções climáticas as quais, na verdade, ajudam a construir um novo tipo de mercado baseado em práticas de financeirização da natureza, o que não colabora em nada com a redução do aquecimento global e gera muita injustiça ambiental e climática.

O principal desafio para as organizações da sociedade civil é construir discursos e formas de luta que, ao mesmo tempo que se contrapõem ao negacionismo, não se calam às ações obstrucionistas que partem de setores considerados, muitas vezes, aliados. Nesse sentido, para defender a democracia sem o sacrifício do criticismo, exigirá que esses atores incorporem a pauta da democracia aos debates sobre justiça socioambiental e climática.

Referências

Acselrad, Henri. Pressão do agronegócio se junta a preconceito em novo antiambientalismo. *Folha de S.Paulo*, 01 dez. 2018. Disponível em: https://www1.folha.uol.com.br/ilustrissima/2018/12/pressao-do-agronegocio-se-junta-a-preconceito-em-novo-antiambientalismo.shtml. Acesso em: 07 mar. 2025.

Acselrad, Henri. A Amazônia e o antiambientalismo de resultados. *Le Monde Diplomatique Brasil*, 12 ago. 2020. Disponível em: https://diplomatique.org.br/a-amazonia-e-o-antiambientalismo-de-resultados/. Acesso em: 07 mar. 2025.

Almiron, Núria; Moreno, Jose A. Más allá del negacionismo del cambio climático: retos conceptuales al comunicar la obstrucción de la acción climática. *Ámbitos. Revista Internacional de Comunicación*, n. 55, p. 9-23, 2022. Disponível em: https://institucional.us.es/revistas/Ambitos/55/Art_01.pdf. Acesso em: 07 mar. 2025.

Angelo, Maurício. Ex-ministro da Infraestrutura de Bolsonaro assume cargo de diretor de assuntos regulatório na Vale. *Observatório da Mineração*, 06 fev. 2023. Disponível em: https://observatoriodamineracao.com.br/ex-ministro-da-infraestrutura-de-bolsonaro-assume-cargo-de-diretor-de-assuntos-regulatorios-da-vale/. Acesso em: 07 mar. 2023.

Carta de Belém. [Manifesto que originou o grupo]. *Carta de Belém*, 3 out. 2009. Disponível em: https://www.cartadebelem.org.br/wp-content/uploads/2020/07/carta-de-belem-A-CARTA.pdf . Acesso em: 07 mar. 2025.

Costa, Andressa; Abrantes, Natália. *Relatório temático: as pautas de meio ambiente no Telegram [Outubro de 2024]*. São Paulo: Instituto Democracia em Xeque, 2024. Disponível em: https://institutodx.org/publicacoes/0511-dx-discussao-sobre-meio-ambiente-no-telegram-outubro-2024/. Acesso em: 07 mar. 2025.

Dados científicos não divulgados constituem uma estratégia do negacionismo climático. *Jornal da USP*, 2023. Disponível em: https://jornal.usp.br/radio-usp/dados-cientificos-nao-divulgados-constituem-uma-estrategia-do-negacionismo-climatico/. Acesso em: 07 mar. 2025.

Danowski, Déborah. *Negacionismos*. São Paulo: n-1 Edições, 2018.

De Orleans E Bragança, Dom Bertrand. *Psicose ambientalista: os bastidores do ecoterrorismo para implantar uma "religião" ecológica, igualitária e anticristã*. 9. ed. São Paulo: Instituto Plinio Corrêa de Oliveira, 2022.

Dufaur, Luis. Ambientalismo: o clima não muda? Falsifiquemos os mapas! *Instituto Plinio Corrêa de Oliveira*, 16 out. 2011. Disponível em: https://ipco.org.br/ambientalismo-o-clima-nao-muda-falsifiquemos-os-mapas/. Acesso em: 06 mar. 2025.

Dufaur, Luis. Na Amazônia se forja uma "igreja" ecológica tribal-comunista? *Blog Ecologia, Clima, Aquecimento*, [s.d.]. Disponível em: https://

ecologia-clima-aquecimento.blogspot.com/p/igreja-tribal-comunista-na-amazonia. html. Acesso em: 06 mar. 2025.

Edwards, G., Gellert, P., Faruque, O., Hochstetler, K. *et al.* (2023). Climate Obstruction in the Global South: Future Research Trajectories. *PLOS Climate*, n. 2, v. 7, 12 jul. 2023. Disponível em: https://dx.plos.org/10.1371/journal.pclm.0000241. Acesso em: 07 mar. 2025.

Gottems, Leonardo. Conheça as ONGs negacionistas mais perigosas. *Agrolink*, 14 abr. 2021. Disponível em: https://www.agrolink.com.br/noticias/conheca-as-ongs-negacionistas-mais-perigosas_448764.html. Acesso em: 06 mar. 2025.

Hirschman, Albert O. *Retórica da instransigência: perversidade, futilidade e ameaça*. Companhia das Letras, 1992.

Losekann, Cristiana. A política dos afetados pelo extrativismo na América Latina. *Revista Brasileira de Ciência Política*, Brasília, n. 20, p. 121-164, maio/ago. 2016. Disponível em: https://www.scielo.br/j/rbcpol/a/DXmWG8NPSF3s67pz8FRFrDk/abstract/?lang=pt. Acesso em: 07 mar. 2025.

Losekann, Cristiana; Paiva, Raquel Lucena. Brazilian Environmental Policy: Shared Responsibility and Dismantling. *Ambiente & Sociedade*, São Paulo, v. 27, p. 1-21, 2024. Disponível em: https://www.scielo.br/j/asoc/a/HvDnjf38fzbMWrFJJnbV3Np/. Acesso em: 07 mar. 2025.

Maia, Maiana; D'andrea, Pedro. O clima é de colapso hídrico, e a culpa não é só do clima. *Le Monde diplomatique Brasil*, 28 dez. 2023. Disponível em: https://diplomatique.org.br/agua-colapso-hidrico-e-a-culpa-nao-e-so-do-clima/. Acesso em: 07 mar. 2025.

Miguel, Jean Carlos Hochsprung. A "meada" do negacionismo climático e o impedimento da governamentalização ambiental no Brasil. *Revista Sociedade e Estado*, v. 37, n. 1, p. 293-315, jan/abr. 2022. Disponível em: https://www.scielo.br/j/se/a/wCDHY4RdNWSBZC5m6Q7fpBx/abstract/?lang=pt. Acesso em: 07 mar. 2025.

Miola, Iagê; Junqueira, Gabriela; Coutinho, Diogo; Prol, Flávio; Vecchione-Gonçalves, Marcela; Ferrando, Tomaso (Orgs.). *Finanças verdes no Brasil: perspectivas multidisciplinares sobre o financiamento da transição verde*. São Paulo: Blucher, 2022. (Série Direito, Economia, Sociedade).

Oliveira, Tatiana. Assetização da natureza como razão da ex-a-propriação neoliberal. *In*: Miola *et al.* (Orgs.). *Finanças verdes no Brasil: perspectivas multidisciplinares sobre o financiamento da transição verde*. São Paulo: Blucher, 2022. p. 27-61. (Série Direito, Economia, Sociedade).

O. Franco, Agnes; Pecoraro, Caroline; Lopes, Aline; Capone, Letícia; Vasques, Beto; Santos, João Guilherme; Santos, Marcelo dos; Bernardi, Ana Julia; Chiodi, Alex.

Monitoramento da CPI das ONGs e repercussão da agenda ambiental nas redes – Relatório #09. São Paulo: Instituto Democracia em Xeque, 2023. Disponível em: https://institutodx.org/wp-content/uploads/jet-form-builder/cfa45151ccad6bf11ea146ed563f2119/2023/12/09-Relatorio-DX-27092023_site.pdf. Acesso em: 07 mar. 2025.

Oilwatch. Es tiempo de crear el Grupo Anexo 0 (Propuesta de cara a la COP25 de Madrid). *Oilwatch*, jul. 2019. Disponível em: http://www.oilwatch.org/wp-content/uploads/2020/05/ANNEX-ZERO-OILWATCH-Spanish.pdf. Acesso em: 07 mar. 2025.

Oilwatch Latinoamérica. O debate climático não é sobre moléculas de CO_2: é urgente deixar as energias fósseis enterradas para sempre. *Oilwatch*, 01 out. 2021. Disponível em: https://www.oilwatch.org/pt/2021/10/01/declaracao-oilwatch-latinoamerica-o-debate-do-clima-nao-e-sobre-moleculas-de-carbono/. Acesso em: 07 mar. 2025.

Rômany, Ítalo. Antenas Haarp: o negacionismo sobre as chuvas gaúchas. *Nexo Jornal*, 24 mai. 2024. Disponível em: https://www.nexojornal.com.br/externo/2024/05/24/antenas-haarp-o-negacionismo-sobre-as-chuvas-gauchas. Acesso em: 24 abr. 2025.

Summerhayes, Colin. Ian Plimer "confused on fundamental issues". *Geoscientist Online*, [Carta], 24 mar. 2012. Disponível em: https://www.geolsoc.org.uk/Geoscientist/Letters/2012/Ian-Plimer-confused-on-fundamental-issues. Acesso em: 07 mar. 2025.

Svampa, Maristella. *As fronteiras do neoextrativismo na América Latina: conflitos socioambientais, giro ecoterritorial e novas dependências*. São Paulo: Elefante, 2019.

Vecchione-Gonçalves, Marcela. Financiando a Amazônia: do piloto de proteção nos anos 90 à bioeconomia descarbonizada do terceiro milênio. *In*: Miola *et al.* (Orgs.). *Finanças verdes no Brasil: perspectivas multidisciplinares sobre o financiamento da transição verde*. São Paulo: Blucher, 2022. p. 85-110. (Série Direito, Economia, Sociedade).

A crise da democracia e a nova economia da desinformação

Luis Felipe Miguel

Já se tornou lugar comum observar que a democracia liberal está em crise. Desde a eleição de Donald Trump para a presidência dos Estados Unidos, em 2016, é impossível escamotear um processo que estava em curso há tempos. No país mais poderoso do mundo, cuja democracia gosta de se apresentar como modelo para todas as outras, o processo eleitoral levou ao poder um sujeito francamente despreparado, carente dos mínimos requisitos cognitivos ou morais para o exercício do cargo. Seu triunfo foi ancorado na degradação total do debate público, já antes deplorado por sua superficialidade e imediatismo. Qualquer tentativa de discussão relevante era soterrada no confronto com o candidato republicano, cujo estilo era baseado em gabolices, mentiras deslavadas e ofensas dirigidas aos adversários. Como escreveu um comentarista, "fazer campanha contra Trump significa ser arremessado num pátio de escola" (Empoli, 2022, p. 111). Ainda assim, ele foi capaz de conquistar a indicação do Partido Republicano, derrotando lideranças consolidadas, como o governador Jeb Bush e o senador Ted Cruz, e *outsiders* de melhor pedigree, como a ex-presidente da corporação Hewlett-Packard (HP), Carly Fiorina; de reunir em torno de si todo o seu partido; de ganhar as eleições (ainda que graças às peculiaridades do sistema eleitoral estadunidense, já que Hillary Clinton ficou à sua frente nos votos populares); e de cumprir os quatro anos de mandato, a despeito das muitas evidências de incompetência, irresponsabilidade e ilegalidade. Em grande medida, o sistema político da democracia "mais consolidada" do mundo curvou-se a Donald Trump e a seus métodos.

A vitória do improvável candidato republicano em 2016 acendeu o alerta nos cientistas políticos anglófonos, mas não foi um caso isolado.

Naquele mesmo ano de 2016, outras demonstrações eloquentes da crescente irracionalidade dos processos eleitorais foram visíveis pelo mundo afora. Um exemplo foi a vitória do "Brexit", no pleito realizado no Reino Unido. Mesmo os defensores da saída da Comunidade Europeia, a começar pelo futuro primeiro-ministro Boris Johnson, tinham consciência de que a medida era potencialmente desastrosa e imaginavam que sua campanha no plebiscito seria forçosamente derrotada, servindo apenas como maneira de credenciá-los à liderança da oposição.[1] Na periferia do capitalismo, na Colômbia, sempre em 2016, o processo de paz foi derrotado no referendo convocado para sacramentá-lo. O acordo que colocava fim a décadas de uma guerra civil que deixara cerca de trinta mil mortos, construído após intensas e delicadas negociações, foi rejeitado por pequena margem de votos. A campanha contrária ao acordo mobilizou argumentos cuja relação com o processo de paz era, no mínimo, obscura – por exemplo, relativos à ameaça da chamada "ideologia de gênero", tornada tema central a partir de observações laterais sobre a reparação a famílias atingidas pelo conflito (González, 2017, p. 114-26; Rodríguez Rondon, 2017, p. 128-48). Estendendo o intervalo de tempo, seria possível elencar muitos outros exemplos, mas estes bastam. As democracias liberais estavam em crise. Sua aposta central – de que um público desprovido de incentivos à participação e à informação políticas seria capaz, ainda assim, de chegar a decisões minimamente racionais quando chamado a opinar – mostrava-se cada vez menos factível.

Em 2020, Donald Trump foi derrotado na pretensão de permanecer no cargo, mesmo depois de promover uma agitação golpista destinada a questionar o resultado das urnas. Mas as transformações que ele impôs à política estadunidense não evaporaram por causa disso, isto é, a derrota de Trump não significou a derrota do trumpismo ou, menos ainda, do seu estilo de fazer política. Pelo contrário, uma grande quantidade de pretendentes a cargos públicos mimetiza seu jeito agressivo e despreocupado seja com a verdade factual, seja com a correção moral. A força que o ex-presidente mantém, seu poder intimidatório em todo o espaço político da direita, faz com que seus epígonos prestem vassalagem a ele. Em 2024,

---

[1] A trajetória de Boris Johnson é descrita em Applebaum (2020, cap. 3).

uma vitória por larga margem, desta vez também nos votos populares, reconduziu-o à presidência, sem que ele tivesse mudado de discurso ou de métodos – antes pelo contrário, parece ter reforçado suas apostas. Foi definitivamente enterrada a ilusão, alimentada por alguns após o pleito de 2020, de que a democracia liberal poderia voltar à sua morna normalidade.

O mesmo se pode dizer do Brasil. Jair Bolsonaro, que a seu modo reproduziu por aqui tudo o que Trump fez nos Estados Unidos, está inelegível, mas o bolsonarismo, como forma de fazer política, continua mais vivo do que nunca. Conforme os processos judiciais contra Jair avançam, alguns políticos podem julgar conveniente ganhar alguma distância, mas sem renunciar aos métodos que se mostraram tão eficazes. Essa distância, como mostrou o caso de Pablo Marçal, candidato à Prefeitura de São Paulo em 2024, pode ser tomada até mesmo pela radicalização dos aspectos mais grotescos do bolsonarismo. Em suma, parece que a emergência daquilo que a ciência política convencional chama de "populismo de direita" é um fenômeno de longo prazo, com o qual teremos que aprender a conviver.

Algo desse fenômeno já era visível no crescimento, em vários pontos do mundo capitalista desenvolvido, de uma direita extremada, que se imaginava superada a partir dos *trente glorieuses* (as três décadas de relativas prosperidade e paz social que se seguiram ao fim da Segunda Guerra Mundial).[2] O grande exemplo é a França, em que o então Front Nacional, sob a liderança de Jean-Marie Le Pen, rondou os 15% dos votos já nas eleições presidenciais de 1988 e chegou ao segundo turno em 2002. Mas ele representava um estilo de direita radicalizada mais tradicional, cujo discurso – xenófobo, autoritário, iliberal, reacionário, antissemita, com indisfarçada simpatia pelo nazismo – parecia reeditar os anos 1930 ou 1940.[3] Le Pen se alimentava das mesmas emoções políticas que Trump ou Bolsonaro, mas com um formato discursivo e de mobilização das bases bem mais convencional.

---

[2] Mudde (2019) traça um útil esquema da evolução da direita radical no pós-guerra, dos neofacismos da década de 1940 até hoje.

[3] É claro que todos esses componentes, incluindo a simpatia pelo nazismo e um antissemitismo que por vezes se combina paradoxalmente à defesa incondicional do Estado de Israel e de suas políticas genocidas, estão presentes na nova extrema direita, com diferentes graus de centralidade. Mas a maneira de enunciá-los é diversa.

A ciência política se debruçou sobre a recém-detectada crise da democracia e não tardou a identificar suas causas, explicadas em best-sellers acadêmicos que focavam no caso dos Estados Unidos e generalizavam a partir dele.[4] Uma grande parte da culpa foi atribuída à crescente erosão das barreiras que limitavam a influência dos cidadãos comuns (desinformados, com baixa competência política) sobre as decisões governamentais. O "populismo", *bête noire* dessa literatura (e do jornalismo político também), refere-se precisamente à postura de buscar uma pretensa vontade popular de forma ininterrupta, legitimando-se por meio dela em cada tomada de decisão.

Não se trata de uma novidade; a ideia de que vivemos uma era de "campanha permanente" está consolidada há tempos. De fato, uma revisão da literatura sobre campanha permanente mostra que muitas das facetas da crise da democracia detectadas décadas depois já estão presentes lá.[5] Na definição clássica de Blumenthal, a campanha permanente combina criação de imagem e cálculo estratégico, transformando o governo em "instrumento concebido para sustentar a popularidade de um funcionário eleito" (Blumenthal, 1980, p. 7). Com isso, a cisão entre um momento integralmente de disputa, a campanha eleitoral, e outro em que a disputa era temperada com negociação e cooperação, o governo, é eliminada, com a lógica belicosa da campanha se impondo de forma contínua.

Sob esse ponto de vista, um elemento importante a ser considerado na crise atual é que ela é efeito também, a longo prazo, da adesão dos agentes políticos aos incentivos que o ambiente institucional dá a determinados comportamentos. O principal aspecto a ser levado em conta, aqui, é o hiato entre a progressiva abertura da política aos grupos dominados, com a expansão do sufrágio, e a permanência das desigualdades no acesso às posições de poder. O resultado é uma combinação entre o modelo liberal de elites que disputam o governo e a promessa democrática de igualdade, que, para funcionar, deveria garantir certa impermeabilidade entre as tarefas de governo e os processos eleitorais competitivos, como já apregoava Joseph

---

[4] Refiro-me especialmente a Levitsky e Ziblatt (2018); Mounk (2018); Przeworski (2019); e Runciman (2018).

[5] Agradeço a Alana Fontenelle por ter chamado minha atenção para o tema da campanha permanente.

Schumpeter (1976) em sua clássica descrição normativa da democracia concorrencial. Em particular, governo e oposição precisavam manter uma identidade forte como integrantes de uma mesma elite que tinha a responsabilidade de conduzir a nação.

No entanto, o acesso às posições de poder depende do voto popular, o que leva a incentivos conflitantes com a manutenção dessa identidade. O apelo retórico ao "povo", próprio do discurso político em ambientes democráticos, é o exemplo mais óbvio, mas nem de longe o mais importante. Um estudo do final da década de 1990, no âmbito da discussão sobre campanha permanente entre legisladores, mostra que há um aumento constante do tempo dedicado a interagir com os eleitores (ou a cortejar potenciais financiadores de campanha), com consequente redução da socialização com outros congressistas, logo da produção do "sentimento de um 'nós' coletivo" (Brady; Fiorina, 2000, p. 149). Os autores observam que medidas aparentemente democratizantes, como a maior abertura do comportamento parlamentar à exposição pública, levam à maior antecipação dos efeitos eleitorais, já que cada voto no legislativo e cada discurso na tribuna podem se tornar tema de campanha. Até mesmo a imoderação no uso de ferramentas excepcionais como o *filibuster* (a obstrução do trabalho legislativo), que por vezes aparece como sintoma expressivo da crise atual da democracia, já é registrada como um aspecto da campanha permanente (Brady; Fiorina, 2000, p. 144). A restrição a seu uso dependia da solidariedade de base entre governo e oposição, à crença de que, embora adversários, compartilhavam uma responsabilidade comum. É isso que se rompe.

Ao mesmo tempo, uma das características da campanha permanente é o uso ininterrupto das sondagens de opinião tanto para avaliar a popularidade do governo quanto para determinar as políticas a serem adotadas – privilegiando aquelas que prometem melhores resultados imediatos, em termos de apoio público. Uma crítica clássica à democracia, sua temporalidade curta, torna-se ainda mais gritante: não se trata de chegar bem na próxima eleição, mas na próxima sondagem. Fica esvaziado o papel da liderança política, agora condenada a reproduzir o que os institutos de pesquisa dizem que é a vontade de seus potenciais constituintes.

De fato, o que literatura lamenta é a erosão da divisão estrita do trabalho político entre governantes e governados. Uma fronteira quase intransponível deveria separar o momento da campanha, em que os cidadãos comuns são chamados a decidir, e o momento do governo, que cabe às elites políticas. Quando essa fronteira é apagada, o jogo das elites, em que governo e oposição, cada um no seu papel, mantinham o compromisso básico com o bom funcionamento do sistema, fica inviabilizado. A cada momento, os líderes devem fazer a acenos à sua base. Com isso, uma das vantagens reconhecidas do sistema representativo – o fato de que o corpo de representantes, mais homogêneo, mais acomodado e mais racional, amortece os conflitos políticos – é anulado. Os líderes políticos devem manter um discurso e uma prática aguerridos todo o tempo, porque é isso que fortalece a identificação partidária de seus liderados.

A campanha permanente, de forma mais moderada, e o "populismo" hoje diagnosticado, de maneira mais radical, são manifestações do mesmo problema: a difícil compatibilização entre a fachada democrática do sistema e sua operação efetivamente censitária. Na leitura de Bourdieu, a solução passava pela abstenção, apatia e desinteresse de um eleitorado que introjetava sua própria impotência, lendo a impermeabilidade do campo político às demandas vindas de baixo como a demonstração de uma incapacidade pessoal (Bourdieu, 1979, p. 464). Mas agentes políticos souberam mobilizar essa situação em benefício próprio, sem desafiar – ou apenas fingindo que desafiavam – as assimetrias de base que limitam o alcance das democracias realmente existentes.

Há um ponto em que o acúmulo e a aceleração das transformações levam a uma ruptura, com a emergência de uma elite política que marca com clareza sua diferença em relação à anterior. Há outra descontinuidade, talvez sutil, porém significativa. A campanha permanente anterior ao diagnóstico da crise da democracia ainda era vista como uma busca de *controle do público* pelos governantes, por meio do uso intensivo de sondagens de opinião e do acesso aos meios eletrônicos de comunicação. Já o "populismo" é percebido como um alinhamento do líder à mentalidade rasa e desinformada de sua base.

Isso é considerado um problema porque o bom funcionamento da democracia liberal dependeria de uma espécie de pacto de cavalheiros, em que os integrantes da elite política disputam os votos do povo mas, uma vez passadas as eleições, entendem que a vontade popular não passa de uma esmaecida figura de retórica e fazem seus acordos entre si. Respeitam, em suma, a regra sugerida por Schumpeter: a divisão do trabalho político deve ser estrita e a passividade do eleitorado precisa ser garantida a todo custo.

Assim, a crise da democracia da década de 2010 leva a respostas parecidas com aquelas da crise de governabilidade de quatro décadas antes: reforço das hierarquias sociais e restrição dos procedimentos democráticos ao momento eleitoral, de maneira a garantir a legitimação da dominação e um grau indeterminado de *accountability* de resultados.[6]

É necessário, no entanto, explicar o que levou a essa situação: isto é, o que levou à ruptura do pacto de cavalheiros. Os autores das correntes hegemônicas na ciência política, como aqueles antes citados, tendem a indicar duas grandes causas. Uma delas é a reversão da expectativa de melhoria do padrão de vida material, que era constante nos países capitalistas centrais desde o final da Segunda Guerra Mundial. Pela primeira vez em décadas, as pessoas se defrontavam com a perspectiva de ter uma vida material inferior à de seus pais (em termos de consumo, patrimônio e estabilidade), o que minou a confiança no sistema e ampliou a vulnerabilidade a discursos transgressores. A ideia subjacente é que o regime democrático se legitima por seus resultados e, portanto, os consensos que o definem definham à medida que esses resultados se tornam piores.

A outra causa é a emergência dos novos circuitos de informação, sobretudo com a disseminação das plataformas sociodigitais baseadas na internet. Sem eles, certamente o desgaste da democracia liberal seria expresso de outra forma. Alguns de seus aspectos mais evidentes se relacionam com a degradação do debate público, a decadência dos critérios de adesão à realidade factual para balizar as tomadas de posição e a crescente agressividade retórica. Assim, de uma maneira talvez surpreendente, os meios de comunicação de massa, que sempre foram desprezados nas obras da teoria da democracia (Miguel, 2000, p. 51-77), tornaram-se protagonistas das explicações sobre sua crise.

Ao reconhecer a importância da perda da expectativa de melhoria nas condições de vida como fator explicativo da crise da democracia, a ciência política hegemônica introduz um elemento material em sua narrativa.

---

[6] A obra clássica sobre a crise dos anos 1970 é o livro coletivo de Crozier, Huntington e Watanuki (1975).

Giuliano da Empoli (2022, p. 170) dá um passo além e alerta, com sua verve característica, que

> não se pode fechar os olhos para o fato de, um pouco em todos os lugares, os eleitores demonstrarem o sentimento de ter perdido o controle de seu destino por causa de forças que ameaçam seu bem-estar, sem que as classes dirigentes mexam um dedo para ajudá-los.

Mas, uma vez mais, impõe-se a pergunta: por que isso acontece? Os modelos de funcionamento da democracia eleitoral explicam que, uma vez que o acesso ao poder depende da capacidade de obter a maioria dos votos, há um incentivo natural para que os governantes tentem satisfazer as vontades dos eleitores. Ou talvez "vontades" não seja o termo correto, desde o momento em que Schumpeter elucidou que o cidadão comum não é capaz de tê-las quando estão em jogo questões públicas; o que o governante faz é se esforçar para transmitir aos cidadãos a impressão de que sua vida está melhorando.[7] Trata-se de uma impressão subjetiva, influenciada pelo peso relativo que cada pessoa dá a diferentes aspectos de sua existência, por informações incompletas, por expectativas de futuro não necessariamente razoáveis e por atribuições de responsabilidade nem sempre esclarecidas.

Para citar um exemplo anedótico, mas sobre o qual há evidência histórica: cidadãos deixam de apoiar administradores locais por causa do aumento da quantidade de ataques de tubarões, isto é, eventos sobre os quais eles não teriam qualquer responsabilidade. O tema mereceria mais discussão (numa sociedade de risco, a gestão desse tipo de problema não é mesmo responsabilidade das autoridades?), mas o ponto é que o eleitor comum, desinformado e pouco ativo, tem dificuldade para diferenciar atribuições de União, Estados e Municípios ou de Executivo, Legislativo e Judiciário e daquilo que está ou não sujeito ao arbítrio de seus representantes.[8]

De maneira mais rigorosa, nos anos 1970, Claus Offe sintetizou a dupla função de um governo democrático numa sociedade capitalista: garantir a reprodução do capital (sem a qual a economia entra em

---

[7] A explanação mais clara se encontra em Downs (1957).

[8] Esse é um dos argumentos mais eloquentes na diatribe de Achen e Bartels (2016) contra eleições.

paralisia) e prover legitimidade ao sistema (isto é, o consentimento ativo dos dominados), indicando ainda que as duas funções tendem a entrar em conflito, já que os capitalistas pressionam pela priorização do processo de acumulação e o eleitorado espera, ao contrário, melhores serviços públicos e políticas de bem-estar mais amplas (Offe, 1984). A crise indicaria que, de alguma maneira, a segunda função passou a ser preenchida de forma bem mais precária, o que abriu caminho para o desafio "populista" às democracias liberais.

Na leitura da ciência política convencional, parece ser um infortúnio aleatório ou, talvez, o efeito de uma lamentável decadência da qualidade da elite política. No entanto, uma abordagem mais estrutural da crise permite uma compreensão alargada do processo. Ela parte de uma temporalidade distinta e, também, de uma compreensão mais complexa do próprio sentido de democracia.

No senso comum, não só popular e jornalístico, mas também acadêmico, a democracia tende a ser vista como um conjunto de regras que regulam a disputa política, de maneira a dar, a cada um, uma capacidade (potencialmente) igual de influência. A metáfora das "regras do jogo" é de uso frequente na ciência política. Cabe lembrar, no entanto, que regras dão previsibilidade e permitem que os jogadores organizem suas estratégias, mas não são exatamente "neutras". Há jogos cujas regras beneficiam os mais altos, os mais fortes, os mais ágeis, os com melhor visão espacial, os mais espertos ou inteligentes, os que mentem melhor e assim por diante. Os únicos jogos que de fato podem ser considerados neutros, que oferecem chances iguais a todos os participantes, são aqueles que dependem exclusivamente da sorte.

A imparcialidade que se exige é *dentro* do universo constituído pelas regras estabelecidas previamente, com as quais se espera que todos os jogadores concordem – a concordância é condição *sine qua non* para jogar. Uma vez definido que aquelas regras organizam aquele conjunto de práticas, não é correto enviesar sua aplicação em benefício de um ou outro. Mas as regras não podem ser consideradas neutras em relação ao universo de características dos jogadores em potencial.

Mais do que a metáfora em si mesma, são seus limites que ajudam a entender a democracia. As "regras do jogo" democrático têm a ambição de regular toda a distribuição do poder no mundo social – a democracia deve ser, para usar outra metáfora do gosto dos cientistas políticos, *the only game in town*, o único jogo disponível na pólis, isto é, a única alternativa para o acesso ao poder. Assim, não é possível buscar um outro jogo; não posso trocar o basquete, por não ser alto o suficiente, e partir para o boliche. Não há a opção de não jogar o jogo político democrático; ou, para dizer de forma mais precisa, não jogá-lo significa abrir mão da esperança de interferir no processo decisório. Investigar o processo de produção das regras, as pressões a que elas respondem e os grupos aos quais beneficiam torna-se tarefa central.

O primeiro passo dessa investigação é constatar que a democracia não é um regime político que se instala num mundo social desabitado. É um arranjo dentro de uma sociedade marcada pelo capitalismo, pela dominação masculina, pela supremacia branca. Basta perceber como aquele que é em geral considerado o índice n.º 1 de democracia – o voto – foi estendido lentamente e sob muita resistência aos trabalhadores, às mulheres e à população negra. E, quando finalmente o sufrágio universal foi obtido e se estabeleceu uma igualdade política formal plena, a forma de democracia que emerge não é uma superação dos padrões de dominação social, mas uma acomodação a eles.

O rótulo "democracia burguesa", que a retórica de esquerda costumava usar no intuito de evidenciar os limites do arranjo político vigente, ignora o fato de que a democracia foi, nos séculos XVIII e XIX, uma reivindicação das classes populares, combatida com afinco pelos grupos dominantes, que se opunham à extensão do sufrágio e temiam que a ampliação do acesso aos direitos políticos levasse fatalmente ao colapso das hierarquias sociais.[9] Por algum tempo, isso levou à crença numa incompatibilidade entre formas democráticas de governo e dominação de classe, com Engels, sobretudo, alimentando a esperança de que a extensão dos direitos políticos à classe trabalhadora pudesse, num país como a Inglaterra, levar a uma espécie de transição ao socialismo por via eleitoral.

A experiência histórica permitiu ver a situação de forma diversa, desvelando o hiato entre a democracia como modelo abstrato – o projeto popular de igualdade política – e as formas institucionais aceitas como democráticas

---

[9] Ver, por exemplo, Gauthier (1996, p. 149-60) e Domènech (2009, p. 95-100).

nos países capitalistas. A mediação imposta pela representação sempre implica uma tradução imperfeita das vontades da base; ou, de maneira mais precisa, leva a que essas vontades tendam a permanecer latentes, servindo como uma matéria muito plástica para a produção do engajamento. Quando a disputa política se concentra na obtenção da maioria eleitoral, o que é um resultado necessário do arranjo próprio aos regimes representativos baseado no sufrágio, isso leva ao rebaixamento do discurso a um mínimo denominador comum, pelo simples fato de que é mais fácil conquistar votos remando a favor do senso comum do que disputar mentalidades. Dado o controle que a classe dominante tem dos mecanismos de produção das representações do mundo social e dado também o efeito de inércia que é produzido pela vivência numa determinada realidade, que passa a ser percebida como inevitável, a tendência é que o horizonte da imaginação política espontânea seja restrito.[10] O que a ciência política chama de "teorema do eleitor mediano", de forma neutra e não valorativa, mostra ser, de fato, um mecanismo que limita severamente a potencialidade do processo eleitoral como indutor de transformações radicais.

Assim, já para um autor como Lênin, nos primeiros anos do século XX, a democracia não era mais um desafio à dominação; na sua modalidade parlamentar, tornara-se a forma própria da dominação burguesa. Ele testemunhou o processo de acomodação da social-democracia alemã (SPD) à ordem capitalista, a despeito da ortodoxia mantida por seus ideólogos oficiais. Há muitos fatores que levam a esse resultado, começando pelos incentivos palpáveis oferecidos àqueles que, não importa qual trajetória revolucionária possuam, passam agora a fazer parte da elite política, desfrutando de todas as suas vantagens. Também no começo do século XX, isso foi demonstrado por um sociólogo desencantado com o SPD, Robert Michels (1982).

A democracia, em suma, tem que ser entendida como a resultante da correlação de forças na sociedade. Se os dominados não tivessem capacidade de pressão, os direitos políticos formais não teriam sido estendidos a eles; mas nem por isso os dominantes perdem sua posição. O controle dos recursos necessários ao fazer político – do tempo livre ao

---

[10] Afinal, as ideias dominantes são as ideias da classe dominante. Marx e Engels (1987, p. 72).

acesso aos aparelhos ideológicos, das redes de contato às decisões sobre o investimento – garante sua posição privilegiada. Graças aos mecanismos democráticos, as vozes dos dominados podem ser escutadas nos processos decisórios e é possível calibrar as concessões que são necessárias para garantir a paz social. Ao mesmo tempo, essa democracia é um elemento importante de pacificação, na medida em que exibe, concretamente, por meio das instituições, a realidade tanto da igualdade prevista em lei quanto do papel do Estado como provedor de um bem comum, acima dos interesses sociais parciais.

Quando Nicos Poulantzas diz que o Estado é a condensação material de uma relação de forças (Poulantzas, 2013, p. 191), está apontando exatamente para o fato de que as formas institucionais só podem ser entendidas com referência às disputas políticas no mundo social. Escrevendo em tempos mais otimistas, ele antevia a possibilidade de crescimento das lutas populares e discutia a necessidade de produção de uma institucionalidade mais genuinamente democrática no processo de transição ao socialismo. Mas também anotava o crescimento de um tipo de "estatismo autoritário" (de tipo tecnocrático), que reduzia o espaço para a manifestação dos interesses populares. O ponto é entender que a institucionalidade, o conjunto das regras do jogo, é efeito das disputas políticas e ao mesmo tempo incide sobre elas.

Justamente por isso, uma leitura mais estrutural da crise vai vê-la não como a emergência algo inesperada de "populistas", mas como efeito de mudanças mais profundas que levaram à desestabilização do pacto interclassista que permitiu o florescimento das democracias liberais no Ocidente. Trata-se de incluir na narrativa, de forma central, a profunda e prolongada crise da economia capitalista e a perda de capacidade de pressão da classe trabalhadora – o que leva, também, a uma datação diversa de todo o processo. Longe de ser um fenômeno recente, identificado a partir da vitória de Donald Trump nas eleições de 2016, a "desdemocratização" vem do final do século XX.

As raízes da crise atual do capitalismo remontam ao início dos anos 1970, com dois eventos emblemáticos – a ruptura unilateral do Acordo de Bretton Woods, por parte dos Estados Unidos, em 1971, e o choque do petróleo, em 1973. A economia mundial, baseada num dólar carente de lastro, viu-se diante da pressão inflacionária causada pelo aumento abrupto dos custos de energia. Desde antes, a pressão crescente da classe trabalhadora organizada já era percebida como uma ameaça à taxa de lucro, levando a esforços da burguesia para reforçar a disciplina nos ambientes de trabalho (cf. Chamayou, 2018); o novo cenário de crise agrava de forma dramática a situação.

De lá para cá, a crise tem sido contornada por meio da criação de sucessivas "bolhas", por sua vez dependentes do crescente endividamento tanto privado quanto público, que em algum momento explodem, agravando as tensões. A perda de dinamismo da economia agrava o conflito distributivo: há menos excedente para financiar as políticas de promoção da paz social. Esse é um fator primordial de redução da legitimidade do sistema, complementado por uma redução da confiança na competência técnica das elites políticas e burocráticas, uma vez que as decisões se mostram cada vez menos capazes de alcançar os resultados que propõem ou de aparecer como voltadas a um interesse geral, independente de conveniências parciais – o que Yves Sintomer (2007, p. 23) define como a ruptura do "fundamento epistemológico" que justificava a delegação do poder a uma minoria.

Ao mesmo tempo, a classe trabalhadora perdeu força, por uma série de fatores interligados. A chamada "globalização" ampliou a mobilidade do capital, fortalecendo-o diante do trabalho e dos Estados nacionais; a nova correlação de forças dá credibilidade ao discurso de que não é possível vislumbrar a superação ou mesmo a redução da exploração e que a única opção que resta é entre exploração ou marginalização. A acelerada transformação tecnológica permitiu a diminuição do uso da força de trabalho, levando a uma ampliação do exército de reserva e enfraquecendo o movimento sindical. A concentração da riqueza aumentou, com um punhado de multibilionários globais no topo e uma multidão de precarizados na base. Afinal, a tecnologia também levou a um novo tipo de relação trabalhista, própria do chamado capitalismo de plataformas, que aumenta a taxa de exploração e reduz a capacidade de ação organizada dos trabalhadores – que são instados a se verem não como o que são, integrantes de uma classe trabalhadora desprovida de direitos, mas como "empreendedores", isto é, capitalistas em projeto.

Um elemento adicional foi a vitória do Ocidente na Guerra Fria. Ainda que não fosse, nem de longe, um modelo admirável de sociedade, a União Soviética aparecia como demonstração de que era factível abandonar o capitalismo e, por sua simples existência, estimulava concessões à classe trabalhadora. Sua derrocada coincide com a expansão do neoliberalismo, que pode ser descrito como o projeto de um capitalismo sem concessões e que se tornou, a partir das duas últimas décadas do século XX, a nova ideologia dominante. Tudo isso levou à ampliação do apetite da classe proprietária, que passou a reivindicar para si, com sucesso, uma fatia maior da riqueza social, levando, em todo o mundo capitalista, à ampliação da concentração de renda e da desigualdade social, graças a arrocho salarial, desmantelamento das estruturas de bem-estar e diminuição da carga tributária dos ricos. Em resumo, as últimas décadas são um longo período de derrota da classe trabalhadora, o que consiste em um elemento fundamental da crise da democracia liberal.

A fraqueza da classe trabalhadora permitiu a ruptura unilateral do pacto então vigente por parte da burguesia. Essa ruptura toma concretamente a forma do refluxo democrático. O processo de desdemocratização, que antecede o avanço dos "populistas" *à la* Trump, pode ser descrito como a perda gradativa da capacidade de influência dos resultados eleitorais sobre as políticas estatais, que passam a responder somente às pressões das grandes corporações, em particular do capital financeiro. Essa redução do peso da vontade popular toma a forma seja da transferência de poder decisório para agências "autônomas" (bancos centrais em primeiro lugar), seja da imposição ideológica do caminho da redução dos serviços públicos e da precarização do trabalho como única opção possível (a doutrina TINA, *There Is No Alternative*, de Margaret Thatcher). Mas apenas o desprezo pela vontade popular explica que governos que formalmente respondem a ela possam adotar políticas com efeitos tão negativos e tão diretos na vida das maiorias.

Quando os mecanismos de assujeitamento que mantêm a fachada de respeito à institucionalidade democrática falham, um passo seguinte é simplesmente atropelar as vontades expressas da população. Não se trata apenas, portanto, de manipular a vontade dos cidadãos, por meio da força do dinheiro, do controle dos meios de comunicação, dos diversos aparelhos ideológicos. Quando necessário, ela é também desconsiderada, como mostram os "golpes de novo tipo" na América Latina (entre eles a deposição de Dilma Rousseff, no Brasil, em 2016) ou o caso do plebiscito grego de 2015 (quando a decisão contrária às políticas de austeridade foi simplesmente desconsiderada pelo governo, no entanto nas mãos de um partido *soi-disant* de "esquerda radical"). Outro exemplo foi a decisão do presidente francês Emmanuel Macron, no primeiro semestre de 2023, de forçar uma reforma da previdência rejeitada pela esmagadora maioria da população, alvo de massivas greves e manifestações de repúdio que pararam Paris e outras grandes cidades por meses. O parlamento, ainda guiado pela lógica da recompensa eleitoral, ameaçou amenizar a reforma. Macron, então, valeu-se de um dispositivo constitucional (o artigo 49.3) que lhe permitia, em casos excepcionais, impor nova legislação sem aprovação dos deputados. E o Conselho Constitucional, obedientemente, referendou a decisão, a despeito da compreensão de muitos dos principais juristas do país. Ao recorrer ao artigo 49.3, o presidente francês manifestou sua indiferença pela vontade popular, expressa nas sondagens, nas manifestações e também em seus representantes formais no Poder Legislativo, em nome de uma lógica fundada pretensamente numa *expertise* objetiva (econômica, contábil, geopolítica) que a superaria.

O sucesso dos novos extremistas de direita é, a rigor, uma consequência da desdemocratização estrutural – eles surfam no descontentamento legítimo gerado pela crescente impermeabilidade do sistema político às pressões vindas de baixo. Não por acaso, todas as sondagens indicam que o resultado líquido das manobras de Macron foi o crescimento das intenções de voto em Marine Le Pen, a filha de Jean-Marie, do neofascista Rassemblement National (antigo Front National), favorita às eleições presidenciais francesas de 2027 até ser tornada inelegível por decisão judicial.

Mas aquilo que a literatura aponta como desdemocratização nos países do Norte – o poder de veto de grupos poderosos sobrepujando a soberania popular – corresponde a muito da experiência das democracias liberais na América Latina e, de maneira mais geral, nos países da periferia capitalista.[11] Para a ciência política, porém, o modelo dos países centrais aparece como "a" democracia, com o resto do mundo sendo avaliado conforme o quanto se adequa a ele. Como escreveu Luciana Ballestrin (2018, p. 150), os estudos são marcados por "um anglo-eurocentrismo metodológico e um liberalismo ideológico particulares e não necessariamente extensivos à

---

[11] Os argumentos presentes aqui são desenvolvidos com mais vagar em Miguel (2022a).

escala global". É uma democracia platônica, desconectada de circunstâncias sociais e de processos históricos.

A partir do final do século XX, a normalização do modelo ocidental da democracia foi reforçada. O desencanto com o socialismo burocrático e autoritário tornou a expressão "democracia popular", com a qual os países do bloco soviético reivindicavam para si os valores democráticos, desprovida de qualquer credibilidade. Parecia que não havia mesmo qualquer modelo alternativo. Ainda mais importante, a repressão sofrida sob as ditaduras de segurança nacional, dos anos 1960 a 1980, ressaltou pelo negativo o significado concreto da vigência das liberdades liberais e fez com que grande parte das forças progressistas na América Latina acabasse por aceitar a democracia representativa liberal como horizonte final da organização política emancipatória.

A debilidade histórica dos regimes democráticos na América Latina e, de forma mais geral, nos países do Sul Global não tem a ver com a "imaturidade" de suas populações ou a algum tipo de atavismo cultural (como nas leituras que enfatizam o peso da "herança ibérica", popularizadas por Roberto DaMatta e outros). A questão é que, por aqui, o modelo foi implantado não a partir da pressão dos grupos subalternos, isto é, como um *desafio à dominação*, que exigiu concessões e acomodações, mas como um regime de dominação já testado e aprovado. Assim, o balanço entre a aceitação da ordem, pelos dominados, e as concessões em nome da paz social, pelos dominantes, é muito mais desequilibrado. Mesmo nos países centrais, o limite fundamental à democracia é a manutenção da acumulação capitalista; na periferia, com trajetória histórica diversa, as restrições são maiores, com margens bem mais reduzidas para a presença autônoma das classes populares nas arenas políticas e para concessões na forma do Estado social.

Aquilo que aparece como novidade da desdemocratização, fruto da crise do capitalismo e do maior apetite das classes proprietárias, é uma característica sempre presente no mundo periférico: o veto a políticas redistributivas e a expectativa de que, apesar dos rituais democráticos, o Estado aja abertamente em favor das classes dominantes. A percepção, não importa se correta ou fruto de medos fantasiosos, de que esses limites estavam sendo excedidos sempre foi o principal fator de instabilidade para os experimentos democráticos na região.

No contexto das transições da chamada "terceira onda" de democratizações, das décadas de 1980 e 1990, ganhou tração a ideia de que uma característica definidora da democracia liberal seria a incerteza sobre quem iria ganhar e quem iria perder. Um célebre artigo de Adam Przeworski define a oposição entre autoritarismo e democracia pela existência ou ausência de um ator político capaz de vetar decisões contrárias aos seus interesses. Na democracia, portanto, o resultado dos processos decisórios está sempre em aberto (Przeworski, 1984). Esse poder de veto era exercido pelas forças armadas (na América do Sul) ou pelos partidos comunistas (na Europa Oriental) – e o caminho para a democracia teria sido aberto com sua retirada.

Porém, caso esse poder de veto seja percebido como relacionado à reprodução das estruturas sociais básicas e partindo de atores coletivos menos institucionalizados, como a burguesia, ele deve ser entendido como algo permanente, mesmo nos países centrais. A impossibilidade de promover uma transformação socialista estava dada; o Chile, que embora seja um país latino-americano era listado entre as "democracias consolidadas", serve de eloquente exemplo, com a sangrenta ditadura iniciada em 1973 interrompendo o projeto socialista liderado por Salvador Allende. Não é correto descrever a democracia liberal, ainda que em seu período "áureo" e nos países ricos, sem incluir a aceitação dos limites definidos pela classe dominante por todos os atores políticos relevantes, o que torna esses limites como que invisíveis, já que nunca são efetivamente contestados.

Assim, a desdemocratização pode ser entendida como resultado da pressão do capital (em especial o financeiro) para impor limites ainda mais apertados à gestão do Estado, num contexto de globalização, refluxo do movimento operário e crise econômica. São minimizadas ou mesmo descartadas as medidas de caráter redistributivo, em favor das políticas de austeridade que penalizam trabalhadores, pensionistas e pobres em geral. A tributação se torna um mecanismo para transferir riqueza dos pobres para os ricos, por meio do socorro aos grandes conglomerados e da remuneração dos títulos da dívida pública. Wolfgang Streeck define o processo como sendo a passagem do Estado fiscal (*tax State*), em que era necessário garantir a remuneração do capital a fim de que a economia permanecesse aquecida e a arrecadação tributária não caísse, para um "Estado da dívida" (*debt State*), marcado pela dependência dos credores – que formam de uma nova *constituency* à qual os governantes devem responder, ao lado do eleitorado, mas mais coesa, mais bem informada e com maior capacidade de pressão (Streeck, 2017).

A democracia hiperlimitada que assombra a Europa e a América do Norte é velha conhecida na periferia capitalista, cujas experiências democráticas sempre coexistiram com a imposição de restrições bastante explícitas pelas classes dominantes locais, pelos chefes militares ou pelos Estados Unidos. Com isso, mesmo os agentes políticos com projeto igualitário ou progressista precisam incorporar, em seus cálculos, a possibilidade sempre presente de uso desordenado dos meios de influência e pressão e de reação extrainstitucional dos grupos privilegiados. O horizonte possível da decisão política democrática é então restringido por um realismo que implica acomodação com as desigualdades e hierarquias vigentes.

Isso não significa que a onda global de desdemocratização não tenha sido sentida na América Latina e no restante da periferia capitalista. Ela levou a uma redução ainda maior dos parâmetros nos quais a disputa política ocorre. Desmontam-se estruturas que nunca estiveram plenamente constituídas: democracia liberal, Estado de direito, supremacia do poder civil, sistemas de proteção social. A ofensiva "pós-democrática" leva a bloquear os processos de transformação que estavam sendo ensaiados por governos mais ou menos progressistas, como os da chamada "onda rosa" latino-americana. Seja com o projeto de levar suas sociedades à modernidade capitalista, seja com horizontes mais radicais, enfrentando o neoliberalismo ou procurando maneiras de se acomodar a ele, houve tentativas de promover igualdade, melhorar o padrão de vida dos mais pobres e fortalecer a soberania nacional. A diminuição dos espaços de decisão democrática e de ação estatal, com a imposição da ordem neoliberal, e a intensificação das práticas imperialistas no subcontinente, após uma trégua relativa no período pós-Guerra Fria, desafiaram violentamente esses experimentos.

A primeira dimensão do retrocesso é a reafirmação dos limites estreitos permitidos à democracia, bloqueando iniciativas que procuravam relaxá-los – ainda que essas iniciativas estivessem cientes da escassa margem de manobra de que gozavam e seguissem um caminho de extrema cautela. No Brasil, os governos do Partido dos Trabalhadores (PT), iniciados com a vitória de Luiz Inácio Lula da Silva nas eleições presidenciais de 2002, tentaram acomodar toda a elite política tradicional, garantir a continuidade dos ganhos do capital financeiro e acalmar a classe dominante, inibindo a mobilização popular – tudo para viabilizar políticas compensatórias destinadas a combater a pobreza extrema. A opção preferencial de inclusão pelo consumo, em vez da prioridade para os serviços socializados, garantiu a reapropriação do fundo público pelo capital, minimizando ainda mais o potencial de conflito. No entanto, o PT enfrentou uma oposição cada vez mais agressiva, culminando no golpe de 2016.

O golpe não apenas encaminhou a anulação das políticas de inclusão social e do moderado nacionalismo econômico do PT, mas também reverteu rapidamente muitos dos consensos consignados na Constituição escrita após o fim da ditadura. Em algumas áreas, os retrocessos foram ainda mais longe: a reforma da legislação trabalhista, uma prioridade do governo que assumiu o poder com a derrubada da presidente Dilma Rousseff, revogou proteções legais que, em alguns casos, figuravam na estrutura legal brasileira desde a primeira metade do século XX. E esta é a segunda dimensão da crise da democracia limitada na América Latina: não basta reafirmar os limites estritos permitidos às políticas redistributivas, mas também se deseja impor um padrão ainda maior de desigualdade social.

É necessário, portanto, interpretar os fenômenos da retração democrática na América Latina não como meros exemplos de um processo global, mas levando em consideração suas condições peculiares. Assim, a importação do referencial teórico que estuda a desdemocratização nos países do Norte não é suficiente. Talvez uma construção teórica atenta aos obstáculos à democracia que sempre operaram em nossos países seja mais capaz de iluminar a excepcionalidade histórica da democracia liberal e de perscrutar soluções para a crise que não se limitem à recuperação ou reedição de seu ideal.

Luciana Ballestrin identifica, na crise atual da democracia, mais do que a crise de confiança descrita pela literatura anglo-saxã. É também "uma crise política e estrutural de modelos históricos e experiências institucionais datados no seu tempo e espaço, incapazes de uma renovação que responda à complexidade e à heterogeneidade das sociedades contemporâneas" (Ballestrin, 2023, p. 108-109). Para a compreensão integral do processo, é preciso evitar a tentação de vê-lo apenas por meio de lentes norte-americanas ou europeias.

As dificuldades para a operação da democracia liberal podem ser ilustradas pela situação da presidência de Lula, eleito para um terceiro mandato com a tarefa de desfazer os retrocessos sofridos nos governos de Michel Temer (que cumpriu mandato após o golpe de 2016) e de Jair Bolsonaro. Pilotando uma coligação heterogênea que incluía muitos antigos golpistas e mesmo bolsonaristas envergonhados depois arrependidos, convivendo com um Congresso cada vez mais ávido pelo controle do orçamento público, tendo que se apoiar na parceria com um Supremo Tribunal Federal que já se mostrara vacilante (para usar um eufemismo) na defesa da democracia e da Constituição, viu reduzida sua margem de manobra. As políticas compensatórias que tinham marcado seus governos anteriores se viram forçadas a se adaptar, ainda mais estritamente, à ortodoxia fiscal, que tem prejudicado o investimento público em todas as áreas.

Ainda assim, o governo tem obtido avanços, em particular a redução do desemprego e um aumento do poder de compra dos salários. Ao contrário do esperado, porém, isso não se refletiu em melhoria dos índices de popularidade do novo presidente ou na desidratação da base da extrema direita. Algo semelhante, aliás, foi detectado nos Estados Unidos, com a presidência de Joe Biden, enfim derrotado na tentativa de fazer sua sucessora. Um paradoxo se manifesta: a decadência dos resultados materiais obtidos pelos regimes democráticos é causa da crise da democracia, mas a melhoria desses resultados parece impotente para estabelecer uma reação. As explicações para o fenômeno são diversas e, entre elas, um lugar de destaque é ocupado pelo novo ambiente comunicacional.

A literatura aponta diversos motivos que explicam o impacto das novas tecnologias na crise da democracia. São mencionados com frequência o crescimento da disseminação de informações falsas (agora batizadas de *fake news*), o incentivo a uma polarização política extremada, a formação de câmeras de eco, tudo isso levando à crescente dificuldade de estabelecimento de um debate público que permita a produção de consensos parciais ou, pelo menos, de barganhas aceitáveis para todos os participantes, o que seria necessário para o bom funcionamento da ordem democrática. Essas mudanças se relacionam, de fato, com a crise dos sistemas de mediação que eram as engrenagens fundamentais do funcionamento das democracias ocidentais.

Uma leitura aparentemente similar tem sido apresentada pela cientista política ítalo-estadunidense Nadia Urbinati, em sua discussão sobre o que ela chama, seguindo o *mainstream* da disciplina, de "populismo". Simplificação do conflito político a partir da construção de uma oposição chapada entre povo e elite, o populismo desconfia das formas indiretas de ação política que a democracia representativa criou, sem por isso propor alguma forma de democracia participativa (Urbinati, 2014, p. 131). Ela vê tais formas indiretas, porém, como "corpos intermediários" (p. 177), no sentido de Montesquieu, isto é, os anteparos necessários para evitar a tirania. Os partidos e o jornalismo profissional, exemplos destacados pela autora, seriam os depositórios de reservas de poder capazes de limitar e controlar a ação dos governantes. Ao atacá-los, o populismo desvela sua inclinação autoritária.

A abordagem de Urbinati é insuficiente porque – tal como Montesquieu, aliás – ela se mostra indiferente aos interesses que esses corpos intermediários buscam proteger. A disputa se dá entre a democracia liberal fotografada em seu ângulo mais favorável, em que seu viés de classe, seus pressupostos patriarcais e seu fundamento eurocêntrico são apagados, e o nefasto "populismo", cujo horizonte é uma ordem autoritária e iliberal. O projeto de uma democracia mais igualitária e inclusiva não é sequer considerado. Do ponto de vista deste projeto, a crise dos sistemas de mediação que está na raiz do sucesso da nova extrema direita não pode ser desconectada das crescentes insuficiências de um arranjo que se afirmava democrático mas que condenava a maior parte dos cidadãos a uma impotência política cada vez menos disfarçada.

O mecanismo mais óbvio de mediação em crise é, evidentemente, a representação política. As democracias realmente existentes são *representativas* – e familiaridade com a expressão não deve ocultar o fato de que ela contém uma contradição em termos. Ela afirma ser o governo do povo ("democracia") por meio de um sistema no qual o poder não é exercido pelo povo, mas por uma minoria de eleitos ("representativa"). A literatura aponta há tempos uma crise de representatividade das democracias eleitorais, que pode ser definida como a perda do sentimento de estar representado nos processos de tomada de decisão, o que, por sua vez, reflete tanto o isolamento da elite política em relação aos cidadãos comuns quanto a influência cada vez mais descontrolada das grandes corporações e de outros grupos privilegiados nas decisões governamentais.

Uma das manifestações da crise dos partidos foi encapsulada na ideia da emergência de uma "democracia de audiência" (Manin, 1997).

Graças ao desenvolvimento dos meios eletrônicos de comunicação, sobretudo a televisão, os candidatos à liderança política dirigiam-se "diretamente" ao público, dispensando a mediação das estruturas partidárias. Há um impulso na personalização das disputas políticas, para o qual as características da nova mídia dominante não são irrelevantes – em face a um meio visual, entidades coletivas tendem a perder espaço. No jornal impresso, o partido pode ser sujeito. Na TV, ele sempre tem que estar encarnado em um porta-voz. A emergência da "campanha permanente", descrita antes, não é dissociada da importância crescente da televisão no ambiente informacional (Heclo, 2000, p. 21).

Por isso, as aspas no "diretamente", no parágrafo anterior. A democracia de audiência constrói uma ilusão de ausência de mediação entre líder e massa, quando, de fato, amplia a centralidade dos meios de comunicação como mediadores universais. As novas tecnologias da informação vão reeditar essa situação. Elas oferecem a promessa de acesso igualitário a todos: seriam "uma plataforma para a voz do povo, em oposição à mídia jornalística convencional, acusada de conspirar com o *establishment* financeiro e político" (Gerbaudo, 2018, p. 748-749). Mas a mediação continua, ainda que de forma modificada, por vezes influenciada por decisões expressas dos controladores das *big techs* e sempre pelo funcionamento automático dos algoritmos – que no entanto são alimentados por instruções precisas. Se, antes, os agentes políticos eram obrigados a introjetar os critérios de noticiabilidade imperantes no campo jornalístico, a fim de ganhar espaço na mídia, hoje têm que decifrar as preferências do algoritmo a fim de dar destaque a seus conteúdos. Num caso como no outro, a ideia de uma comunicação sem mediação se mostra enganosa.

Nem por isso é possível negar que o novo ambiente comunicacional, marcado pela crescente centralidade das plataformas sociodigitais, reconfigura a relação de representação, reduzindo ainda mais o peso de instituições como os partidos e fortalecendo a relação parassocial entre as lideranças e a base, agora definida como "seguidores". A pretensa horizontalidade das interações nas plataformas reforça enormemente a personalização que já era detectada no período de predomínio da televisão, com o estímulo que os cidadãos apliquem, aos candidatos à elite política, os mesmos critérios que usam para avaliar as pessoas de seu convívio próximo. Uma ilusão de intimidade que tem efeitos profundos no funcionamento dos mecanismos de mediação, a começar pela perda de importância de estruturas impessoais, entre as quais partidos, sindicatos e outras associações.

Mas essa é uma discussão para outro trabalho. Aqui, vou me dedicar à crise de uma forma de mediação igualmente importante para o funcionamento das democracias liberais: a mediação entre o indivíduo e o universo que o cerca. Uma das características determinantes da modernidade é que, para além de nossa experiência sensível imediata, incorporamos à nossa compreensão do mundo os dados que vêm de sistemas de *expertise*, com os quais mantemos uma relação de confiança, como é o caso da ciência e também do jornalismo profissional. Isso permite organizar o debate público, que de outra maneira não ultrapassaria o estágio de uma cacofonia de perspectivas singulares, cada uma informada apenas por suas experiências próprias, e nessa condição foi incorporado como pré-requisito para o ordenamento democrático.

O novo ambiente comunicacional, porém, é caracterizado por uma indeterminação crescente sobre fatos e valores, que pode ser entendida como a extensão, para vida cotidiana (e para a vida política) dos paradoxos epistemológicos, discutidos na filosofia da ciência, sobre a impossibilidade de um fundamento último do conhecimento. Não é um acaso; a direita se apropriou deliberadamente do relativismo extremado que marca o discurso do pós-modernismo acadêmico e o mobilizou para alcançar seus próprios fins (Pennock, 2010). A essa indeterminação se tem dado o nome de "pós-verdade" – que, a rigor, ainda não constitui um conceito, sendo antes uma expressão evocativa, de caráter impressionista.

A noção de pós-verdade cobre um conjunto de fenômenos heterogêneos, ainda que relacionados entre si, como a desconfiança cada vez mais disseminada quanto às fontes que eram até então consideradas legítimas de saber (o conhecimento científico, o sistema educacional, o relato jornalístico), um igualitarismo epistêmico que nega valor a qualquer tipo de especialização e uma espécie de relativismo científico radical, cuja crença central é de que fatos nunca são mais do que opiniões parciais. As referências à pós-verdade remetem ao uso que determinados discursos políticos fazem dessa situação de incerteza epistêmica absoluta, que favorece a difusão deliberada de desinformação e invulnerabiliza a base de seguidores quanto a qualquer questionamento de seu sistema de crenças. Prefiro, aqui, falar em uma *nova economia da desinformação* (NED), o que permite ressaltar tanto os elementos de continuidade, já que a desinformação sempre foi usada como recurso político, quanto as novidades abertas pelas transformações no ambiente comunicacional e nos padrões de sociabilidade. É uma expressão que se alinha, também, à leitura que faço da crise da democracia, que inclui tanto a radicalização de limites já presentes nos arranjos dos regimes ocidentais quanto novos elementos.

Mais uma vez, não se trata de uma novidade radical, mas do *aggiornamento* de tendências verificadas antes. Um dos elementos de ineditismo é que a NED se caracteriza pela confluência entre negacionismo científico, revisionismo histórico e ceticismo quanto ao discurso do jornalismo. Todos os principais balizadores autorizados da veracidade dos discursos na modernidade são postos por terra de uma só vez.

Em seu estudo hoje clássico sobre o estatuto da verdade nos embates políticos, Hannah Arendt recupera a distinção entre a verdade factual e a verdade racional, aquela que é demonstrada por meio da matemática, da ciência ou da filosofia. A primeira seria muito mais vulnerável, pois "fatos e eventos são coisas infinitamente mais frágeis que axiomas, descobertas ou teorias [...] produzidas pela mente humana" (Arendt, 2016, p. 227). A verdade factual depende de documentos e de testemunhos, que são falsificáveis. Pode-se dizer, estendendo o raciocínio de Arendt, que está aí o gatilho que permite equiparar fato e opinião: quando a questão se desloca para a crença ou não na veracidade de uma determinada evidência.

É claro que, hoje, as possibilidades de manipulação da evidência factual estão muito ampliadas. Arendt fazia referência ao apagamento da presença de Trótski nos manuais da historiografia soviética, suprimindo seu nome, manipulando registros, editando fotografias. Nos tempos atuais, as técnicas de *deep fake* permitem que qualquer um, com acesso a um computador pessoal, *software* adequado e alguma dose de talento, produza falsificações que são praticamente indistinguíveis do material autêntico. Não se trata apenas da política; mesmo as vidas particulares de pessoas anônimas podem se ver ameaçadas nessas novas circunstâncias. Justamente por isso, a veracidade parece depender muito mais das relações de confiança entre receptor e fonte – interpessoais, no caso da vida privada; de sistemas de credibilidade pública, como a ciência, a academia ou o jornalismo, no que se refere às questões públicas. Mas essa confiança nos sistemas está erodida.

É possível questionar também a maior invulnerabilidade da verdade racional, tal como postulada por Arendt. Talvez a longo prazo – é mais difícil fazer desaparecer a teoria da seleção natural ou o heliocentrismo do que a informação factual sobre um escândalo de corrupção ou um episódio de violação de direitos humanos, por exemplo. Mas, nos embates políticos cotidianos, a verdade racional parece tão indefesa quanto a verdade factual. No momento mesmo em que ela escrevia, a pseudobiologia de Lysenko ainda era imposta na União Soviética, com as terríveis consequências conhecidas. Hoje, há uma vasta coleção de estudos que mostram como a falsificação da ciência e da memória histórica é uma verdadeira indústria, atendendo a interesses econômicos ou políticos. A refutação dos males do tabagismo, o negacionismo climático ou a negação da existência do Holocausto servem de exemplos.

Trata-se sempre de introduzir dúvidas, no público, em relação a temas sobre os quais o consenso científico já está cristalizado: "Dúvida é o nosso produto", dizia um executivo da indústria do cigarro, envolvido no combate às evidências médicas contra o hábito de fumar (*apud* Michaels, 2008, p. xi). Pesquisas enviesadas, que simulam os procedimentos metodológicos adequados, levam a dados divergentes; os patrocinadores podem mimetizar todo um ecossistema de publicações acadêmicas e organizações científicas a fim de legitimar tais resultados. Ingenuamente ou não, os meios de comunicação de massa participam da trama, quando abrem espaço para falsas polêmicas, aparentemente resguardados pelo critério jornalístico de que é preciso "ouvir os dois lados". O público consumidor de informação é levado, assim, a entender que o campo científico abriga uma divergência não superada quanto àquele tema, quando na verdade as divergências já foram pacificadas há muito. A relação entre tabagismo e câncer, o impacto humano na mudança climática, a seleção natural das espécies ou a forma aproximadamente esférica da Terra: não há nenhuma voz merecedora de atenção dentro da comunidade científica que não aceite tais fatos.

Dois mecanismos paralelos entram em ação para reforçar a estratégia. Por um lado, os pesquisadores que se dispõem a promover a dúvida, em favor dos interesses que os patrocinam, colocam-se como vítimas de perseguição num campo científico que silencia os dissidentes. É um enquadramento que exalta a "liberdade de expressão" – ao preço de ignorar o fato de que a liberdade de expressão, na ciência, está condicionada às regras do método científico, que presidem a produção de evidências e a construção dos argumentos. Quem não se adequa a elas não é proibido de falar e, sim, condenado à irrelevância: é excluído dos fóruns reconhecidos de debate. Não é censura, mas o mecanismo que garante que os debates tenham acúmulo e possam avançar, com o campo científico protegendo seus critérios autoinstituídos de pertinência. Dessa forma, fica preservada a autonomia do campo. E mesmo as teses mais minoritárias podem ser restabelecidas, desde que cumpram tais requisitos de sustentação teórica, empírica e discursiva.

O outro mecanismo é a redução de tudo à "opinião". As opiniões são, por definição, equivalentes entre si. Por isso, a democracia é apresentada tradicionalmente como o "governo da opinião", fórmula que Arendt evoca em seu texto: porque as opiniões podem ser simplesmente contadas para verificar onde está a maioria. O debate científico segue outros critérios; é tão equivocado tentar sujeitar a democracia aos mesmos parâmetros da ciência, como faz a velha crítica elitista, quanto guiar a ciência pelos critérios democráticos, como fazem os negacionismos "populistas". Claro que essa fórmula, por mais correta que seja, não resolve a questão de fundo: qual a relação que deve ser estabelecida entre democracia e ciência – um ponto ao qual retornarei.

A produção da dúvida é um estratagema com longa história. Já na década de 1920, a indústria lutava contra a ciência que demonstrava os riscos das tintas à base de chumbo (Michaels, 2008, p. 39). A novidade da NED é a relativa secundarização desse mecanismo, que afinal ainda concede à ciência a prerrogativa de dizer a verdade (produzindo uma disputa sobre quem apresenta a ciência "certa"), em favor do outro, que joga tudo na vala comum da opinião. É posta em xeque, no fim das contas, a própria ideia de que existe uma diferença qualitativa entre as evidências que nascem da experiência vivida ou do senso comum e os resultados produzidos por meio da observação científica.

A NED é resultado de uma intencionalidade: há uma mobilização política interessada. Trump e Bolsonaro, para ficar em apenas dois exemplos evidentes, ancoraram suas campanhas na disseminação de mentiras – não apenas a hipertrofia de temores existentes na população, sem fundamento em dados verificáveis, como na questão da imigração, mas também a criação de lorotas puras e simples, como a ligação de Hillary Clinton e outros dirigentes do Partido Democrata a uma pretensa rede de pedofilia sediada em uma pizzaria de Washington ou o *kit gay* e a "mamadeira de piroca" atribuídos aos governos do Partido dos Trabalhadores (PT) no Brasil. O sucesso dessas histórias é explicado pela psicologia da atenção humana, sempre sedenta pelo inusitado. Uma parte das histórias é mesmo atribuída a "caça-cliques", isto é, a grupos que estariam desinteressados da disputa política e que buscavam apenas a recompensa financeira gerada pelo aumento do tráfego de usuários em seus canais na *web*, como os famosos adolescentes macedônios que teriam turbinado a campanha de Trump (Benkler; Faris; Roberts, 2018). Isto é, múltiplas intencionalidades se somam na constituição do ambiente informacional contemporâneo.

A credibilidade obtida é um detalhe de menor importância. Trump foi capaz de vencer as eleições, ainda que já em 2016 a grande maioria do eleitorado estadunidense percebesse que ele mentia (McIntyre, 2018, p. 152). O que se observa, assim, não é apenas o uso da desinformação como recurso por parte de agentes interessados, o que é provavelmente tão velho quanto a política (algo de que Maquiavel trata extensamente). É estabelecido um novo padrão da relação do público com a verdade. Uma hipótese é que se trata apenas de um aprofundamento da descrença em relação aos políticos. Afinal, se todos os políticos mentem, não há por que deixar de votar em um deles (Donald Trump, no caso) apenas por fazer igual ao que os outros fazem. Mas é razoável ver, ao contrário, o surgimento de algo novo. É útil a síntese proposta por Harsin (2018), que identifica três aspectos complementares no que chama de pós-verdade: a presença de múltiplas reivindicações de verdade concorrentes (aspecto epistêmico), a perda de confiança nos dispositivos de autoridade que avalizavam o que era a verdade (aspecto fiduciário) e a desatenção *deliberada* aos critérios de validação do discurso, levando ao uso intencional de informações que se sabe falsas (aspecto ético-moral). Tudo isso gera uma relação de cumplicidade entre a audiência e o emissor da pós-verdade: uma exacerbação do cinismo do público. Desemboca-se, enfim, na percepção de que cada um pode escolher o mundo em que vive, sem os constrangimentos de uma verdade objetiva que limite nossa percepção.

Um componente necessário dessa virada é o anti-intelectualismo, que consiste na negação dos saberes antes considerados legítimos – incluindo ciência, escola e jornalismo. Em seu lugar, há a exaltação do conhecimento espontâneo, disponível a todos e alcançado por meio da simples vivência. No discurso "progressista", esse anti-intelectualismo se manifesta na crença no privilégio epistêmico dos integrantes dos grupos dominados, que leva à leitura censória da ideia de "lugares de fala", própria do identitarismo *woke* tão em voga nos últimos tempo. Para a extrema direita, a questão é exaltar o "bom senso" que está sempre à disposição do homem comum, permitindo que o antielitismo, tão central no atrativo diante do público, seja direcionado não contra os muito ricos ou as grandes corporações (que a outra faceta de seu discurso apresenta como frutos da meritocracia e promotores do progresso), mas contra os "sabichões" com suas falas complicadas e suas conclusões obscuras.

Há, assim, uma clara conexão entre anti-intelectualismo e "autenticidade", que se tornou uma constante na construção da imagem dos líderes da nova extrema direita. Refinamento intelectual, polidez e mesmo boas maneiras aparecem como sinais de falta de autenticidade, a serem evitados. A nova elite política tem como ponto de honra o desprezo por tudo o que era cultivado pelas anteriores. Figuras como Jair Bolsonaro, Donald Trump, Boris Johnson, Javier Milei e Pablo Marçal, entre tantas outras, vestem esse figurino. O linguajar é desabrido, ofensas e grosserias são proferidas constantemente, inexperiência e incompetência são ostentadas, em vez de escondidas. Há, muitas vezes, a opção deliberada por uma comunicação "suja", que se apresenta não apenas como amadora, mas também como desleixada. O caso do ex-presidente brasileiro é exemplar. Desde antes da eleição, mas também durante o período legal de campanha (já que dispunha de apenas 8 segundos no horário de propaganda oficial no rádio e na televisão), ele tinha nas *lives* do YouTube o principal meio de contato com o público. Bolsonaro aparecia mal trajado, muitas vezes de moletom e chinelo de dedo, em cenário de desmazelo – como uma cozinha desarrumada, com louça para lavar empilhada na pia, farelos de pão na mesa – e com uma retórica desalinhada, pulando de assunto em assunto, sempre com sua péssima dicção característica. O tempo dos profissionais da imagem, redatores de discurso e fonoaudiólogos parecia ter passado.

Trata-se, é óbvio, de usar o (pretenso) improviso para garantir a chancela da autenticidade. Não é algo inédito. Os *spots* de televisão de Ronald Reagan incluíam falhas técnicas para evitar que, dada a carreira prévia do candidato, ele fosse considerado um "produto de Hollywood"; ou então, recuando muito mais no tempo, os líderes da Atenas antiga mascaravam sua maestria retórica, para não passarem por manipuladores do público (cf. Diamond; Bates, 1988; Ober, 1989). No entanto, era possível dizer que as demonstrações de profissionalismo eram o padrão, sendo "temperadas" por índices de autenticidade. Com a nova elite política, esse balanço muda radicalmente.

Bolsonaro continuou fazendo uso do estratagema ao longo de seu mandato – de forma menos aguda nas *lives* presidenciais, mas também em suas conversas informais, como aquelas com apoiadores no "cercadinho" da entrada do Palácio do Planalto. Um episódio é ilustrativo da racionalidade que guia esse procedimento. Em janeiro de 2022, o então ministro das Comunicações, Fábio Faria, publicou nas redes um vídeo particularmente repulsivo do presidente da República comendo frango assado com farofa numa barraca em Brasília (Fig. 1). Excessivo, foi mal-recebido; a leitura geral foi de que, no afã de parecer popular, Bolsonaro fazia uma caricatura malévola do povo, como carente de educação e higiene. Diante das reações, o vídeo logo foi apagado. A operação toda, no entanto, tinha um objetivo preciso: rebater as críticas quanto aos gastos milionários do cartão corporativo da presidência. Contra os dados que mostravam um padrão de consumo elevado, a imagem que comprovaria os gostos simples e os hábitos populares do ex-capitão. Houve apenas um erro na dosagem.

Figura 1: Frame do vídeo de Jair Bolsonaro se emporcalhando ao almoçar, divulgado no Twitter por seu ministro das Comunicações em 2022. Fonte: TrendsBR, 31 de janeiro de 2022. Disponível em: https://tinyurl.com/3cfk8rbn. Acesso em: 9 mai. 2025.

A busca da "autenticidade" se tornou um imperativo para todos os agentes políticos, não só para a extrema direita. Em suas contas nas plataformas sociodigitais, parlamentares, gestores do Executivo e, por vezes, mesmo integrantes do Judiciário mostram *flashes* de sua intimidade, comentam assuntos diversos da atualidade, participam de brincadeiras impulsionadas pelas plataformas (*trends*), muitas vezes optando pelo estilo de uma *live* improvisada, que teriam decidido fazer naquela mesma hora. Por exemplo, o prefeito do Recife, João Campos, que no cenário brasileiro passa por "centrista" (isto é, alguém que projeta uma imagem de centro-esquerda enquanto adota políticas de centro-direita), passou de 500 mil para 2,4 milhões de seguidores no Instagram em poucos meses, depois de uma investida cujo ponto alto foi platinar o cabelo para o Carnaval (Zanini, 2024).

É o esforço de "humanização", de mostrar que o político é uma pessoa igual a qualquer outra, guiada por seus sentimentos, próxima do eleitor comum (Fontenelle, 2023, p. 115-119). Parece que Campos teria decidido pintar o cabelo para brincar o Carnaval por iniciativa própria, como qualquer folião, uma vez que se omite que a ação foi pensada por uma agência de publicidade especializada em plataformas sociodigitais, dona de contratos milionários para atender tanto a prefeitura quanto o prefeito. A humanização é importante, uma vez que é quase universal a desconfiança em relação a uma elite política considerada falsa e insincera. Mas ela encontra seus limites à medida que o público percebe que toda essa elite política adota o mesmo figurino.

É como se a disputa agora fosse sobre quem é capaz de fingir melhor essa espontaneidade – falsa, uma vez que o discurso político é, por definição, um discurso interessado e autoconsciente. Deixar-se levar pelo momento é o caminho para o insucesso. Espontâneo é Ciro Gomes, que destruiu sua carreira política a golpes de declarações intempestivas e reações impensadas. Todo o resto, na era da política da visibilidade, é cálculo e premeditação.

O político também não pode ser espontâneo porque não fala por si: ele se propõe ser o porta-voz de uma coletividade de pessoas. A questão não é sua autenticidade, nem mesmo sua sinceridade, mas o quanto ele é capaz de cumprir os compromissos que assumiu com aqueles que representa. E ele também não pode ser "igual" a seus eleitores, uma vez que está disputando posições específicas, que poucos podem ocupar. É aí que a virada promovida pela nova extrema direita se mostra mais radical: na negação dos critérios de competência, conhecimento e experiência que antes eram considerados essenciais para credenciar alguém para a ocupação de um cargo de poder.

No novo universo de sentido, a inexperiência vale como "prova de que eles não pertencem ao círculo corrompido das elites" e a incompetência "é vista como garantia de autenticidade" (Empoli, 2022, p. 18). Giuliano da Empoli cita o caso de Luigi di Maio, que se tornou vice-primeiro-ministro e também ministro da Indústria e do Trabalho da Itália, apresentando, como única experiência prévia na vida profissional, ter sido guia turístico em um estádio de futebol. Mas é possível lembrar das muitas vezes em que o próprio Bolsonaro externou seu espanto por alguém como ele ter chegado à presidência do Brasil. Uma vez que a política eleitoral ainda depende de "saliência", como observava Bernard Manin (1997), isto é, da capacidade de se destacar da multidão de pessoas formalmente aptas para ocupar os cargos em disputa, cabe perguntar o que singulariza os líderes da extrema direita. Afinal, incompetência política e administrativa não é um produto raro no mercado. A resposta parece ser a truculência com que se dispõem a enfrentar as práticas correntes do jogo político das democracias liberais, vistas como hipócritas e afastadas do povo comum. Não basta ser incompetente e impolido, é preciso esbravejar contra a competência e a polidez.[12]

Apenas como contraste, vale citar o caso de Lula, que enfrentou, ao longo de toda a sua carreira política, preconceito por vir de meio popular e ter baixa escolaridade. Em suas campanhas, ele usou, sim, a origem como diferencial – era alguém que conhecia melhor os dramas do povo, por tê-los vivido. Mas também destacava o aprendizado político no sindicalismo, que o credenciaria como negociador experiente, e a assessoria de intelectuais.

---

[12] A noção de "elite" mobilizada nesses discursos é complicada. Bolsonaro, que foi parlamentar por décadas, ou Trump, milionário, não têm muita credibilidade para serem considerados pessoas comuns. Nadia Urbinati defende a ideia de que o argumento é circular: a diferença entre elite e povo é moral; o poder corrompe; estão fora da elite aqueles que, excluídos dos círculos de poder, mantêm-se moralmente puros. Cf. Urbinati (2019, p. 49 ss).

Lula nunca apostou numa apologia da ignorância, muito pelo contrário. Ele buscava demonstrar que mesmo quem tem origem nos meios populares tem capacidade de se apropriar do conhecimento existente.

Um contraste talvez mais significativo é com o fascismo histórico, com o qual, no entanto, os novos extremistas de direita guardam tanta semelhança. Longe de ser um tosco, Mussolini era um orador refinado, que pontuava seus discursos com paralelos históricos e citações filosóficas (Gentile, 2022). Hitler era um letrado, dono de grande biblioteca, aspirante a artista plástico. António Salazar, em Portugal, era professor da Universidade de Coimbra. No Brasil, Plínio Salgado, líder dos fascistas locais, era um literato. Em suma, o padrão dos fascismos da primeira metade do século XX podia incluir a denúncia da "degeneração" nas artes e nas humanidades, mas não passava pela depreciação pura e simples do conhecimento legítimo ou do refinamento estético.

Há uma relação direta entre o desprezo pela experiência e pela competência, o anti-intelectualismo e o negacionismo científico, todas características presentes na nova extrema direita. De fato, ela encarna o que se poderia chamar de uma revolta contra o capital cultural – que se distancia da crítica feita por setores da esquerda, dirigida à rígida hierarquia de saberes e à vinculação entre a posse de capital cultural legítimo e as desigualdades sociais. Trata-se de exaltar o senso comum do "homem do povo" contra os refinamentos estéreis e enganosos das elites.[13] Se movimentos desse tipo não são novidade (basta lembrar, no imediato pós-guerras, do "qualunquismo" italiano e do pujadismo francês), o inédito é a capacidade de conquistar amplas parcelas do eleitorado e chegar ao poder.

Na nova extrema direita, o anti-intelectualismo extremado deságua na celebração da experiência direta baseada no senso comum (e em seus preconceitos), uma experiência que seria acessível a todos e confirmada cotidianamente, sem as complicações teóricas e os resultados contraintuitivos tão frequentes na ciência e no mundo acadêmico. A crença de que a verdade do mundo é acessível a todos, com um olhar armado apenas com bom senso, compõe também o núcleo de muitas das teorias da conspiração presentes na dieta intelectual da extrema direita.

---

[13] Esse ponto é desenvolvido em Miguel (2022b).

Afinal, se tudo é tão simples, por que cientistas, jornalistas, professores e governos fazem questão de dizer que é obscuro? Como escreveu um cientista político, a crença é que "as soluções para os problemas mais prementes do nosso tempo são muito mais descomplicadas do que o *establishment* político nos faria acreditar e que a grande massa das pessoas comuns sabe instintivamente o que fazer" (Mounk, 2018, p. 7). Conclusão óbvia: se os problemas se perpetuam, ainda que as soluções sejam simples, é porque não há interesse em resolvê-los.

Nessa articulação entre mobilização política da nova extrema direita, anti-intelectualismo e teorias da conspiração, é preciso destacar o papel exercido pelos novos circuitos de difusão social dos discursos, propiciados pelos avanços nas tecnologias da comunicação e pela emergência das plataformas sociodigitais como Facebook, Twitter (depois rebatizado como X), YouTube e WhatsApp. Posições que antes eram tão minoritárias que tinham dificuldade até de se expressar em público ganham, nesse novo mundo comunicacional, caixas de ressonância que "empoderam" seus adeptos e permitem a superação dos constrangimentos vinculados à espiral do silêncio – o fato de que, dada nossa necessidade natural de aceitação pelo grupo, tendemos a reprimir a manifestação de opiniões muito minoritárias.[14] Como é frequente no admirável mundo novo da internet, o que poderia ser considerado uma saudável abertura do debate público para outras vozes, antes marginalizadas ou mesmo silenciadas, logo mostra seu lado nocivo. Muitas dessas vozes não acrescentam nada, uma vez que se baseiam na reprodução de preconceitos e na negação obstinada da realidade factual, e o debate público estaria melhor sem elas. Como tendem a se agrupar em enclaves de reforço mútuo, nos quais as crenças compartilhadas ficam imunes a qualquer desafio vindo de fora, elas ganham visibilidade, mas não contribuem para a elucidação de qualquer questão, o que exigiria algum tipo de abertura para a interlocução com o outro e para a troca de razões. A esfera pública se torna assim, um espaço de absoluta cacofonia.

O bloqueio de debate ocorre, em primeiro lugar, porque os circuitos de trânsito da informação se tornaram mais estanques. Não há mais uma

---

[14] A despeito de seus muitos problemas, continua relevante o estudo pioneiro de Noelle-Neumann (1995).

fonte quase universal de onde as informações partiam – os meios de comunicação de massa – e que, portanto, fornecia ao menos uma base comum para as divergências de interpretações. Talvez mais importante ainda seja a impermeabilidade cognitiva e psicológica à divergência, construída nas câmaras de eco das plataformas sociodigitais. Os otimistas das novas tecnologias da informação profetizavam a abolição de todas as censuras, levando a um debate pleno e potencialmente libertador. Mas a cacofonia resultante mostrou que não é fácil pensar em debate público sem mediadores, isto é, sem instâncias de representação. Ao mesmo tempo, a censura ausente foi suprida pelo rechaço *a priori* das vozes divergentes, por uma espécie de censura prévia cognitiva, instalada na mente dos receptores. "Tiranias", um poema de Ruy Proença que evoca as transformações no debate público, das opressões da ditadura empresarial-militar brasileira ao admirável novo mundo das plataformas sociodigitais, ajuda a debater a questão.

> Antigamente
> diziam: cuidado,
> as paredes têm ouvidos.
> Então,
> falávamos baixo,
> nos policiávamos.
> Hoje
> as coisas mudaram:
> os ouvidos têm paredes.
> De nada
> adianta
> gritar.
> (Proença, 2007, p. 11)

É uma inspirada ilustração da impossibilidade de diálogo, graças à interiorização das barreiras por ouvintes enclausurados em seus grupos de reforço mútuo. Mas, talvez por ter sido escrito há quase vinte anos, o poema não apreende outro aspecto importante do ambiente comunicacional atual. De certa maneira, as paredes voltam a ter ouvidos: dentro de cada grupo, há uma patrulha permanente contra qualquer desvio em relação aos dogmas compartilhados. A cultura do cancelamento, que é sempre apresentada como um aspecto determinante das guerras identitárias atuais, faz com que exista uma supervisão constante de cada discurso. Quem deseja afrontar, mesmo que lateralmente, os consensos presentes na sua bolha ou mesmo quem, por descuido, mostra algum grau heterodoxia em relação a eles, precisa estar preparado para uma reação muitas vezes violenta e desproporcional.

Há dois equívocos que devem ser evitados na leitura de uma crítica ao novo ambiente do debate público como a feita aqui. O primeiro é cair na nostalgia da situação anterior, apresentada implicitamente como perfeita ou próxima disso. Afinal, nunca tivemos nada próximo do "livre mercado de ideias". A expressão dos interesses e das opiniões sempre foi enviesada pelo controle diferenciado dos instrumentos de difusão, de forma mais ampla, dos diferentes aparelhos ideológicos. O público médio também sempre foi relativamente incapaz de se proteger de tentativas de falsificação e manipulação, por sua incompetência e credulidade. O sistema todo funcionava na expectativa de que um público pouco informado, pouco interessado e com poucas oportunidades de participação e de qualificação políticas ainda assim fosse capaz de tomar decisões minimamente razoáveis. A separação do trabalho político que delegava o grosso da capacidade de barganha e de decisão para uma elite minoritária representa um rebaixamento do ideal igualitário que funda a democracia. Políticos de velha estirpe podem lamentar o fim dos bons tempos em que eles tomavam as decisões entre cavalheiros, com base na razão e buscando o bem comum. A mídia tradicional pode lançar campanhas promocionais em que se apresenta como a fiel guardiã da verdade, atuando de acordo com os princípios autoproclamados de objetividade, neutralidade e imparcialidade. Mas todos sabemos que não era assim – e que boa parte da decadência do modelo se deve à percepção crescente do hiato entre o discurso justificador e o comportamento efetivo desses agentes.

O outro equívoco é postular uma "situação de fala ideal" que balizaria a crítica à realidade, como no habermasianismo e nas teorias deliberativas dele derivadas, imaginando uma condição em que os embates discursivos na arena política pudessem ser desvinculados dos conflitos de interesse que atravessam a sociedade. O reconhecimento de que se atingiu um grau de manipulação da informação e de vale-tudo na luta política que torna impossível qualquer perspectiva de negociação esclarecida e qualquer forma de deliberação com razoabilidade não implica dar um salto para a fantasia de trocas comunicativas perfeitamente hígidas e de uma política despida de conflito. De fato, aí reside o nó da questão (e longe de mim pensar que empunho a espada para cortá-lo): a produção de um ambiente de debate público mais saudável não ocorrerá sem a mudança da correlação de forças na sociedade, com a retomada da capacidade de colocar freios ao capitalismo e com a democratização das diferentes esferas da vida social.

Referências

Achen, Christopher H.; Bartels, Larry. *Democracy for Realists: Why Elections Do Not Produce Responsive Government.* Princeton: Princeton University Press, 2016.

Após críticas, Fábio Faria exclui vídeo de Bolsonaro comendo farofa. *O Povo*, 31 jan. 2022. Disponível em: https://bit.ly/3s5EsVJ. Acesso em: 09 mar. 2025.

Applebaum, Anne. *Twilight of Democracy: the Seductive Lure of Authoritarianism.* New York: Doubleday, 2020.

Arendt, Hannah. Truth and politics. *In*: *Between Past and Future*. New York: Penguin, 2016 [1954].

Ballestrin, Luciana. O debate pós-democrático no século XXI. *Revista Sul-Americana de Ciência Política*, v. 4, n. 2, p. 149-64, 2018.

Ballestrin, Luciana. Desigualdades pós-coloniais no processo de desdemocratização global: a ausência do Sul no debate sobre a crise das democracias liberais. *Dissertatio*, v. supl. 12, p. 95-121, 2023.

Benkler, Yochai; Faris, Robert; Roberts, Hal. *Network Propaganda: Manipulation, Disinformation, and Radicalization in American Politics.* Oxford: Oxford University Press, 2018.

Blumenthal, Sidney. *The Permanent Campaign.* New York: Beacon Press, 1980.

Bourdieu, Pierre. *La distinction: critique sociale du jugement.* Paris: Minuit, 1979.

Brady, David; Fiorina, Morris. Congress in the Era of the Permanent Campaign. *In*: Ornstein, Norman J.; Mann, Thomas E. *The Permanent Campaign and its Future*. Washington (DC): American Enterprise Institute; The Brookings Institution, 2000, p. 134-161.

Chamayou, Grégoire. *La société ingouvernable: une généalogie du libéralisme autoritaire.* Paris: La Fabrique, 2018.

Crozier, Michael J.; Huntington, Samuel P.; Watanuki, Joji. *The Crisis of Democracy: Report on the Governability of Democracies to the Trilateral Commission*. New York: New York University Press, 1975.

Diamond, Edwin; Bates, Stephen. *The Spot: the Rise of Political Advertising on Television*. Ed. atual. Cambridge (MA): The MIT Press, 1988.

Domènech, Antoni. "Democracia burguesa": nota sobre la génesis del oxímoron y la necedad del regalo. *Viento Sur*, n. 100, p. 95-100, 2009.

Downs, Anthony. *An Economic Theory of Democracy*. New York: Harper & Brothers, 1957.

Empoli, Giuliano da. *Os engenheiros do caos*. Tradução de Arnaldo Bloch. São Paulo: Vestígio, 2022 [2019].

Fontenelle, Alana. *A maternidade é política: mobilização da maternidade por candidatas no Instagram (2021-2022)*. 2023. Tese (Doutorado em Ciência Política) – Universidade de Brasília, Brasília, 2023.

Gauthier, Florence. Critique du concept de "révolution bourgeoise" appliqué aux révolutions des droits de l'homme et du citoyen du XVIIIe siècle. *Actuel Marx*, n. 20, p. 149-60, 1996.

Gentile, Emilio. Mussolini fala às massas: do socialismo revolucionário ao regime fascista. *In*: Piovezani, Carlo; Gentile, Emilio. *A linguagem fascista*. São Paulo: Hedra, 2022, p. 53-139.

Gerbaudo, Paolo. Social Media and Populism: an Elective Affinity? *Media, Culture & Society*, v. 40, n. 5, p. 745-53, 2018.

González, Maria Fernanda. La "posverdad" en el plebiscito por la paz en Colombia. *Nueva Sociedad*, n. 269, p. 114-26, 2017.

Harsin, Jayson. Post-Truth and Critical Communication Studies. *In*: Cloud, Dana L. (Ed.). *Oxford Research Encyclopedia of Communication*. Oxford: Oxford University Press, 2018. On-line. Disponível em: https://www.oxfordreference.com/display/10.1093/acref/9780190459611.001.0001/acref-9780190459611-e-757. Acesso em: 10 mar. 2025.

Heclo, Hugh. Campaigning and Governing: a Conspectus. *In*: Ornstein, Norman J.; Mann, Thomas E. *The Permanent Campaign and its Future*. Washington (DC): American Enterprise Institute; The Brookings Institution, 2000, p. 1-37.

Levitsky, Steven; Ziblatt, Daniel. *How Democracies Die*. New York: Crown, 2018.

Manin, Bernard. *The Principles of Representative Government*. Cambridge: Cambridge University Press, 1997.

Marx, Karl; Engels, Friedrich. *A ideologia alemã (I – Feuerbach)*. 6. ed. São Paulo: Hucitec, (1987 [1845-1846]).

McIntyre, Lee. *Post-Truth*. Cambridge: The MIT Press, 2018.

Michaels, David. *Doubt is Their Product: How Industry's Assault on Science Threatens your Health*. Oxford: Oxford University Press, 2008.

Michels, Robert. *Sociologia dos partidos políticos*. Brasília: Ed. UnB, 1982 [1911].

Miguel, Luis Felipe. Um ponto cego nas teorias da democracia: os meios de comunicação. *BIB – Revista Brasileira de Informação Bibliográfica em Ciências Sociais*, n. 49, p. 51-77, 2000.

Miguel, Luis Felipe. *Democracia na periferia capitalista: impasses do Brasil*. Belo Horizonte: Autêntica, 2022a.

Miguel, Luis Felipe. A cruzada contra o capital cultural. *Mediações*, v. 27, n. 3, p. 1-19, 2022b.

Mounk, Yascha. *The People vs. Democracy: Why our Freedom is in Danger and How to Save It*. Cambridge (MA): Harvard University Press, 2018.

Mudde, Cas. *The Far Right Today*. London: Polity Press, 2019.

Noelle-Neumann, Elisabeth. *La espiral del silencio. Opinión pública: nuestra piel social*. Barcelona: Paidós, 1995 [1993].

Ober, Josiah. *Mass and Elite in Democratic Athens: Rhetoric, Ideology, and the Power of the People*. Princeton: Princeton University Press, 1989.

Offe, Claus. Dominação de classe e sistema político: sobre a seletividade das instituições políticas. *In*: *Problemas estruturais do Estado capitalista*. Tradução de Bárbara Freitag. Rio de Janeiro: Tempo Brasileiro, 1984 [1972], p. 140-177. (Biblioteca Tempo Universitário, 79).

Pennock, Robert T. The Postmodern Sin of Intelligent Design Creationism. *Science & Education*, v. 19, n. 6, p. 757-778, 2010.

Poulantzas, Nicos. *L'État, le pouvoir, le socialisme*. Paris: Les Prairies Ordinaires, 2013 [1978].

Proença, Ruy. Tiranias. *In*: *Visão do térreo*. Rio de Janeiro: Editora 34, 2007. p. 11.

Przeworski, Adam. Ama a incerteza e serás democrático. *Novos Estudos Cebrap*, n. 9, p. 36-46, 1984 [1983].

Przeworski, Adam. *Crises of Democracy*. Cambridge: Cambridge University Press, 2019.

Runciman, David. *How Democracy Ends*. New York: Basic Books, 2018.

Rodríguez Rondon, Manuel Alejandro. La ideología de género como exceso: pánico moral y decisión ética en la política colombiana. *Sexualidad, Salud y Sociedad*, n. 27, p. 128-48, 2017.

Schumpeter, Joseph A. *Capitalism, Socialism and Democracy*. New York: Harper Perennial, (1976 [1942]).

Sintomer, Yves. *Le pouvoir au peuple: jurys citoyens, tirage au sort et démocratie participative*. Paris: La Découverte, 2007.

Streeck, Wolfgang. *Buying Time: the Delayed Crisis of Democratic Capitalism*. London: Verso, 2017.

Urbinati, Nadia. *Democracy Disfigured: Opinion, Truth, and the People*. Cambridge (MA): Harvard University Press, 2014.

Urbinati, Nadia. *Me the People: How Populism Transforms Democracy*. Cambridge (MA): Harvard University Press, 2019.

Zanini, Fábio. Espelho meu. *Folha de S.Paulo*, 2 mar. 2024, coluna "Painel", p. A-4.

Democracias em crise: um mapeamento crítico de um debate da teoria política contemporânea[1]

Marcelo Sevaybricker Moreira

Um relatório da Freedom House, de 2019, observava que, pelo décimo terceiro ano seguido, ocorria uma diminuição no número de democracias no mundo, tendo em vista a violação de eleições, da liberdade de expressão e dos direitos dos migrantes, e a manipulação das leis, a fim de viabilizar a reeleição de chefes do Executivo, etc. (Freedom..., 2019). Larry Diamond (2015, p. 153) resume o ponto dizendo que as "democracias têm estado em recessão global na maior parte da última década e que há um perigo crescente de que essa recessão possa se aprofundar ou se tornar algo muito pior". Embora o sentido desse processo não esteja claro e ainda que ele não signifique, necessariamente, uma onda reversa de desdemocratização e tampouco que as demandas populares por mais democracia tenham deixado de existir, expressa, por outro lado, certo descontentamento difuso com o funcionamento do sistema político democrático e a possibilidade de adoção de medidas autoritárias.

Expressando o clima geral entre os analistas da política no início deste século, Pippa Norris (2017, p. 2) sustenta que "o otimismo predominantemente ensolarado do final dos anos 1980 e início dos 1990, que se seguiu à queda do Muro de Berlim, transformou-se rapidamente em um

---

[1] Este capítulo é resultante de pesquisa de pós-doutorado na Universidade de Buenos Aires (UBA), em 2022, e que foi muito beneficiado pelas críticas e sugestões recebidas, quando da sua apresentação no Grupo de Trabalho 32 – "Democracias em declínio: desafios políticos, teóricos e analíticos", do 47º Encontro Anual da Associação Nacional de Pós-Graduação e Pesquisa em Ciências Sociais (ANPOCS), em 2023.

espírito do tempo mais pessimista". Contrariando, portanto, prognósticos formulados à época, acerca da "vitória" triunfante da democracia liberal frente a derrocada do chamado "socialismo real" (Fukuyama, 1989), o mundo editorial global foi inundado nos últimos anos por escritos sobre a "morte" iminente das democracias. Mesmo aqueles que não assumem propriamente uma postura pessimista, como é o caso, por exemplo, de Pierre Rosanvallon (2018), parecem crer que estamos diante de um "ponto de não retorno" em relação ao modo de vivenciar a democracia na modernidade:

> A atual crise da democracia não se limita à "crise da representação". As eleições hoje têm menor capacidade de representação por razões institucionais e sociológicas e há mal-estar e desassossego dos cidadãos. […] O desencanto democrático contemporâneo é fato estabelecido. Ele se inscreve com evidência em uma história de promessas não cumpridas e ideais traídos. (Rosanvallon, 2018, p. 149)

Mas verdade seja dita: parte significativa dessas numerosas publicações só veio a lume quando esse fenômeno se materializou nos países do capitalismo central, em especial na Inglaterra e nos Estados Unidos. Como pondera Luciana Ballestrin (2023, p. 95), o plebiscito do Brexit e, especialmente, a vitória de Donald Trump, ambos em 2016, constituíram uma espécie de alerta ruidoso de que as democracias estivessem próximas do seu fim.[2]

---

[2] Cumpre lembrar, ainda que de modo não exaustivo, que, pouco antes disso, episódios importantes de ameaça ou ruptura com o Estado democrático de direito haviam ocorrido mundo afora. As vitórias eleitorais de líderes e partidos de extrema direita: em 2010, Viktor Orbán na Hungria; em 2014, o Bharatiya Janata Party (BJP) na Índia; em 2015, o Partido "Lei e Justiça" na Polônia. Além desses resultados eleitorais, há também os casos quase ignorados, por boa parte dessa literatura, de *impeachments* sem fundamentação jurídica e/ou golpes parlamentares na história contemporânea: em 2009, contra Manuel Zelaya em Honduras; em 2012, contra Fernando Lugo no Paraguai; e, em 2016, contra Dilma Rousseff no Brasil. E, por último, mas não menos importante, o golpe de Estado contra o ex-presidente recém-eleito da Bolívia, Evo Morales, em 2019. Adam Przeworski (2022, p. 61) se pergunta, com razão, se todos esses escritos sobre a crise das democracias teriam sido produzidos caso o resultado das eleições estadunidenses de 2016 fosse outro. Wolfgang Streeck (2019, p. 266) acerta ao comentar que, mesmo as universidades estadunidenses "tidas como excelentes", "fracassaram como sistema de alerta" contra essa ameaça,

A lista de países nos quais essa crise é identificada é dependente da data da publicação do trabalho,[3] mas o fato de que grande parte dessa literatura tenha sido produzida por conta dos dois episódios supramencionados diz muito a seu respeito. Muitos dos especialistas desse debate parecem considerar, implicitamente, alguns países da Europa Ocidental e os Estados Unidos como os casos mais antigos e bem-sucedidos de democracia no mundo, o que explicaria que só a partir de 2016 se falasse em uma crise dessa forma de governo no mundo. Parecem crer que a experiência das democracias do Atlântico Norte é um modelo para outras nações do Sul Global e que, até então, a democracia, pelo menos no primeiro grupo de países, funcionava a contento – sendo todas essas premissas, todavia, bastante questionáveis. A palestra no Brasil de Steven Levitsky – coautor de um best-seller sobre o tema (Levitsky; Ziblatt, 2018) – a poucos meses da eleição presidencial de 2018, na qual ele clamou para que o público nativo se unisse em uma frente eleitoral ampla para impedir a vitória de Jair Bolsonaro, expressa arquetipicamente essas crenças (Como morrem..., 2018). Seria a hora de deixar de lado as divergências ideológicas e as eventuais críticas às democracias existentes e unir todas as forças contra o perigo populista. O recente livro de Francis Fukuyama (2022, p. 240) adota o mesmo tipo de postura:

> Durante muito tempo, este país [os Estados Unidos] tem sido a principal potência liberal do mundo, e nos últimos anos tem sido um farol de liberdade para muitas pessoas de todo o planeta. [...] Se os Estados Unidos não solucionam seus problemas estruturais subjacentes, não será capaz de competir eficazmente com as pujantes potências autoritárias do mundo.

---

dando um aviso bastante tardio para o problema. Esses estudos falam em "colapso", "corrosão", "crepúsculo", "crise", "declínio", "degradação", "depressão", "desconsolidação", "desdemocratização", "erosão", "guinada autoritária", "mal-estar", "morte", "recaída", "recessão", "regressão", "retrocesso", "revolta", "ruptura", etc., em um tom claramente alarmista, mas que evidencia, às vezes, mais a perplexidade dos próprios autores do que esclarece o fenômeno em questão.

[3] África do Sul, Áustria, Brasil, Bangladesh, Bolívia, Botswana, Bulgária, Colômbia, Chile, Coreia do Sul, Equador, El Salvador, Estados Unidos, Espanha, Filipinas, França, Grécia, Holanda, Honduras, Hungria, Índia, Itália, Madagascar, Nepal, Nicarágua, Polônia, Peru, Reino Unido, República Tcheca, Rússia, Sérvia, Ucrânia, Tailândia, Turquia e Venezuela são algumas das nações lembradas.

Muitos dos problemas observados nos Estados Unidos afetam também a outras democracias, de maneira que sua capacidade para articular e defender princípios liberais poderia ter um âmbito de aplicação mais amplo.

Segundo esse autor, a democracia estaria sendo atacada não apenas por populistas de direita, como Trump e Bolsonaro, mas também pela nova esquerda, organizada em torno da questão da identidade, ambos os grupos descontentes por conta das promessas não cumpridas da democracia e inconformados com a diversidade que marca as sociedades contemporâneas. Diante desse cenário, conclui Fukuyama, é imprescindível proteger a democracia liberal.

Esse esforço comum dos próprios estudiosos é, em geral, louvado pela opinião pública como uma mobilização importante dos intelectuais ao saírem de seu tradicional isolamento para defender a democracia. Sem menosprezar a gravidade dessa crise e o papel público do intelectual, seria importante questionar: mas que fenômeno é esse que estaria afetando simultaneamente países com trajetórias históricas e formações sociais tão diferentes? Por que considerar essa crise nova, se já há algumas décadas inúmeros estudos têm evidenciado um declínio do comparecimento nas eleições, na identificação partidária, nas práticas associativas, entre outros indicadores de vitalidade das democracias (por exemplo, Putnam, 2000; Dalton; Wattenberg, 2000)? Quais são as relações entre esse processo e outros fatores de instabilidade, como a última crise do capitalismo em 2008? E, por fim, mas não menos importante: o que fazer diante da crise das democracias atuais? São inúmeros os questionamentos resultantes de uma leitura atenta desses trabalhos, até porque, como seria de se esperar, se há pontos de convergência, há igualmente muita divergência entre eles.

Não se tem a vã pretensão de responder aqui todas essas indagações. Nosso propósito é tão somente procurar apresentar um panorama desse debate, identificando e avaliando criticamente as principais leituras a respeito da crise das democracias contemporâneas. O recorte temporal para tal tarefa é, aproximadamente, a última década (2012-2022), e buscamos selecionar trabalhos que representassem as mais variadas correntes de interpretações existentes sobre o assunto, sem ter, todavia, a intenção de sumariar todos os trabalhos sobre o assunto (que ainda continuam sendo publicados), ou de apresentar em profundidade o pensamento de qualquer autor ou obra; estudos exclusivamente sobre casos nacionais específicos foram igualmente desconsiderados nesta pesquisa. Os trabalhos selecionados serão examinados aqui a partir de duas questões fundamentais, que organizam as duas seções principais deste capítulo. A primeira, de caráter mais descritivo, está relacionada ao diagnóstico da crise, isto é, uma indagação sobre as suas causas, sintomas e efeitos. A segunda questão, de caráter mais normativo, refere-se às propostas apresentadas pelos estudiosos para superar essa crise. Em uma terceira e curta seção apresentamos alguns apontamentos críticos sobre esse debate, apoiando-nos em autores brasileiros que, em nossa opinião, contribuem para torná-lo mais plural e representativo da realidade das democracias no mundo. Do mesmo modo, não objetivamos mapear o debate sobre a crise da democracia brasileira, mas tão somente nos valer de estudos feitos a respeito de uma realidade periférica (ex-colonial, dependente, de democratização tardia, etc.), a fim de iluminar nosso objeto de estudo.

Como dito, este trabalho apresenta um mapeamento crítico do debate sobre a crise das democracias no mundo contemporâneo, debate esse que se caracteriza por adotar um tom fortemente normativo. Trata-se, via de regra, de escritos que se pensam como intervenções públicas cujo fito principal é preservar e/ou aperfeiçoar as democracias existentes, barrar a eleição de populistas e/ou combater os efeitos nocivos da neoliberalização sobre a vida social contemporânea. Mais precisamente, a tese aqui defendida não é de que esse tom excessivamente normativo seja, em si, um problema, mas de que, frequentemente, está associado à defesa de uma concepção particular de democracia, e que a escolha por essa concepção nem sempre é explicitada ao leitor. Quer dizer, o "engajamento" dos intelectuais em defesa das democracias atuais oculta, em geral, "qual" democracia é essa que precisaria ser defendida por todos, inclusive pelos seus críticos e por grupos que denunciam viver situações de opressão, a despeito da institucionalidade democrática. Por essa razão, esse debate contém certas "armadilhas" teóricas e analíticas que precisam ser "desarmadas".

O diagnóstico da crise

Como dito, grande parte dos trabalhos publicados na última década sobre o tema aqui investigado compreende que a eleição de lideranças populistas é hoje o principal fator de risco às democracias. A história desse conceito e o seu uso no debate sobre a crise da democracia evidencia uma enorme diversidade de perspectivas teóricas e analíticas. Não é o caso de tratar sistematicamente dessa história. Mas, apesar dessa pluralidade, pode-se dizer que, no que tange ao debate sobre a crise das democracias no século XXI, assume-se, em geral, que em um contexto de descrença generalizada em relação aos partidos e aos políticos tradicionais, grupos ou líderes populistas – dotados de uma popularidade incomum, com um discurso antissistêmico e, frequentemente, fazendo uso das novas formas de comunicação digital (o qual opõe povo à elite, colocando-se ao lado dos primeiros) – são alçados ao primeiro plano da política e, uma vez estabelecidos no poder, começam a destruir, "por dentro", as instituições do Estado democrático de direito.

Manuel Castells (2018) relembra que uma das principais causas dessa crescente desconfiança é a corrupção sistêmica que atinge políticos e partidos de diferentes inclinações ideológicas. Ele argumenta que os políticos procuram explorar midiaticamente as denúncias de corrupção de seus adversários, mas também são alvos da mesma estratégia. O resultado agregado desse ciclo de escândalos é o de inspirar na população "o sentimento de desconfiança e reprovação moral sobre o conjunto dos políticos e da política, contribuindo assim para a crise de legitimidade" (Castells, 2018, p. 68). E esse cenário, em suma, seria um terreno fértil para o populismo.

Jan-Werner Müller (2017, p. 4), em obra introdutória sobre o tema e explicitamente escrita em função da eleição de Trump, afirma que por populista deve-se entender um tipo de líder que reivindica que "ele e só ele representa o verdadeiro povo". Müller (2017, p. 74) define o populismo como uma "particular imaginação moralista da política", segundo a qual o povo e o seu líder precisam vencer as elites corruptas e corruptoras. Para esse autor, a eleição desse tipo de lideranças não é resultado da irracionalidade dos cidadãos, nem uma patologia política, mas uma "sombra permanente da democracia" (Müller, 2017, p. 18), e que suas tentativas de colonizar o Estado, através do clientelismo das massas e do legalismo autoritário (práticas essas justificadas pela retórica populista), precisam ser duramente combatidas, pois o populismo ameaça não apenas a cultura liberal dos direitos individuais mas a própria democracia, e não pode ser compreendido como uma forma de seu aperfeiçoamento, ao contrário do que pode parecer. A defesa do uso de referendos pelos populistas, por exemplo, não visaria a ampliar a participação popular e uma maior representatividade das decisões públicas, alerta Müller, mas tão somente confirmar aquilo que eles próprios, os líderes populistas, defendem de antemão.

Em sentido bastante similar a esse autor, Steven Levitsky e Daniel Ziblatt (2018) argumentam que os populistas se caracterizam por rejeitar ou não se comprometer com as regras do jogo democrático, tratar seus adversários como membros de grupos ilegítimos, tolerar ou incitar a violência contra eles e promover ou apoiar medidas que limitem os direitos fundamentais. Qualquer candidato com uma ou mais dessas características deveria ser rechaçado pelos partidos, a fim de que as "grades de proteção" do regime democrático fossem preservadas. Essas "grades" são as regras informais que, ao lado das regras formais, estabelecem as condições necessárias para que a competição pelo poder não degenere em ruptura institucional. Lideranças como Hugo Chávez e Recep Erdoğan (evidenciando, segundo eles, que o populismo pode ser de esquerda ou de direita), ao serem aceitas pelo *establishment*, minam a "tolerância mútua" (segundo a qual nenhum adversário político deve ser tratado como um inimigo) e a "reserva institucional" (que preconiza que as leis devem ser usadas com moderação). O crescimento atual do populismo ocorre porque os políticos tradicionais, em um contexto de crise de legitimidade do sistema político, procuram cooptar esses *outsiders* e utilizá-los politicamente, na expectativa (equivocada) de que serão beneficiados indiretamente pela sua popularidade e poderão, ao cabo, controlá-los a seu bel prazer.

Pippa Norris e Ronald Inglehart (2019) compreendem que o crescente apoio aos populistas autoritários não é mero fruto de uma estratégia arriscada e errônea das lideranças partidárias, como afirmam Levitsky e Ziblatt (2018), mas decorrente de uma mudança cultural mais profunda. Baseando-se em dados coletados nos EUA e na Inglaterra, esses autores sustentam que, com a elevação dos níveis educacionais, da urbanização e de uma maior visibilidade das pautas identitárias (ligadas à diversidade sexual, étnica, cultural, etc.), alguns políticos adotaram um discurso mais liberal, voltado às gerações mais novas de eleitores. Como reação a isso – e somada à desilusão em relação à capacidade do sistema político em atender às demandas da sociedade, em um contexto de piora do cenário econômico internacional –, fortaleceu-se recentemente um populismo de tipo autoritário, que endossa valores conservadores e que dirige seu discurso às gerações mais velhas e de menor nível educacional. O populismo deve, assim, ser compreendido como uma reação cultural desses indivíduos frente ao processo de expansão de um liberalismo progressista das últimas décadas, no contexto da globalização. Ainda que minoritários, esses eleitores, ressentidos e conservadores, manifestam suas preferências de maneira intensa e estão profundamente engajados no combate ao "politicamente correto". Esse tipo de populismo, avaliam esses autores, é mais perigoso do que o populismo liberal, pois os valores conservadores aos quais esse público adere (caracterizados pela conformidade aos costumes tradicionais, aversão ao risco e lealdade às lideranças) justificam e autorizam medidas autoritárias contra seus adversários. O populismo autoritário, ainda que alimentado pela deterioração das condições materiais de vida, concluem Norris e Inglehart, é, em resumo, impulsionado por uma clivagem geracional e por uma onda reversa, ou por um efeito rebote (*backlash*) conservador, que perpassa as sociedades no século XXI.

Yascha Mounk caracteriza o fenômeno em tela recorrendo à mesma terminologia de Norris e Inglehart (2019), populismo autoritário,[4] e o definindo (como Müller [2017]) como a reivindicação de "representação exclusiva do povo" (Mounk, 2019, p. 20). A seu ver, o elemento da antipolítica é fundamental para legitimar esse tipo de populismo. Os *outsiders* operam nessa chave discursiva a fim de mobilizar as paixões do eleitorado a seu favor, especialmente o ressentimento popular frente ao privilégio das elites. Assim posto, embora seja tomada como uma causa da crise da democracia, a ascensão do populismo é, ela mesma, um efeito de uma crise anterior de legitimidade das instituições representativas. O apoio à democracia diminui, o apoio a soluções autocráticas aumenta e, nesse cenário, um "populista autoritário" tem grandes chances de sucesso eleitoral. Embora Mounk reconheça alguma legitimidade no discurso populista – na medida

---

[4] Norris (2017, p. 11) lembra que, todavia, nem todo populista é autoritário e nem todo autoritário é populista: Bernie Sanders, por exemplo, é usualmente identificado como uma liderança populista, dado o seu discurso antiestablishment, mas está longe de ser identificado com o autoritarismo.

em que o populista ataca as desigualdades produzidas tradicionalmente pelo *establishment* –, ele o vê como uma espécie de antessala para a ditadura, ao negar a legitimidade das instituições de controle do poder. Mas os populistas atuais não são, obviamente, déspotas declarados. Ao contrário, eles agem supostamente em nome de uma democracia mais verdadeira, defendem as eleições e se aproveitam delas para poder impedir qualquer tipo de limite ao seu próprio poder. A curto prazo, a ameaça populista pode passar despercebida, mas o seu efeito ulterior é a "desconsolidação da democracia", processo já em curso, assegura Mounk (2019). E esse processo pode resultar em dois cenários futuros, igualmente preocupantes e que evidenciam que o "casamento" entre liberalismo e democracia (indispensável normativamente, na sua visão) pode facilmente se desfazer. De um lado, a própria violação da vontade popular, como teria ocorrido, por exemplo, na Grécia, quando o resultado do plebiscito de 2015, que rechaçou o acordo econômico da Troika, foi ignorado pelo primeiro-ministro que governava o país. Nesse caso, os direitos liberais (liberdade religiosa, liberdade de imprensa, etc.) ainda vigoram, mas a democracia não. Na segunda possibilidade, as liberdades podem ser extintas ou restringidas para determinados grupos, qualificados pelo discurso populista como uma ameaça à unidade nacional (como estaria ocorrendo na Hungria e na Polônia, onde Viktor Orbán e Andrzej Duda, respectivamente, perseguem seus adversários). Seria o caso das "democracias sem direitos", ou dos Estados "iliberais" (Mounk, 2019), tema tratado por outro conjunto de estudos em torno das ideias de "regimes híbridos", já que não são nem propriamente democracias liberais, nem ditaduras (Zakaria, 1997; Levitsky; Way, 2002; Diamond, 2002; Corrales, 2015). Esse autor nota que os próprios mecanismos da democracia podem, inclusive, servir para legitimar medidas iliberais contra determinadas minorias. Ilustrando o argumento, ele relata que uma comunidade muçulmana na Suíça recorreu à Suprema Corte para preservar um minarete que havia construído. Contrariados, ativistas de extrema direita se organizaram para coletar assinaturas a fim de realizar um plebiscito sobre o assunto. Em 2009, 58% dos suíços votaram pela proibição da construção de minaretes, princípio paradoxalmente acrescentado à Constituição do país, ao lado do artigo que assegura liberdade de religião. Diga-se de passagem, a questão migratória parece fundamental no contexto europeu de erosão da democracia e de ascensão populista, mesmo em países nos quais não há, paradoxalmente, um grande afluxo migratório, como a Polônia, onde o tema serve de "bode expiatório" à liderança populista.

Mounk reconhece que a história da democracia nem sempre foi marcada pela tolerância, pluralismo e inclusão política. A estabilidade do regime democrático nos Estados Unidos, por exemplo, dependeu da exclusão dos negros da vida pública, quer através da escravidão, quer através das leis segregacionistas. Ainda que isso seja verdade, ele alega que muitos movimentos de esquerda têm criticado de maneira exagerada a ideia de nação e reafirmado uma identidade social baseada na diferença (de raça, de gênero, de orientação sexual, etc.). Renunciando ao "patriotismo inclusivo" (Mounk, 2019, p. 980), que poderia garantir direitos para todos, essa esquerda – marcada pelas "disputas identitárias" – teria dado espaço para a extrema direita se apropriar dos símbolos nacionais.

Em sentido similar, Nadia Urbinati (2019) reconhece que a ascensão do populismo está relacionada às promessas não realizadas da "democracia constitucional", em especial, em virtude do crescimento das desigualdades sociais e do controle privado que as oligarquias têm do poder político. Privadas do direito de participar das decisões que as afetam e tendo que se submeter a condições sociais cada vez mais precárias, as pessoas tendem a apoiar os populistas, que retoricamente se apresentam como travando "uma batalha titânica contra o *establishment*" (Urbinati, 2019, p. 15). A autora nota que diferentemente do passado no qual o termo populismo estava mais associado a países com histórico colonial (como na América Latina), ele, agora, está em toda parte e corresponde a uma nova forma de governo representativo, ou uma forma mista dele, baseada em uma relação direta dos eleitores com o líder – reconhecido como alguém capaz de representar o povo "correto", "honesto" e "bom", e com uma autoridade aumentada. Ela afirma que o populismo deve ser compreendido como uma desfiguração da democracia de audiência, na qual a comunicação digital permitiu a constituição de um público contraposto às instituições de mediação política, viabilizando uma crescente personalização da política e uma vocalização de ideias que independem dos partidos.

Nesse sentido, Urbinati qualifica os movimentos populistas, como o Podemos espanhol e o Cinco Estrelas italiano, como uma política pretensamente pós-partidária. Mas, ao contrário das suas promessas, o populismo é uma forma de governo faccioso sobre o qual não há qualquer *accountability*. E, mais do que um efeito da má estratégia das lideranças partidárias, como postulam Levitsky e Ziblatt (2018), ou meramente como uma forma de imaginação moral sobre a política, tal como definido por Müller (2017), a autora sustenta que o que está em jogo na contemporaneidade é um novo projeto de poder, fundado em uma ideia de um "povo indistinto", que produz o que ela chama de "política da parcialidade" (Urbinati, 2019, p. 12), que se choca com as instituições intermediárias da sociedade civil e de controle do poder político, como a opinião pública, a mídia e o Judiciário. Contra o poder dividido nas democracias representativas – vista sob a retórica populista como fracassada e corrompida –, a democracia populista propõe a unificação de todos sob uma só vontade, por meio da eliminação do pluralismo e de uma "representação direta" (um oximoro, nota a autora) da vontade popular, "encarnada" diretamente pelo líder (Urbinati, 2019, p. 20). O populista, todavia, desfigura o princípio do governo da maioria, na medida em que o pretenso líder do povo se apossa do poder político, levando esse tipo de governo representativo ao seu limite e flertando com uma forma fascista de organização social. Ainda que tenha algumas "semelhanças familiares" (Urbinati, 2019, p. 49) com o fascismo, o populismo é um fenômeno à parte, esclarece essa autora, pois não destrói, mas remodela a democracia constitucional. Por exemplo, enquanto, nas democracias constitucionais, as eleições formam não apenas uma maioria, mas também uma oposição, na democracia populista, a disputa pelo poder produz um governo iliberal. Ela comenta que é comum que os populistas adotem uma linguagem relativista dos direitos, concebidos não mais sob uma chave universalista, mas como algo a ser garantido apenas para o "povo autêntico". Contra uma dialética própria às democracias constitucionais, nas quais minorias e maiorias nunca são estáveis e podem se tornar governo e oposição, na democracia populista o "povo" é reduzido a uma parte "essencializada" e "idealizada" da comunidade (Urbinati, 2019, p. 30).

Rosanvallon (2020) apresenta também uma teoria sobre o populismo que dialoga com vários dos autores aqui mencionados, relacionando-o com um conjunto de transformações mais amplas das sociedades contemporâneas, tal como a crescente complexificação social (que não tem sido devidamente captada pelas instituições de representação política, em especial, o Parlamento, cada vez mais ilegítimo frente a um Executivo cada vez mais poderoso). Diferentemente de Urbinatti (2019), que adota normativamente uma concepção minimalista de democracia, Rosanvallon compreende que a conversão da democracia a um mecanismo puramente eleitoral (efeito dessa concepção minimalista) é tão perversa quanto a concepção polarizada de democracia da teoria populista, ambas formas de uma "democracia-limite". O populismo é definido por ele através de cinco pontos. Como Urbinatti (2019), Rosanvallon afirma que o populismo pressupõe uma concepção de um povo-uno, negando a pluralidade que o compõe e servindo como força moral de mobilização contra o "povo-eleitoral". Em segundo lugar, os populistas concebem a democracia como uma forma de governo polarizada, direta e imediata de governo. Nesse sentido, plebiscitos e referendos são utilizados como uma maneira aclamatória e imediata de expressão da vontade geral (como também ponderam Müller [2017] e Mounk [2019]). Rosanvallon avalia que a defesa populista dos mecanismos de participação direta dissolve a responsabilização pelas decisões públicas, simplifica os processos de formação da vontade política (compreendido como algo espontâneo e imediato), desvaloriza o Legislativo (já em crise em tempos de hiperpresidencialismo) e tende a "sacralizar" as suas decisões, tomadas então como quase irrevogáveis.

Uma terceira característica do populismo seria sua concepção da representação, como "espelho", segundo a qual o povo se faz presente por meio da exaltação do líder populista, que o encarna. No contexto que se seguiu à globalização, o populismo fica marcado igualmente – sua quarta característica – por um programa econômico nacional-protecionista (pensado como uma medida necessária para proteger e garantir a segurança da comunidade nativa contra as ameaças externas) e orientado para a promoção da justiça social (para aqueles que se sentem abandonados pelo sistema político e injustiçados pela vida suntuosa das elites). O último elemento da teoria de Rosanvallon é que o populismo é um regime de mobilização de paixões, especialmente a raiva e o medo, que são instrumentalizados para garantir a adesão popular a essa forma de democracia, em que a sua liturgia é aparentemente preservada, mas o regime torna-se iliberal. A "brutalização direta" e a "desvitalização progressiva" (Rosanvallon, 2020, p. 327) das instituições da democracia, no contexto em que os populistas se apresentam como portadores da verdade e da moral e que tende a "colonizar" a esfera pública, é um efeito direto desse fenômeno. Por todos esses elementos, a política populista tende a submeter o ordenamento jurídico ao seu projeto de poder (rotulando os tribunais constitucionais, por exemplo, como forças "antipovo"), produzindo a substituição do regime democrático para uma forma autocrática de governo, a "democratura" (Rosanvallon, 2020, p. 41). Sem ignorar a diferença entre populismo de direita (predominante na Europa atual, ao seu ver) e de esquerda, Rosanvallon afirma, todavia, que ambos se nutrem da desconfiança e da raiva em relação à democracia.

Adam Przeworski (2022), concorda com Rosanvallon (2020) a respeito das diferenças entre o populismo de direita e de esquerda, mas, ao contrário da sua posição – bem como de muitos autores aqui mencionados, como Müller (2017), Levitsky e Ziblatt (2018) e Urbinatti (2019) –, pondera que nem todo populismo destrói forçosamente a democracia liberal. O primeiro, o "participativo", propõe plebiscitos, mandatos vinculados, orçamento participativo, etc., medidas que podem até contribuir para a qualidade da democracia (e que, como vimos, são criticadas por alguns estudiosos). Já o "populismo delegativo" defende que seja conferido mais poder ao líder, a fim de que ele possa garantir efetivamente a vontade popular "contra o sistema". Ainda que o "populismo delegativo" não seja necessariamente antidemocrático, ele gera uma gradativa "subversão institucional", que pode chegar a um preocupante ponto de não retorno (Przeworski, 2022, p. 124). Novamente, esse processo é descrito como algo não abrupto e de difícil identificação, comparado a um golpe militar.[5] Para ilustrar isso, esse autor lança mão de uma parábola: quando uma rã é submergida de imediato em água fervendo, ela salta imediatamente da panela. Mas se,

---

[5] Przeworski avalia que, na crise atual das democracias e ao contrário do que ocorreu no passado, as Forças Armadas não têm papel de destaque, pois foram submetidas ao controle de um poder civil – com a importante exceção do Brasil, nota ele, no rol das democracias em crise (2022, p. 575). Sem poder desenvolver esse ponto, cabe ao menos mencionar que a ditadura militar brasileira inaugurada em março de 1964 não era um regime meramente de força, mas que tentou se legitimar mantendo, em parte, as instituições liberal-democráticas em funcionamento, como o Congresso Nacional, as eleições, etc., além de fazer uso do direito (com a promulgação de Atos Institucionais e de uma nova Constituição) para tal fim. Ou seja, a caracterização da atual crise das democracias por oposição à crise das democracias no século XX com base em uma mera oposição entre violência *versus* institucionalidade parece ser uma simplificação que não se sustenta.

ao contrário, ela é colocada em água fria que vai sendo aos poucos aquecida, o animal não percebe o perigo e é cozido até a morte. O "populismo delegativo" seria, pois, a estratégia de "cozinhar" paulatinamente as instituições do Estado democrático de direito. Przeworski sustenta que, com essa estratégia furtiva, o populismo delegativo de direita tem crescido mundo afora. Diferentemente do de esquerda (com quem comunga de algumas propostas econômicas), o populismo de direita é antidemocrático e antiliberal. Expulsão dos imigrantes, proibição de determinadas práticas religiosas e culturais, doutrinação nacionalista nas escolas, etc., figuram como medidas propostas e, em alguns casos, adotadas por eles.

É importante aqui fazer um pequeno parêntese acerca da viva polêmica em torno da possibilidade de o populismo não ser, forçosamente, antidemocrático, como defendido por Przeworski (2022). Junto a outros autores, como Müller (2017) e Urbinatti (2019), Rosanvallon (2020), por exemplo, polemiza com algumas perspectivas que concebem o populismo como uma forma de revitalização da própria democracia representativa, tal como aparece, em especial, na obra de Ernesto Laclau e Chantal Mouffe (2015) e Mouffe (2019). Partindo de uma concepção agônica de política, Laclau (2005) considera o populismo como uma estratégia de construir ontologicamente uma nova sociedade. A proposta desse autor é de que, através do conflito social e do conceito de "povo", pode-se estabelecer um movimento de formação das identidades políticas que promova um processo de emancipação social, superando os limites institucionais e jurídicos da democracia liberal. Para tal, diz Laclau, faz-se necessário a emergência de uma verticalidade, na qual a plebe molda-se à figura da liderança populista. Alguns anos depois, em livro escrito em coautoria com Mouffe, esses autores defendem uma concepção radical e populista de democracia, mediante a construção de uma contra-hegemonia de caráter socialista (pós-marxista) e alternativa ao modelo de democracia liberal.[6]

Rosanvallon (2020) contesta essas propostas na medida em que elas adotam uma concepção limite e, no caso, polarizada de democracia – como a de 1% *versus* 99% da população –, concepção assentada em uma

---

[6] Sem pretender abordar sistematicamente os trabalhos desses autores, voltaremos a esse ponto ao falar de que modo essa proposta pode ser concebida como uma estratégia de superação da crise das democracias atuais.

simplificação da tessitura social e que nega outras dimensões fundamentais da experiência democrática. Urbinati (2019, p. 75), por seu turno, nota que essa proposta "voluntarista" de uma "democracia radical" e baseada em uma concepção de política como puro antagonismo, tal como formulada por Mouffe e Laclau (2015), ao contrário de proporcionar uma crescente liberdade ou igualdade, pela própria natureza maleável da categoria "povo", pode servir igualmente para qualquer projeto de poder e, no limite, impede que qualquer avaliação rigorosa seja feita sobre o seu uso. A polêmica serve para ilustrar o argumento de que se boa parte do debate sobre a crise das democracias passa pela discussão sobre populismo, isso não significa que exista um acordo mínimo a respeito da definição deste último termo e sobre os seus efeitos sobre as chamadas democracias liberais.

Mas a crise da democracia não tem no populismo o seu único fator explicativo. Muitos estudiosos reconhecem que esse processo está correlacionado, em especial, à deterioração das condições de vida da maior parte da população desses países, agravadas após a crise do capitalismo de 2008. Sem esse cenário regressivo, produzido pelas políticas neoliberais (crescimento do desemprego, das desigualdades sociais, da precarização do trabalho, do endividamento das famílias, diminuição dos gastos públicos com a promoção do bem-estar social, etc.), os populistas não teriam chances de serem eleitos (Przeworski, 2022). Mais do que isso, sob a égide do neoliberalismo, alguns autores argumentam que as condições objetivas mas também subjetivas de exercício de poder por parte dos governos democráticos foram ou estão sendo demolidas.

O trabalho de Wolfgang Streeck (2018), por exemplo, reconstrói a história do capitalismo avançado, a fim de demonstrar como as suas contradições estruturais geraram crises econômicas, sociais e políticas sucessivas, para as quais foi se adotando medidas para amenizar e conter os conflitos entre capital e trabalho e postergar uma ruptura com essa forma de organização social. A cada nova crise adotava-se uma solução política a fim de "comprar tempo". São soluções paliativas, mas que viabilizaram o "capitalismo democrático", isto é, a solução de compromisso que conseguiu, em alguma medida, atender tanto ao "povo do mercado" quanto ao "povo do Estado", promovendo, pelo menos entre 1945 e 1975, nos chamados "anos gloriosos" do capitalismo, crescimento econômico, redistribuição de renda e inclusão política. Mas o "capitalismo democrático" foi uma situação excepcional, desfeita a partir da "revolução neoliberal" (Streeck, 2018), que, sob o pretexto de garantir a retomada do crescimento econômico, fez com que vários governos adotassem medidas de liberalização do mercado e de austeridade, implementadas por meio de um ataque duro à classe trabalhadora e a seus sindicatos. Se nos anos 1940, no contexto do comunismo (que servia como um contrapeso à força do capital), o "povo do mercado" cedeu, ao modo de John Maynard Keynes, ao "povo do Estado", a partir dos anos 1970 chegara a hora da revanche: o mercado impunha-se, *à la* Friedrich Hayek, sobre o Estado, limitando drasticamente os mecanismos democráticos de que dispunha a sociedade até então. Streeck (2019) chama o período que se segue à "revolução neoliberal" de a "grande regressão", isto é, um momento de franca desdemocratização política, econômica e social. Casos como o da Grécia, aqui já citado, não são episódios isolados, podendo ser notados inclusive entre outros membros da União Europeia (contexto privilegiado por Streeck, além dos Estados Unidos), que têm seu poder cada vez mais limitado pelas políticas de austeridade impostas por organismos internacionais. No referido período, se dá a passagem do "Estado social" para o "Estado competitivo", segundo o qual a finalidade da política é reduzida à promoção da competitividade do mercado. Saneamento das finanças estatais, privatizações, desregulamentação do setor financeiro são combinadas com "métodos refinados para obtenção do consenso e desorganização da resistência" (Streeck, 2019, p. 256). O resultado ulterior dessas reformas é a desmobilização crescente da sociedade, a deslegitimação do sistema partidário e elevados níveis de exclusão social "daqueles que não são mais utilizáveis, da população excedente de um capitalismo esgarçado" (Streeck, 2019, p. 256). Sob o domínio da deusa neoliberal, a TINA (*There Is No Alternative*), fórmula celebrada por Margaret Thatcher, Tony Blair e Angela Merkel (Streeck, 2019, p. 254), grassam a descrença em relação ao sistema político e a desesperança em relação à estrutura da sociedade.[7]

---

[7] Argumento similar já havia sido formulado, em linhas gerais, por Colin Crouch (2004), para quem o ritual democrático ainda podia ser observado atualmente, com partidos disputando votos em eleições livres, etc., mas esvaziado de substância, dado que as políticas públicas, em geral, acabam sendo definidas em acordos entre a elite política e econômica. No contexto "pós-democrático", as grandes corporações

Em perspectiva igualmente crítica à chamada democracia liberal, os trabalhos de Brown (2015; 2019) avançam nesse sentido, evidenciando os efeitos objetivos, mas também subjetivos da neoliberalização, pensada como a outra face da crise da democracia. Brown (2015) procura evidenciar como o neoliberalismo, muito mais do que certa orientação macroeconômica sobre as relações entre Estado e mercado, é uma "governamentalidade", isto é, uma nova forma de razão que tem a pretensão de determinar valores e práticas para todas as dimensões da vida humana a partir dos princípios da produtividade e da competitividade.[8] Isso significa que sendo um princípio abrangente de organização da vida social, mesmo em contexto de reversão de medidas neoliberais, ele continua a operar como uma forma de se conceber a existência humana. Brown (2015) demonstra como a expansão da razão neoliberal desfaz as condições de possibilidade de organização e ação do *demos*: com a expansão do *Homo oeconomicus*, todo indivíduo passa a ser visto como um empreendedor de si mesmo e, consequentemente, responsável pela sua própria sorte; e o governo, agora, limita-se à "governança", não estando mais associado à construção de um mundo comum. O *Homo politicus* da democracia liberal, já bastante limitado, é, assim, neutralizado como mecanismo de resistência ao processo de "desdemocratização" em

---

tornaram-se atores políticos independentes e acima de qualquer controle público, impedindo que o próprio Estado interferisse nos conflitos distributivos.

[8] A proposta de interpretação de Brown, na realidade, insere-se na esteira de um conjunto de autores que procuram conciliar aspectos das filosofias de Michel Foucault e Karl Marx para interpretar os impactos do neoliberalismo sobre a vida social, de um modo geral, e especialmente sobre a crise da democracia, em particular. O trabalho anterior de Pierre Dardot e Christian Laval (publicado originalmente em 2009) já apontava para o processo de desdemocratização a partir de uma nova forma de racionalidade política, baseada no princípio universal da concorrência ou da forma-empresa. Em sentido foucaultiano e polemizando com certas interpretações marxistas sobre o neoliberalismo, os autores esclarecem que não se trata apenas de um modo de acumulação capitalista, mas um novo tipo de sociedade, uma vez que essa razão produz um novo sujeito, disciplinando a conduta tanto de governantes quanto de governados. Não se trata, tampouco, do conhecido diagnóstico habermasiano de colonização do mundo da vida: "o que está em jogo é a própria existência da comunidade política" (Dardot; Laval, 2016, p. 1755). A corrosão dos direitos produzida pela neoliberalização da vida afeta não apenas o bem-estar, mas a própria possibilidade de existência da cidadania.

curso. Em trabalho posterior, Brown (2019, p. 23) argumenta que mais do que uma racionalidade "de ampliação da competição e valoração de mercado", o neoliberalismo é "um "projeto político-moral que visa proteger as hierarquias tradicionais negando a própria ideia do social", como por uma limitação drástica da democracia. Mas como foi possível a convergência entre neoliberais e conservadores? Para esclarecer esses sinais aparentemente contraditórios, Brown (2019) evidencia que não se trata de fato contingente, mas de uma convergência programática, pois, para os neoliberais, assim como o respeito absoluto ao direito à propriedade privada, faz-se necessário, em uma sociedade "livre, moral e ordenada", o respeito às "normas de gênero e outras crenças tradicionais" (2019, p. 90).[9]

Em um contexto marcado pela hegemonia neoliberal, o Estado não se responsabiliza mais pelo bem-estar dos indivíduos. Brown (2018) propõe, nesse sentido, a ideia de uma "cidadania sacrificial" que serve para justificar uma situação de frustração produzida pelo "sistema": em nome do crescimento do país e da austeridade das contas públicas, os direitos trabalhistas e o bem-estar do cidadão devem ser renunciados. Após décadas de políticas neoliberais, esses indivíduos, que abriram mão de bens e direitos pelo conjunto da nação, revoltaram-se, em seguida, contra o sistema político, apoiando, então, aqueles que contra ele se colocavam. Ela conclui dizendo que o "novo populismo da extrema direita sangrou diretamente da ferida do privilégio destronado que a branquitude, a cristandade e a masculinidade garantiam àqueles que não eram nada nem ninguém" (Brown, 2019, p. 13) A autora retoma slogans de vários desses políticos ("*Make America Great Again*", "*Take Back Control*", "Polônia pura, Polônia branca", etc.) para evidenciar como o ressentimento é um fator emotivo importante desses movimentos, que não apenas são conservadores, mas também neoliberais (2019, p. 14-15), convergindo nesse aspecto com autores aqui já mencionados, como Norris e Inglehart (2019). Sobre isso também, Streeck (2019, p. 261) fala em um

---

[9] Melinda Cooper (2017) já havia demonstrado que a agenda conservadora, com a valorização da família patriarcal, é fundamental para legitimar a ordem neoliberal, de desresponsabilização do Estado prover bem-estar e da consequente responsabilização dos indivíduos e de suas famílias. Para o neoliberalismo, além da família ocupar agora a função de proteção social, antes desempenhada pelo Estado providência, ela reforça a disciplina e a autoridade – contra os supostos excessos da democracia.

"retorno dos reprimidos", para designar o sentimento por detrás do apoio ao populismo de extrema direita, sustentado pelos "perdedores da globalização".

Brown (2019) demonstra como o neoliberalismo não apenas reforça e depende do conservadorismo moral – agenda explorada pela extrema direita no contexto atual – como também possui uma proposta claramente antidemocrática. Seu projeto moral e político de refundação das sociedades visa, pois, a "conter o político, apartando-o da soberania, eliminando sua forma democrática e definhando suas energias democráticas" (Brown, 2019, p. 70). Ela relembra que, apesar de sua heterogeneidade constitutiva (ordoliberais, Escola austríaca, Escola de Chicago, etc.), os neoliberais defendem, em geral, que as decisões governamentais estejam sob controle de instituições despolitizadas: tecnocráticas, não majoritárias, imunes, portanto, ao controle público.

Outro trabalho que opera em chave analítica similar à da de Brown é o de Nancy Fraser (2019). Segundo essa filósofa, é possível identificar que a crise atual da democracia está associada a um contexto de esgotamento do modelo neoliberal, tanto em sua feição progressista quanto em sua vertente reacionária. Concentrando sua análise na experiência estadunidense e operando com os conceitos gramscianos de hegemonia e bloco histórico, Fraser diz que o neoliberalismo progressista (cujas expressões são os governos Bill Clinton e Barack Obama) substitui o acordo do New Deal (bloco histórico marcado pela aliança entre sindicatos, classes médias urbanas e fração do empresariado industrial, e que durou até meados dos anos 1970), garantindo elevados ganhos ao capital, mas também combinando políticas de reconhecimento liberal-meritocrático para mulheres, negros, etc. A estratégia exitosa do neoliberalismo progressista de formação de um bloco hegemônico (reunindo Wall Street, Vale do Silício e Hollywood, mas também parte dos novos movimentos sociais) foi, todavia, minada pelos próprios efeitos das políticas neoliberais, que reduziram o padrão médio de vida das classes média e baixa. Quando os neoliberais reacionários (cuja visão de mundo é excludente) incorporaram a pauta populista de ataque às elites dirigentes, o resultado foi a vitória de Trump, estabelecendo um novo bloco hegemônico que perdura até hoje, ainda que em crise e com dificuldades de prosperar, dado que ele tem compromissos históricos com a destruição das políticas do *Welfare State*. Fraser reforça o diagnóstico de Brown, reconhecendo que o ideário neoliberal foi incorporado por parte dos movimentos anticapitalistas, reduzindo, por outro lado, a capacidade de se apresentar também como um bloco contra-hegemônico.

Como em relação ao conceito de populismo, a variação semântica em torno do neoliberalismo é enorme e não deve aqui ser explorada. Entretanto, ao que parece diferentemente do primeiro, o segundo termo é concebido (pelo menos no que concerne ao debate sobre a crise das democracias contemporâneas) sempre em chave negativa: quer porque produziu efeitos negativos na sociedade, como o crescimento do desemprego e das desigualdades sociais – minando a confiança do cidadão mediano no *establishment* –, quer porque ele é, em si mesmo, um fator de desdemocratização (tanto em seus efeitos objetivos, por exemplo, na redução do poder público nacional frente às forças do mercado, como em seus efeitos subjetivos, por exemplo, na desmobilização social que ele fomenta com a valorização da competição e do mérito individual).

O que fazer diante da crise?

Pode-se afirmar que, do ponto de vista normativo, a maior parte dos estudos sobre a crise das democracias no século XXI dividem-se em três grupos. Um primeiro grupo, que entende que pouco ou nada pode ser feito a esse respeito, compreendendo, dessa forma, essa crise como um ponto de ruptura e de decadência inexorável das democracias. Um segundo grupo aposta na defesa da democracia liberal, contra a ameaça populista, em especial, apresentando três estratégias não excludentes para a sua preservação, aqui denominadas de salvacionismo elitista, catecismo cívico e reconstrução das condições de bem-estar. E, por fim, um terceiro conjunto de autores que, ainda que reconheçam benefícios advindos da democracia liberal a serem preservados (contra os ataques da extrema direita, sobretudo), propõem um conjunto de medidas a fim de aperfeiçoar, complexificar e aprofundar a sua prática. Neste terceiro conjunto é possível identificar, por seu turno, duas linhas de ação distintas: de um lado, autores que defendem que é possível e desejável construir uma solução através do próprio populismo e, de outro lado, aqueles que compreendem que o aprofundamento da democracia pressupõe, ao contrário, o combate ao populismo.

Como dito, o primeiro grupo de trabalhos adota um tom quase conformista frente ao que se denomina de ruptura com o modelo de democracia liberal: ou nada pode ser feito para reverter essa tendência histórica de erosão das democracias liberais, ou, pelo menos, nada é propriamente proposto por esses estudiosos.[10] Nesse sentido, o "fim da história", diferentemente do modo como foi celebrado por Fukuyama (1989), parece corresponder a um processo de decadência, gradativo e melancólico, das democracias liberais, no qual não há à vista nenhuma outra forma de organização para substituí-las. Castells (2018), por exemplo, assevera que, à direita e à esquerda, o povo está se manifestando, nas ruas, nas redes sociais e nas urnas, contra os sistemas democráticos reais, evidenciando um "colapso gradual de um modelo político de representação e governança" (2018, p. 36). Como ele comenta, as tentativas de revitalização das instituições dessa forma de governo (por exemplo, através do Podemos e do Ciudadanos na Espanha) não conseguiram superar o "claro-escuro do caos" da crise na qual nos encontramos. Após afirmar que a democracia não dispõe de meios para enfrentar as principais ameaças da contemporaneidade, David Runciman (2018, p. 216) pondera: "Qual é a minha solução? Neste ponto, em qualquer livro sobre o mal-estar da democracia contemporânea, geralmente há uma expectativa de que o autor sugira algumas correções. Não tenho nenhuma". Partindo de marco teórico bastante distinto, Streeck (2012, p. 56) afirma curiosamente algo similar:

> As ciências sociais pouco ou nada podem fazer para ajudar a dirimir as tensões e as contradições estruturais subjacentes aos desarranjos econômicos e sociais do momento. O que podem fazer, em todo caso, é lançar luz sobre elas e identificar os encadeamentos históricos por meio dos quais as atuais crises sejam plenamente compreendidas.

Contrastando com o tom de resiliência sombria de alguns desses textos, há um segundo e amplo conjunto de estudos que apostam na restauração da democracia liberal.[11] Nesse campo teórico, pode-se delinear três estratégias normativas a serem adotadas para atingir esse objetivo. Em primeiro lugar, o salvacionismo elitista: a direção dos partidos deveria impedir que pessoas

---

[10] Por exemplo: Crouch (2004), Runciman (2018), Castells (2018) e Streeck (2018).

[11] Alguns exemplos dessa perspectiva são: Diamond (2015), Snyder (2017), Levitsky e Ziblatt (2018), Mounk (2019), Urbinati (2019), Norris (2017), Przeworski (2022) e Fukuyama (2022).

com uma "personalidade autoritária" se tornassem candidatos (Levitsky; Ziblatt, 2018). E, numa conjuntura em que os populistas conseguem ser indicados para concorrer aos cargos eletivos, seria importante que as lideranças políticas soubessem quando é imperioso se unir em uma frente ampla para impedir a sua vitória. Uma segunda estratégia, que optamos chamar de catecismo cívico, sustenta que, para salvar a democracia liberal, os próprios cidadãos devem sair em sua defesa, valorizando políticos, partidos e medidas que estão em consonância com os princípios do Estado democrático de direito. Inclusive, esses autores presumem que, pela difusão de seus escritos, eles possam influenciar seus leitores a saírem em defesa das instituições do Estado democrático de direito.

Timothy Snyder (2017), por exemplo, apresenta "vinte lições" que os cidadãos comuns deveriam observar e que seriam fundamentais para impedir que um populista autoritário assumisse o poder, entre elas: "defenda as instituições", "seja patriota", "faça um esforço para afastar-se da internet", "leia livros" (Snyder, 2017). Segundo ele (Snyder, 2019, p. 218), a crença na inevitabilidade da democracia liberal, após a derrocada do bloco soviético, fez com que os defensores da liberdade "baixassem as defesas" frente às propostas autoritárias. Se no caso do salvacionismo elitista salta aos olhos a ausência de qualquer senso crítico sobre a conduta historicamente antidemocrática das elites políticas, no caso do catecismo cívico o que impressiona é o grau de voluntarismo dessas últimas propostas. Cumpre também notar que, ao adotarem uma concepção minimalista de democracia, nessas duas estratégias, o meio de superação da crise é associado, obviamente, às eleições e às instituições tradicionais de representação política, os partidos.

Um terceiro caminho apontado por esse segundo conjunto de estudos para preservar a democracia liberal é a reconstrução das condições econômicas do período "glorioso" do capitalismo, quando foi possível crescer, redistribuir as riquezas e, ao mesmo tempo, expandir os direitos. Se uma das causas da crise de legitimidade das instituições democráticas é de ordem financeira, "consertar a economia" (Mounk, 2019) é uma condição necessária para a sua superação. Przeworski (2022, p. 421) argumenta que não compreende que resultados eleitorais favoráveis contra os "populistas delegativos" representem uma superação da crise das democracias, porque "esta crise não é só política; tem raízes na economia e na sociedade". Mas se é necessário retomar o crescimento econômico, combater as desigualdades, recriar as políticas de bem-estar, como argumentam, como fazê-lo, considerando os interesses em disputa e as condições das sociedades contemporâneas? Como obter apoio popular para essas propostas se os populistas de direita, com sua orientação neoliberal, colocam a culpa da crise no tamanho do Estado, como evidenciam, por exemplo, os discursos de Jair Bolsonaro e Javier Milei? Os autores que advogam essas propostas não demonstram propriamente como viabilizá-las.

Como dito, um último conjunto de estudos adota, como o segundo, uma postura fortemente propositiva, não apenas para "salvar" a democracia liberal (mesmo que isso também seja postulado, ainda que com ressalvas), mas para aprofundar e/ou complexificar a sua prática, combatendo os diversos problemas que a caracterizam.[12] Também nesse grupo, as estratégias antes mencionadas para barrar a eleição de populistas reacionários e para promover o bem-estar da população são defendidas. Mas, diferentemente do segundo conjunto de escritos, neste caso tais medidas são concebidas como insuficientes. Nesse terceiro grupo de estudiosos, promover a democracia exige ampliar sua prática para além dos mecanismos eleitorais existentes. Para tal, dois caminhos são apresentados. Uma primeira estratégia seria aproveitar o "momento populista" (Mouffe, 2019, p. 48), isto é, o sentimento antiestablishment difuso na população, como uma oportunidade de retornar ao político (depois de anos de vigência da "pós-política") e de afirmação dos valores democráticos (ainda que a autora reconheça que o mesmo momento pode ensejar a irrupção de propostas autoritárias). Cumpre dizer que muitos desses autores contestam a chamada democracia liberal, mas sua posição teórica é no mínimo curiosa: de um lado, reforçam a defesa do Estado democrático de direito e do Estado de bem-estar social (ainda que limitadas pelo capitalismo) contra a ameaça crescente da extrema direita. Não é de surpreender, portanto, que seja esse grupo que tenha conseguido captar o sentimento popular antissistema, e não a esquerda, em grande medida, já inserida na institucionalidade da democracia liberal. Mas, de outro lado, os autores desse terceiro grupo parecem reconhecer que não há um modo ainda claro para se sair da crise. Nesse sentido, Fraser (2019) fala de um interregno, no sentido gramsciano,

---

[12] Por exemplo: Brown (2019), Mouffe (2019), Fraser (2019), Rosanvallon (2020).

como um tempo em que algo morreu e o novo ainda não pôde emergir. A "revolta populista" seria a pura expressão desse interregno. Fraser (2019, p. 159-162) defende, então, o apoio ao "populismo progressista", que teria condições de combinar as políticas de reconhecimento cultural com as políticas de redistribuição, que tratariam do "lado objetivo e real da nossa crise", isto é, o "capitalismo financeirizado" que gera a crise.

A autora, todavia, não esclarece como viabilizar, em contexto econômico e político tão adverso, essa "política fortemente igualitária de distribuição" conciliada com uma "política de reconhecimento substancialmente inclusiva, sensível à classe" (Fraser, 2019, p. 169). A segunda estratégia para aperfeiçoar as democracias existentes – tidas, novamente, como insuficientes – é apresentada por Rosanvallon (2020) que, como já dito, discorda radicalmente dos autores acima citados acerca do potencial positivo do populismo. Sem propriamente propor o caráter obsoleto da democracia representativa, Rosanvallon está preocupado em apresentar soluções factíveis diante da tentação populista, que simplifica a vida democrática a partir de uma concepção una e homogênea de povo. Nesse sentido, ele fala em "complexificar" a democracia, desenvolvendo melhor suas diversas dimensões e suas temporalidades. Para ele, o que tem falhado e está sob julgamento é uma concepção de democracia mínima, centrada na eleição, que não tem sido mais capaz de cumprir as suas funções básicas: representar os diversos interesses da sociedade; legitimar os poderes constituídos; acompanhar as novas temporalidades da sociedade contemporânea; produzir uma sociedade de iguais (Rosanvallon, 2018).

Contra a "democracia de autorização", compreendida pelo *mainstream* liberal como uma permissão para governar, Rosanvallon (2020) fala em realizar a "democracia como exercício", defendida a partir dos princípios da legibilidade, representatividade e reatividade (que deveria organizar a relação entre governantes e governados) e a partir do falar verdadeiro e da integridade dos representantes, transformando-a também em "democracia de confiança". Por meio da multiplicação das suas instituições e práticas (por exemplo, através da atuação das cortes constitucionais e de mecanismos permanentes de consulta e fiscalização, ocupados pelos cidadãos), esse autor espera poder retirar o povo de sua passividade como eleitor e combater a desconfiança em relação ao sistema político, que viabiliza a ameaça populista. O que não parece claro, no entanto, é se há condições sociais e econômicas para realizar tais metas, em um contexto, como lembra Brown (2019), de crescente despolitização e precarização da vida das pessoas comuns.

Sem pretender analisar em profundidade tais estratégias normativas, este trabalho procurou apresentar, de maneira minimamente organizada, o amplo e complexo debate sobre a crise das democracias no que diz respeito às propostas apresentadas por esses intelectuais para a sua superação.

A crise da democracia vista através da periferia: o caso brasileiro

Antes de finalizar esta reflexão, gostaríamos de fazer algumas considerações críticas e não exaustivas, baseadas em trabalhos sobre a experiência de formação e de crise de democracias na periferia do capitalismo, em particular o Brasil. Já se mencionou aqui como os casos de golpes parlamentares ocorridos na América Latina são frequentemente ignorados pela maioria dos trabalhos sobre a crise global das democracias. Casos nos quais, o próprio *establishment* político (e não *outsiders* ou populistas) violou as regras de competição política, dando um verniz de aparente legalidade, por meio do instrumento do *impeachment*, a um golpe de Estado. Fenômenos, portanto, que são, quando muito, mal compreendidos ou subestimados pelos principais estudos da crise global das democracias, por exemplo, através da noção de "jogo duro constitucional", proposta por Levitsky e Ziblatt (2018) para falar do *impeachment* brasileiro de 2016.[13]

Concordando com Ballestrin (2023), é possível dizer que o debate sobre a crise das democracias na contemporaneidade tende, em geral, a ignorar essas experiências na formulação de seus diagnósticos e prognósticos (tanto por parte de estudiosos alinhados com a democracia liberal quanto por boa parte de seus críticos) e que a "incorporação das desigualdades globais em chave pós-colonial nos estudos comparados sobre performance democrática" (Ballestrin, 2023, p. 97) tenderia muito a contribuir para

---

[13] Segundo esses autores, o "jogo duro constitucional" pode levar à morte da democracia, quando as elites políticas fazem um uso enviesado e casuístico das leis, a fim de desestabilizar os seus adversários, como na acusação contra Dilma Rousseff de ter cometido pedaladas fiscais.

tornar esse debate mais rico para compreender os múltiplos casos de democracia mundo afora.

Ainda que certamente o chamado Sul Global seja marcado por muita diversidade, entendemos que o caso da democracia brasileira retoma várias discussões que atravessam o debate internacional sobre a crise das democracias no presente século, como bem sintetiza Ballestrin (2023, p. 99):

> O caso brasileiro apresentou muitas manifestações comuns àquelas apontadas pela literatura internacional de filiação liberal ou crítica: a utilização das instituições democráticas para propósitos antidemocráticos; o aumento da desconfiança política e da polarização social; o protagonismo das novas direitas, sua radicalização e representação populista no cenário da erosão democrática; o avanço da violência política, incluindo a violência política de gênero; a combinação entre conservadorismo, moralismo e neoliberalismo; o retrocesso de direitos civis, políticos e sociais; a difusão do negacionismo histórico e científico; os ataques às liberdades acadêmica, artística e jornalística; a censura e a perseguição ideológica contra determinados adversários políticos, especialmente os de esquerda.

Mas os casos do Sul Global são ignorados, ou pelo menos não são analisados em profundidade e em comparação com os casos do Norte, privilegiados pelos analistas (inclusive por boa parte dos que se posicionam criticamente à democracia liberal). A análise desses contextos nacionais poderia evidenciar melhor a diversidade de processos formativos, bem como de processos de desconstrução da democracia, que não estão dados, por assim dizer, nas democracias mais longevas. Contra essa abordagem, boa parte da literatura especializada sobre a crise atual das democracias, hegemonizada pelo campo da ciência política, revela não apenas uma tendência universalista que tende a "sacrificar particularidades regionais, nacionais e locais em nome da generalização de padrões explicativos" (Ballestrin, 2023, p. 101), como também reforça "o discurso da superioridade da democracia norte-americana", como vimos explicitamente em trabalhos como os de Levitsky e Ziblatt (2018) e Fukuyama (2022), bem como a "sua influência na construção de outro discurso, aquele que transformou os Estados Unidos na maior potência mundial protetora da democracia" (Ballestrin, 2023, p. 105).

Essa autora revela, por exemplo, como o *mainstream* da ciência política só muito tardiamente passou a considerar os efeitos nocivos do neoliberalismo sobre a democracia (especialmente após a crise do capitalismo de 2008), algo que na América Latina já ocorria há muitos anos, quer pela experiência da instauração de ditaduras neoliberais (o Chile de Augusto Pinochet, por exemplo), quer pelo impacto desse ideário sobre o processo de redemocratização de alguns países da região (através da interdição de experimentos participativos desenvolvidos ali, por exemplo). Ballestrin destaca a importância de se construir uma "contra-história" da democracia liberal, que esteja imbricada da perspectiva decolonial tanto em seu processo de formação quanto de desdemocratização. Ilustrando o argumento, essa autora destaca como a desdemocratização brasileira, em curso com o golpe parlamentar de 2016, acomodou "altos níveis de desigualdade material e tipos de violência", com o rápido e preocupante crescimento da fome e da violência contra a mulher, por exemplo, durante o governo Bolsonaro. Cumpre superar tanto um "anglo-eurocentrismo metodológico" quanto um "liberalismo normativo limitado e parcial" que têm predominado no debate sobre a crise das democracias na contemporaneidade (Ballestrin, 2023, p. 116-117).

Contra tal perspectiva hegemônica e limitada, encontramos nos trabalhos de Luis Felipe Miguel elementos importantes para pensar a crise das democracias na contemporaneidade. Seu primeiro livro sobre o retrocesso democrático ocorrido no Brasil nos últimos anos, publicado em 2019, evidencia como a estrutura de profundas desigualdades (de renda, raça e gênero) limitaram drasticamente as possibilidades da democracia nacional. Contra os avanços importantes, ainda que parciais, promovidos pelos governos Lula e Dilma, o golpe de 2016 repôs as tendências formativas do país – de concentração de riqueza e dos meios de comunicação de massa, de violência contra os pobres e as populações marginalizadas, etc. – e que não haviam sido propriamente revertidas (mas antes atenuadas) com o fim da ditadura (processo esse também marcado por inúmeras continuidades e transações). Longe de personalizar o retrocesso democrático (não sendo ele, pois, efeito dos governos Michel Temer e Jair Bolsonaro, ainda que intensificados por eles), esse autor argumenta que o avanço progressista (tampouco ele próprio resultado apenas de lideranças virtuosas) não pôde aprofundar a democracia entre nós, precisamente porque a estrutura de desigualdades não foi transformada. A política de conciliação com as elites e de desmobilização popular, adotadas pelos governos petistas, revelou, por um lado, a fragilidade de nossas instituições e o não compromisso de nossas elites com as "regras do jogo" e, por outro lado, os limites dessa própria estratégia política, que teve que lidar também com um crescente inconformismo popular em relação à parcialidade e a letargia das melhorias produzidas:

> Como observou o cientista político polonês Adam Przeworski em artigo que muito influenciou os estudiosos da transição brasileira, a oposição entre autoritarismo e democracia se define pela existência ou pela ausência de um ator político capaz de vetar decisões contrárias a seus interesses. Com os militares abrindo mão da pressão política e aparentemente se tornando, como que por milagre, um não problema a partir do governo Collor, o requisito entendido como central para a democracia estava suprido. A vitória de Lula, em 2002, pareceu confirmar o veredito. Para alguns analistas, como André Singer, as políticas compensatórias das administrações petistas, que mostravam o Estado brasileiro finalmente preocupado com a situação dos mais pobres, estariam promovendo um realinhamento de expectativas cujo resultado era a ampliação da área de consenso entre os atores políticos mais relevantes. No Brasil do século XXI, não apenas a competição democrática seria o meio indispensável para se chegar ao poder, como o combate à pobreza seria aceito por todos como um objetivo nacional básico. Uma mudança comparável ao *New Deal* nos Estados Unidos, capaz de orientar a vida nacional por décadas. O golpe de 2016 demonstrou o equívoco destas esperanças. [...] Não apenas se promoveu a substituição de um governo por outro ao arrepio dos procedimentos estabelecidos, como se buscou uma reestruturação perene da correlação de forças políticas, com a consequente possibilidade de implantação de políticas antes inviáveis, a partir deste ato de força. (Miguel, 2019, p. 16-17)

A análise do seu primeiro livro, centrada na desdemocratização brasileira da última década, é expandida em uma segunda contribuição deste mesmo autor (Miguel, 2022), quando, ainda que avaliando principalmente a dinâmica brasileira, busca dialogar sistematicamente com toda a literatura sobre a crise global das democracias. Sem incorrer no erro de tomar o caso nacional como mera repetição de um padrão internacional, nem assumir que a ascensão autoritária é uma "jabuticaba" nossa, o livro de Miguel parte da premissa de que as democracias existentes, exaltadas pelos liberais, é uma forma de "modo de dominação política" inserida no contexto capitalista (2022, p. 8). Isso não significa que tal dominação se viabilize apenas pelo viés de classe. Ao contrário, a igualdade que deve marcar as democracias (como seu pressuposto e seu produto), choca-se com as assimetrias de classe, gênero e raça que impactam decisivamente no acesso dos indivíduos à esfera pública. Essa é e sempre foi a realidade da denominada "democracia liberal", em processo de acelerada "desconsolidação" nas últimas décadas. Mas dizer isso tampouco equivale a postular um patamar comum às democracias mundo afora. Nesse diapasão, Miguel formula duas hipóteses, a saber: i) a estabilidade das democracias depende da avaliação que os grupos dominantes fazem dos custos de tolerarem seus adversários *versus* os custos de romperem com as regras do jogo; ii) em países periféricos, os custos de supressão são menores em função dos padrões sociais utilizados por esses grupos. Isso porque nesses países as desigualdades são vistas como ainda mais necessárias à reprodução social, evidenciando ainda mais dois limites comuns à democracia liberal: o "descompasso entre o poder político igualitário, que o voto promete, e o controle desigual dos recursos políticos"; e a "vulnerabilidade às pressões externas" (Miguel, 2022, p. 10). Por estarem em uma condição subalterna do ponto de vista geopolítico, as nações periféricas são objeto de coerção das potências estrangeiras que limita o exercício da soberania popular. Articulando crise do capitalismo neoliberal, pós-democracia e conflitos interseccionais entre classe, raça e gênero, essa interpretação rompe com certo padrão da literatura aqui examinada, flagrantemente acrítico (e legitimador, em última instância) da opressão propiciada pela democracia liberal.

Relacionando a ideia de periferia ao conceito de imperialismo, Luis Felipe Miguel esclarece também como a "desdemocratização" não é a mesma no Sul e no Norte Global. Ele salienta um aspecto já mencionado anteriormente, a saber, como o *mainstream* da ciência política ignora, em larga medida, os "golpes de novo tipo" utilizados para depor governantes com um projeto político que afronta minimamente os interesses e privilégios, como no *impeachment* contra Dilma Rousseff, e/ou usados para impor acordos de austeridade contra a vontade popular. Miguel, longe de interpretar esse cenário como algo absolutamente novo, argumenta que ele se inscreve em um processo de crescente limitação da participação popular, que, inclusive, até há alguns anos atrás, foi elogiado por alguns politólogos como evidência da robustez de seus sistemas políticos e como requisito de governabilidade. Esse autor relembra também que estudiosos da transição alegavam que os países de democratização mais tardia acabariam se transformando, pelo próprio processo de modernização em curso, em democracias mais "consolidadas", como seriam os sistemas políticos do Norte Global, se conseguissem conter os excessos do *demos*, isolando dele as decisões públicas (a ficar nas mãos de tecnocratas). Ao contrário, o que tem ocorrido com a crescente influência dos mercados sobre os Estados nacionais, desde a revolução neoliberal, é que as democracias do Norte desenvolvido assemelham-se cada vez mais às suas irmãs "atrasadas" do Sul, o que ele chama provocativamente de "teleologia às avessas": as ditas "democracias consolidadas" parecem-se crescentemente com suas "irmãs" "subdesenvolvidas", "populistas" e "autoritárias".

Por fim, esse trabalho de Miguel diferencia-se igualmente da literatura corrente sobre a crise das democracias ao associar esse fenômeno à própria crise do socialismo e à reestruturação do mundo do trabalho no século XX, que fez não apenas ruir o acordo social-democrata, como promoveu uma aceitação por parte dos setores à esquerda do modelo limitado de democracia liberal. Na periferia, onde a exploração do trabalho sempre foi mais intensa, a margem para a atuação dos setores anticapitalistas (mesmo que agindo por processos de transformação gradativa, como os governos petistas) é menor. Assim, as possibilidades de sucesso de um projeto de transformação mais profunda da estrutura social brasileira foram reduzidas na medida em que a própria esquerda foi se acomodando à "única alternativa possível", para relembrar aqui a fórmula neoliberal:

> A crise da democracia liberal tornou-se, desta maneira, uma nova etapa da crise da esquerda. Desde o final do século passado, ela permanecia mergulhada naquilo que Fraser batizou de "condição pós-socialista", marcada pela ausência de uma alternativa global factível à ordem presente, pela falta de enfrentamento às questões da economia política e pela priorização das questões vinculadas a identidades, a reconhecimento e também a participação política. Hoje, nem esse fiapo de projeto se

sustenta mais. A esquerda tem que voltar a pensar a relação entre democracia e capitalismo para reconstruir suas ambições emancipatórias. (Miguel, 2022, p. 72)

Escrevendo no momento em que Bolsonaro concorria à reeleição, o autor defende que a interrupção do projeto autoritário de Bolsonaro exige mais do que apenas uma aliança eleitoral dos setores progressistas (como propõe alguns, como vimos), pois é preciso que eles estejam respaldados por ampla mobilização popular. Assim, uma reedição do lulismo em 2023 (um padrão político de conciliação e de transformação gradual, como classifica André Singer [2018]), ainda que inquestionavelmente melhor do que um segundo governo do líder da extrema direita brasileira, estaria fadado a aceitar uma democracia limitada, que pouco ou nada pode fazer em relação às desigualdades sociais e às estruturas de dominação.

Por limitação de espaço, a reflexão desta seção teve que se ater a trabalhos sobre a crise da democracia brasileira. Mas o livro organizado por Flávia Biroli, Maria das Dores Campos Machado e Juan Marco Vaggione (2020) indica similaridades interessantes entre alguns países latino-americanos (incluindo o Brasil) e o cenário de retrocesso das democracias no mundo.

Esses autores salientam aspecto quase absolutamente ignorado pela literatura produzida no mundo anglo-europeu: a importância da questão moral e religiosa no processo de desdemocratização. Mais do que simplesmente notar o crescimento do neoconservadorismo, quer dizer, "coalizões políticas estabelecidas entre diferentes atores – religiosos e não religiosos – visando manter a ordem patriarcal e o sistema capitalista" (2020a, p. 25), eles revelam que tal fenômeno tem contribuído significativamente para a emergência de lideranças e de cidadãos autoritários, além de legitimar ações de criminalização e sanção de grupos vistos como inimigos da nação. A "recristianização da sociedade por meio da mobilização do direito" (2020b, p. 194) tem se mostrado, pelo menos parcialmente, exitosa com a renaturalização dos processos e relações sociais e com o fortalecimento do familismo, depois de décadas de avanço das pautas dos direitos reprodutivos e da diversidade sexual. Protestos de rua, campanhas midiáticas, criação de partidos políticos confessionais e formação de coalizões partidárias "pró-família", "pró-casamento" ou "pró-vida", etc., são algumas das estratégias que têm fomentado a expansão do neoconservadorismo na região, em uma verdadeira cruzada moral antigênero, de violação dos valores que idealmente estruturam o Estado democrático de direito.

O crescimento das seitas evangélicas conservadoras na América Latina vai também ao encontro das ações neoliberais de desmonte do Estado de bem-estar social, na medida em que a família passa a ser considerada o último elo de solidariedade e o suporte para promover proteção às vulnerabilidades humanas, além de servir como dispositivo de controle a fim de garantir a "heteronormatividade, a função reprodutiva do casamento e a complementaridade entre os sexos" (2020b, p. 196). Em resumo, trata-se de uma aliança reativa, contingente e variada entre setores religiosos (evangélicos e católicos) e não religiosos (militares, extrema direita, ultraneoliberais), em torno de uma agenda antigênero (rejeição ao aborto e à homoafetividade, por exemplo); setores que têm atuado transnacionalmente com muita força, através da "juridificação da moralidade" (2020a, p. 30), de modo que os direitos humanos passaram a ser um campo fundamental de disputa contra os movimentos feministas e LGBTQI+, contribuindo, ao cabo, para "processos iliberais e de erosão das democracias" (2020a, p. 40).

Avaliando esse subcontinente e, especialmente, o caso brasileiro, Biroli (2020, p. 137, grifo da autora) comenta acertadamente que "a maioria dos diagnósticos dessas tendências [iliberais e antidemocráticas] e seus efeitos nos regimes atuais *não* inclui o fato de que as reações contra o gênero são uma característica comum dos processos de erosão das democracias". Como ela demonstra, "as campanhas contra o gênero colaboram para a erosão das democracias na medida em que comprometem valores e requisitos institucionais fundamentais como pluralidade, laicidade, proteção a minorias, direito à livre expressão e à oposição", além de ter "servido para legitimar alternativas e lideranças autoritárias em tempos de antipolítica". Ou seja, o crescimento do neoconservadorismo não apenas atinge diretamente as mulheres e as pessoas LGBTQI+, mas a própria democracia liberal que, a despeito de suas inúmeras limitações (especialmente para esses grupos oprimidos), serviu e serve para a proteção e promoção dos seus direitos.

A autora situa esse crescimento na esteira da "politização das relações de gênero", como uma forma de "politização reativa" (2020, p. 145-148), que, nos anos 2000, tem promovido uma expansão da "esfera privada protegida", concomitante à restrição neoliberal da atuação do Estado e ampliação do papel da família (familismo). Reagindo à expansão das pautas feminista e

LGBTQI+, os neoconservadores defendem a valorização das tradições, da família e da vida, supostamente ameaçadas pelos primeiros. No entanto, a conjunção neoliberalismo mais conservadorismo moral, lembra a autora, não é isenta de contradições: a família cristã e heterossexual valorizada vive, pelos processos sociais resultantes da neoliberalização, uma verdadeira crise do cuidado, na medida em que as mulheres, sobretudo, estão sobrecarregadas com as tarefas domésticas e com o mercado de trabalho (cada vez mais hostil, precário e desregulamentado), e não encontram suporte público para garantir a reprodução social. Cumpre mencionar também que os setores combatidos por essa campanha neoconservadora têm, como demonstram esses estudos sobre a América Latina, enfrentado e inovado nas suas formas de resistência, inclusive articulando-se internacionalmente.

Mapeando o cenário político mundial e, em particular, o brasileiro, Biroli assevera que a chamada "ideologia de gênero" tem servido como estratégia política aos diversos grupos que compõem a aliança neoconservadora para interditar debates e mudanças legais que promovam os direitos sexuais e reprodutivos. Em um cenário de pânico moral, em que "ideologia de gênero", "feminismo radical" e "marxismo cultural" são fundidos, o feminismo tornou-se não só o adversário, mas o inimigo comum a ser eliminado, dado que é visto como algo que ameaça a todos, perverte as relações naturais e ameaça os fundamentos da liberdade na sociedade capitalista. Ela conclui: "há, na cruzada antigênero, um potencial de erosão de valores democráticos, naturalizando desigualdades e abrindo caminhos para alternativas autoritárias contra inseguranças, incertezas e aqueles definidos como outros" (Biroli, 2020, p. 185). O neoconservadorismo, portanto, implica uma concepção restritiva de democracia, na qual a pluralidade de agendas é negada, certos temas e movimentos são criminalizados e as práticas e os valores democráticos são enfraquecidos, em nome de uma concepção unitária de família e nação.

Considerações finais

Este balanço bibliográfico identificou alguns pontos interessantes de reflexão em torno do debate sobre a crise atual das democracias. Primeiramente, que, na maior parte dos casos, os autores assumem implicitamente que a experiência do Atlântico Norte serve como referência para pensar a crise global das democracias. Mas a crise da democracia não é a mesma para todos os países, não tem início com a eleição de Trump ou com a decisão do Brexit, não está associada necessariamente aos mesmos fatores e nem possui a mesma dinâmica. Mais do que isso, a análise de alguns casos periféricos poderia evidenciar os limites antes mencionados da teoria política contemporânea e também indicar perspectivas críticas e mais realistas de enfrentamento da crise, considerando, como vimos, as diferentes formas de desigualdades, o passado colonial e o avanço do neoconservadorismo na fragilização das democracias.

Em segundo lugar, esse conjunto de textos revela, *grosso modo*, um tom fortemente normativo e uma baixa densidade conceitual, dado que os próprios termos-chave do debate – crise e democracia – apenas excepcionalmente são definidos.[14] Ainda que escrito em momento anterior à chamada "nova" crise da democracia, valeria a pena retomar a problematização de Bernard Manin e Nadia Urbinati a respeito da utilização "impressionista" do termo crise:

> Para que a noção de crise seja analiticamente útil, devemos usá-la somente sob condições específicas. Em particular, tal é o caso quando mudanças e tendências bem-estabelecidas parecem, por alguma razão, inconsistentes com as características constitutivas do objeto sob consideração, potencialmente ameaçando a sua sobrevivência. Se as mudanças não atingirem aquele nível, diagnósticos da "crise" são pouco mais que clichês debilmente informativos. Qualquer mudança em um determinado domínio, e em particular qualquer evolução que ainda é pouco estudada e compreendida, torna-se então ocasião para declarar uma crise. Dois fatores, em acréscimo, favorecem a proliferação dos diagnósticos de crise: de um lado, a propensão de idealizar o passado, e de outro, o fato de que o anúncio de uma crise, em qualquer tipo de atividade, tem mais chances de atrair atenção das editoras e dos leitores (inclusive na área acadêmica) do que as análises das mesmas atividades em situação normal. (Manin; Urbinati, 2016, p. 149)

Longe de pretender defender uma postura de imparcialidade, o que se quer ressaltar aqui é que tal defesa se dá, sobretudo, de *certa* democracia

---

[14] Importantes exceções são: Urbinati (2019), Rosanvallon (2020) e Przeworski (2022).

(não explicitamente definida, mas antes presumida), que é a democracia liberal e que possui inúmeras limitações. Não deixa de ser curioso notar que o contexto de crise das democracias liberais sirva como justificativa para contestar os setores mais críticos a esse modelo político, exigindo agora unidade política e programática em torno da sua defesa. A "esquerda" e os grupos "identitários" deveriam, segundo esse discurso, reconhecer os benefícios da democracia liberal que tanto criticam e agir positivamente na sua consolidação, diante da ascensão da extrema direita.[15] Não é desnecessário dizer que o ponto da crítica é precisamente que esses "benefícios" nunca estiveram plenamente acessíveis a esses grupos. Contra tais e outras limitações, uma análise do debate sobre a crise global das democracias contemporâneas deve, de fato, procurar identificar essas "armadilhas" teóricas e políticas, a fim de que a democracia a ser "salva" não seja uma democracia limitada e fadada à frustração coletiva.

Referências

Ballestrin, Luciana. Desigualdades pós-coloniais no processo de desdemocratização global: a ausência do Sul no debate sobre a crise das democracias liberais. *Dissertatio*, v. supl. 12, p. 95-121, 2023.

Biroli, Flávia. Gênero, "valores familiares" e democracia. *In*: Biroli, Flávia; Machado, Maria das Dores Campos; Vaggione, Juan Marco (Orgs.). *Gênero, neoconservadorismo e democracia: disputas e retrocessos na América Latina*. São Paulo: Boitempo, 2020. p. 135-187.

Biroli, Flávia; Machado, Maria das Dores Campos; Vaggione, Juan Marco (Orgs.). Introdução: matrizes do neoconservadorismo religioso na América Latina. *In*:

---

[15] Pelo menos no caso brasileiro, é verdade que setores importantes da esquerda têm adotado estratégia similar, "saindo em defesa" do sistema político – realmente ameaçado por projetos autoritários de poder. A estratégia eleitoral exitosa de Lula em 2022 em aliar-se com um candidato da direita tradicional, e o discurso adotado de "reconstrução e união nacional" parecem corroborar essa impressão. Nesse sentido, esses setores acabam recuando, em parte, nas suas críticas e demandas, dado que entende ser necessário, ao menos por hora, aliar-se a outros grupos sociais a fim de "salvar" a democracia liberal do assalto desses extremistas. Por outro lado, o sentimento antiestablishment, difuso na população, é capturado por esses últimos que, nessa situação, podem se colocar como os únicos opositores reais do "sistema" que oprime a população.

Gênero, neoconservadorismo e democracia: disputas e retrocessos na América Latina. São Paulo: Boitempo, 2020a. p. 13-40.

Biroli, Flávia; Machado, Maria das Dores Campos; Vaggione, Juan Marco (Orgs.). Conclusão. *In*: *Gênero, neoconservadorismo e democracia: disputas e retrocessos na América Latina*. São Paulo: Boitempo, 2020b. p. 189-202.

Brown, Wendy. *Undoing the demos: neoliberalism's stealth revolution*. New York: Zone Books, 2015.

Brown, Wendy. *Cidadania sacrificial: neoliberalismo, capital humano e políticas de austeridade*. Rio de Janeiro: Zazie, 2018.

Brown, Wendy. *Nas ruínas do neoliberalismo: a ascensão da política antidemocrática no Ocidente*. São Paulo: Ed. Filosófica Politeia, 2019.

Castells, Manuel. *Ruptura: a crise da democracia liberal*. Rio de Janeiro: Zahar, 2018.

Como Morrem as democracias? Por Steven Levitsky. [*S.l.*: *s.n.*], 2018. 1 vídeo (38 min. e 39 seg.). Publicado pelo canal Fundação FHC. Disponível em: https://www.youtube.com/watch?v=8bX7EdK0-1M. Acesso em: 11 mar. 2025.

Cooper, Melinda. *Family Values: Between Neoliberalism and the New Social Conservatism*. New York: Zone Books, 2017.

Corrales, Javier. Autocratic Legalism in Venezuela. *Journal of Democracy*, v. 26, n. 2, p. 37-51, 2015.

Crouch, Colin. *Post-Democracy*. Cambridge: Polity Press, 2004.

Dahl, Robert. *Poliarquia: participação e oposição*. São Paulo: Edusp, 2005.

Dalton, Russell; Wattenberg, Martin (Ed.). *Parties without Partisans: Political Change in Advanced Industrial Societies*. Oxford: Oxford University Press, 2000.

Dardot, Pierre; Laval, Christian. *A nova razão do mundo: ensaio sobre a sociedade neoliberal*. São Paulo: Boitempo, 2016.

Diamond, Larry. Thinking about Hybrid Regimes. *Journal of Democracy*, v. 13, n. 2, p. 21-35. 2002.

Diamond, Larry. Facing up the Democratic Recession. *Journal of Democracy*, v. 26, n. 1, p. 144-155, 2015.

Fraser, Nancy. *O velho está morrendo e o novo não pôde nascer*. São Paulo: Autonomia Literária, 2019.

Freedom in the World 2019: Democracy in Retreat. *Freedom House*, 2019. Disponível em: https://freedomhouse.org/report/freedom-world/2019/democracy-retreat. Acesso em: 11 mar. 2025.

Fukuyama, Francis. The End of History? *The National Interest*, n. 16, p. 2-18, 1989.

Fukuyama, Francis. *El liberalismo y sus desencantados: cómo defender y salvaguardar nuestras democracias liberales.* Barcelona: Centro de Libros, 2022.

Laclau, Ernesto. *La razón populista.* Ciudad Autónoma de Buenos Aires: Fondo de Cultura Económica, 2005.

Laclau, Ernesto; Mouffe, Chantal. *Hegemonia e estratégia socialista.* Santos: Editora Intermeios, 2015.

Levitsky, Steven; Ziblatt, Daniel. *Como as democracias morrem.* Rio de Janeiro: Zahar, 2018.

Levitsky, Steven; Way, Lucan. The Rise of Competitive Authoritarianism. *Journal of Democracy*, v. 13, n. 2, p. 51-65, 2002.

Manin, Bernard; Urbinati, Nadia. A democracia representativa é realmente democrática? (entrevista), *Dois Pontos*, v. 13, n. 2, p. 143-156, 2016.

Miguel, Luis Felipe. *O colapso da democracia no Brasil: da constituição ao golpe de 2016.* São Paulo: Fundação Rosa Luxemburgo; Expressão Popular, 2019.

Miguel, Luis Felipe. *Democracia na periferia capitalista: impasses do Brasil.* Belo Horizonte: Autêntica, 2022.

Mouffe, Chantal. *Por um populismo de esquerda.* São Paulo: Autonomia Literária, 2019.

Mounk, Yascha. *O povo contra a democracia: por que nossa liberdade corre perigo e como salvá-la.* São Paulo: Companhia das Letras, 2019.

Müller, Jan-Werner. *O que é o populismo?* Alfragide: Texto Editores, 2019.

Norris, Pippa. Is Western Democracy Backsliding? Diagnosing the Risks. *HKS*, Working Paper No. RWP17-012, 27 p., March 2017. Disponível em: https://www.hks.harvard.edu/publications/western-democracy-backsliding-diagnosing-risks. Acesso em: 15 mar. 2025.

Norris, Pippa; Inglehart, Ronald. *Cultural Backlash: Trump, Brexit, and Authoritarian Populism.* Cambridge; New York: Cambridge University Press, 2019.

Przeworski, Adam. *La crisis de la democracia: ¿adónde pueden llevarnos el desgaste institucional y la polarización?* Ciudad Autónoma de Buenos Aires: Siglo Veintiuno, 2022.

Putnam, Robert. *Bowling Alone: the Collapse and the Revival of American Community.* New York: Simon & Schuster, 2000.

Rosanvallon, Pierre. A democracia do século XXI. *Nueva Sociedad*, jul. 2018. Disponível em: https://nuso.org/articulo/democracia-do-seculo-xxi/. Acesso em: 15 mar. 2025.

Rosanvallon, Pierre. *Le siècle du populisme: histoire, théorie, critique.* Paris: Seuil, 2020.

Runciman, David. *Como a democracia chega ao fim.* São Paulo: Todavia, 2018.

Singer, André. *Os sentidos do lulismo: reforma gradual e pacto conservador.* São Paulo, 2018.

Snyder, Timothy. *Sobre a tirania: vinte lições do século XX para o presente.* São Paulo: Companhia das Letras, 2017.

Snyder, Timothy. *Na contramão da liberdade: a guinada autoritária das democracias contemporâneas.* São Paulo: Companhia das Letras, 2019.

Streeck, Wolfgang. As crises do capitalismo democrático. *Novos Estudos Cebrap*, Dossiê Crise Global, n. 92, p. 35-56, mar. 2012. Disponível em: https://www.scielo.br/j/nec/a/C7TPzqZKQCHQ5YbXCyJGp6b/. Acesso em: 12 mar. 2025.

Streeck, Wolfgang. *Tempo comprado: a crise adiada do capitalismo democrático.* São Paulo: Boitempo, 2018.

Streeck, Wolfgang. O retorno dos reprimidos como início do fim do capitalismo neoliberal. *In:* Geiselberger, Heinrich (Org.). *A grande regressão: um debate internacional sobre os novos populismos – e como enfrentá-los.* São Paulo: Estação Liberdade, 2019. p. 253-274.

Urbinati, Nadia. *Me the People: How Populism Transforms Democracy.* Cambridge; London: Harvard University, 2019.

Zakaria, Fareed. The Rise of Iliberal Democracy. *Foreign Affairs*, p. 22-43, 1997.

A crise democrática brasileira e seu conteúdo: a radicalização da luta pela desigualdade

Maria Caramez Carlotto

Na contramão do consenso ideológico de que a democracia liberal, de tão consolidada, representava o ponto final da história política humana e na esteira das turbulências sociais que eclodiram na segunda década do século XXI, o diagnóstico da crise democrática difundiu-se pelo mundo acadêmico, colonizou o debate público e passou a orientar a ação política de partidos, movimentos, instituições e atores.

No cenário europeu, o fenômeno principal que impulsionou esse diagnóstico remete ao fortalecimento de partidos e lideranças nacionalistas, em geral, abertamente machistas, racistas, homofóbicos e xenófobos que, por isso mesmo, voltam-se contra princípios institucionais da democracia liberal, especialmente os direitos humanos. Nesse cenário, a eleição de Viktor Orbán, na Hungria, seguida da reforma institucional por ele promovida, foi a expressão mais radical desse processo, cuja reação, na Europa, especialmente no pós-Brexit, passa pela crescente defesa do constitucionalismo liberal europeu.

Nos Estados Unidos, a leitura da crise democrática é inseparável da mutação por que passou o Partido Republicano, a partir da ascensão do trumpismo. Esse movimento, para além do nacionalismo xenófobo e racista e do machismo homofóbico comuns aos extremismos europeus, incorporou uma camada mais explícita de autoritarismo, ligada ao ataque sistemático a instituições democráticas como o sistema de justiça, a imprensa livre e o processo eleitoral em si mesmo, culminando no questionamento do resultado do pleito de 2020 e na tentativa de impedir a proclamação do vencedor na invasão do Capitólio em janeiro de 2020.

No Brasil, o fenômeno empírico que leva ao diagnóstico da crise democrática é mais complexo e multifacetado, assim como a história da nossa própria democracia. Uma primeira leitura emerge da interpretação dos protestos de junho de 2013 como expressão de uma "crise de representatividade", apontando a disfuncionalidade institucional de um sistema político excessivamente fechado. Na sequência, outra linha passou a mapear o recrudescimento da violência política, incluindo a violência de gênero, como um limitador da plenitude democrática. Nesse contexto, a radicalização da oposição à época, que passou a contestar o resultado e a lisura do processo eleitoral de 2014, acrescentou uma nova camada a esse diagnóstico. A percepção de que o ativismo judicial, sobretudo na forma do *lawfare*, constituía uma ameaça ao princípio da concorrência livre e democrática contribuiu para fortalecer a leitura de que estava em curso um processo de fragilização da democracia brasileira. Esse diagnóstico ganhou força a partir do afastamento da presidenta Dilma Rousseff, chamado por muitos à época de golpe parlamentar, e da prisão e interdição eleitoral de Lula, processos também descritos por analistas e lideranças políticas como um ataque a princípios fundamentais do funcionamento democrático.

Mas foi somente em 2018, a partir da eleição de um político ligado à defesa da ditadura militar e ao ataque violento aos direitos humanos, abertamente racista, machista e homofóbico, que o debate sobre a crise democrática saiu dos circuitos de vanguarda da academia e do campo político de esquerda para ganhar setores mais amplos da sociedade brasileira, especialmente de orientação liberal, incluindo parte importante da academia, da mídia e do sistema de justiça. Por fim, os quatro anos do governo Bolsonaro, que culminaram na tentativa de golpe de Estado que envolveu o esforço de interferir e invalidar as eleições presidenciais de 2022, até mesmo por meio do planejamento assassinato de autoridades e de atentados de natureza terrorista, fizeram da crise democrática brasileira um tema incontornável do debate acadêmico, político e midiático nacional.

Embora vicejem diferentes perspectivas que buscam descrever, explicar e enfrentar tal crise, existe uma que predomina: o enquadramento liberal que pensa a crise da democracia numa chave puramente político-institucional. Dessa perspectiva, embora as faces da crise democrática possam variar segundo cada contexto específico, o que as unifica como fenômeno histórico é o fato de expressarem uma *disfuncionalidade institucional* da democracia.

Nessa chave, a ascensão de forças sociais antidemocráticas que ameaçam e atacam a democracia se explica, em última instância, por *falhas institucionais* ligadas à democracia como forma procedimental. Assim, a crise democrática se explica ora porque o sistema judicial se omite e não cumpre seu papel de interditar atores extremistas e antidemocráticos; ora porque se excede e invade o espaço da política; ora porque o sistema político se mostra excessivamente aberto ou fechado; ora por um desequilíbrio de poderes; ora por alguma outra falha do sistema de freios e contrapesos; ora, ainda, pela fragilização de princípios institucionais da democracia como a livre manifestação, a livre informação e a livre participação, fruto da mobilização de mecanismos que vão da violência política explícita a um ecossistema de informação corrompido por bolhas artificiais, notícias falsas e difusão automatizada e/ou monetizada de mensagens políticas. Em todos esses cenários, a conclusão essencial é que a crise democrática tem sua causa principal no fato de que as instituições não estão funcionando bem. O que leva à conclusão de que a reposta a esse processo deve passar, centralmente, por reformas e ações institucionais.

No plano empírico mais imediato, um exemplo expressivo dessa posição foi a entrevista dada pelo ministro do Supremo Tribunal Federal (STF), Gilmar Mendes, quando da divulgação pública de que a investigação da Polícia Federal sobre a tentativa de golpe de Estado em 2022 descobriu a existência de um plano para assassinar o então presidente eleito, Luiz Inácio Lula da Silva, o seu vice, Geraldo Alckmin, e o ministro do STF e ex-presidente do Tribunal Superior Eleitoral (TSE), Alexandre de Moraes. Segundo Mendes: "Os fatos são extremamente graves e preocupantes. Nós precisamos ter aprendido com isso e acho que devemos reagir judicialmente e reagir legislativamente, fazendo as reformas necessárias para que episódios como esse não mais se repitam" (Plano, 2024).

No plano teórico, um dos exemplos mais significativos dessa linha – até pela sua enorme influência no debate político e acadêmico dos Estados Unidos e do Brasil – é a interpretação dos cientistas políticos norte-americanos Steven Levitsky e Daniel Ziblatt, que escreveram o best-seller *Como as democracias morrem* (2018) e, mais recentemente, assinam também o *Tyranny of the Minority* (2023) – publicado em português com o título *Como salvar a democracia* (2023) – que, na plataforma Amazon, figurava como o livro importado mais vendido na temática "democracia" no

Brasil no segundo semestre de 2024, mesmo depois da publicação da sua tradução.

Em linhas gerais, a proposta analítica de Levitsky e Ziblatt em *Como as democracias morrem* é descrever de que maneira as democracias consolidadas, em especial a estadunidense, podem sucumbir por processos de subversão que mobilizam justamente falhas e omissões institucionais. O foco central dos atores, nesse caso, é a tolerância excessiva de certos regimes políticos em relação a atores antidemocráticos que usam a própria democracia para destruí-la. A conclusão, diante desse cenário, é priorizar a pauta da defesa da democracia como forma institucional, ou seja, como mecanismos e procedimentos político-institucionais de tomada de decisão que devem ser preservados a qualquer custo. Por isso, os autores defendem que ou bem a democracia torna-se militante e forma coalizões de autopreservação ou será destruída. Essa coalizão democrática deve incluir atores e instituições que se dispõem a agir sistematicamente para defender a democracia, mobilizando, para tanto, todos os dispositivos institucionais que estiverem ao seu alcance, inclusive os que vierem a ser criados, corrigidos ou fortalecidos, se preciso for.

Em *Tyranny of the Minority*, escrito alguns anos depois, os autores ampliam a análise do que consideram falhas institucionais. Para além das salvaguardas institucionais para coibir ações autoritárias, objeto prioritário de *Como as democracias morrem*, os autores se dedicam a analisar os efeitos nefastos de poderes contramajoritários excessivos. Como o foco, de novo, são os Estados Unidos, os autores analisam em detalhe os efeitos antidemocráticos da sub-representação popular implicada nos mandatos vitalícios da Suprema Corte, na constituição do Senado pelo princípio federativo da representação estadual e, principalmente, na eleição indireta via Colégio Eleitoral. A partir disso, avançam na proposição de reformas institucionais para corrigir essas falhas e fortalecer a democracia do ponto de vista institucional, de modo que ela passe a funcionar efetivamente como um governo da maioria.

É importante frisar que a interpretação dos autores, publicada em 2023, chama a atenção para o fato de que o trumpismo perdeu no voto popular todas as eleições que disputou até então, só podendo assumir a Casa Branca em 2016 e, a partir disso, a Suprema Corte, porque se valeu de "falhas institucionais" ligadas a poderes contramajoritários, em especial, o Colégio Eleitoral e o Senado – lá como aqui, responsável por referendar a indicação presidencial de juízes da Suprema Corte. A conclusão é de que a força excessiva desses poderes contramajoritários, pensados para impedir a "ditadura da maioria", estaria levando a uma "tirania da minoria". Ao concluir sua análise em 2023, os autores não tinham, por óbvio, acesso aos resultados da eleição de 2024, na qual Trump venceu no voto popular, conquistando maioria na Câmara, no Senado e no Colégio Eleitoral, na maior votação de um republicano à presidência em duas décadas. Essa frustração de um dos princípios centrais da análise de Levitsky e Ziblatt – a saber, que a ascensão da extrema direita autoritária é fruto apenas de falhas institucionais da democracia – já indica a fragilidade desse enquadramento liberal, que pensa a política numa chave exclusivamente institucional.

A influência desse diagnóstico sobre o debate público brasileiro é tão profunda que é até difícil de mensurar. Porém, é certo que a força desse caldo teórico e ideológico, inspirado pela ciência política liberal norte-americana, ajuda a explicar por que o enfrentamento da extrema direita no Brasil tem assumido como eixo central a mobilização institucional em defesa da democracia como princípio abstrato.

Da perspectiva dos atores políticos, isso significa conferir centralidade à tática de contrapor à extrema direita uma frente ampla democrática, cujo cerne está na defesa da democracia *per se*, ou seja, da democracia como uma forma, no limite, sem conteúdo. É nessa chave que compreendemos o entusiasmo com que certos setores da chamada "frente ampla democrática", eleita para se contrapor à extrema direita autoritária no Brasil em 2022, encaram a absoluta prioridade dada às iniciativas de fortalecimento institucional da democracia. Seja via encaminhamento legislativo – com a aprovação de medidas legais de defesa do Estado Democrático de Direito –, seja via ativismo judicial – com o Supremo Tribunal Federal (STF) e o Tribunal Superior Eleitoral (TSE) mobilizando mecanismos institucionais para a defesa da democracia –, fato é que o enfrentamento à extrema direita, no Brasil, tem assumido um caráter fortemente institucional, em detrimento de outras formas de defesa da democracia que envolvessem, por exemplo, mobilização popular e incidência sobre a cultura política do país.

Apesar de não discordar do diagnóstico de que a crise democrática tem uma dimensão institucional, muito menos das iniciativas tomadas para defender institucionalmente a democracia, minha proposição essencial neste texto é de que esse diagnóstico, e a tática política de frente ampla liberal dele derivada, são claramente insuficientes para enfrentar a crise democrática posta e, por isso mesmo, têm começado a falhar em diferentes contextos, a começar pelos Estados Unidos de 2024.

E são insuficientes porque se ancoram numa concepção parcial de democracia, que privilegia sua forma – mecanismos institucionais de formação e tomada de decisão pela maioria – em detrimento do seu conteúdo – em especial, a construção de políticas públicas de promoção efetiva da igualdade, voltadas ao bem-estar das maiorias e à proteção das minorias, o que implica, no contexto atual, enfrentar abertamente o conservadorismo mas, também, e sobretudo, o neoliberalismo.

Nesse sentido, o argumento central do presente texto é de que é impossível discutir a crise da democracia sem considerar *o conteúdo da democracia* que remete, histórica e essencialmente, à redução sistemática das desigualdades. Essa concepção integral, estrutural ou mesmo social de democracia, comum a outros analistas da crise democrática brasileira atual (Biroli, 2019; Miguel, 2019; 2022), embora não hegemônica, representa, na minha opinião, a maneira mais consistente de ler a conjuntura atual. Isso porque ela nos obriga considerar a crise democrática não somente como consequência do ataque de extremistas à democracia como *forma*, por meio da subversão e do ataque a instituições democráticas, mas, sobretudo, como uma tentativa, ligada a uma gama mais ampla de repertórios e atores – inclusive os de matriz neoliberal – de enfraquecer o *conteúdo* da democracia, ou seja, as políticas de redução das desigualdades e de valorização da diferença, especialmente inscritas na Constituição de 1988.

Assim, se é verdade que a gravidade da crise atual advém do fato de que uma parcela importante desses atores antidemocráticos – a parcela que chamamos de "extrema direita" – radicalizou a luta pela desigualdade, também é verdade que não enfrentaremos de maneira efetiva essa crise sem apontar que o caráter antidemocrático desse movimento reside tanto no seu ataque à democracia como forma quanto no seu boicote sistemático ao conteúdo das políticas que a democracia, e somente a democracia, é capaz de produzir e que envolvem leis e políticas públicas voltadas à redução de desigualdades.

Em outras palavras, o apoio das maiorias à defesa da democracia depende essencialmente da capacidade de associar a defesa da forma democrática à preservação do conteúdo da democracia. Significa dizer que o ataque à democracia, como soberania popular, advém tanto dos que se recusaram a aceitar o resultado da eleição quanto dos que mobilizam recursos diversos para inviabilizar o programa de distribuição de renda vitorioso nas urnas.

Reconhecer isso implica uma inflexão importante na maneira de compreender e de enfrentar a crise democrática brasileira, porque, nessa chave, a extrema direita mostra-se não só autoritária, embora seja autoritária também, mas, acima de tudo, "elitista", no sentido de defensora radical da desigualdade, inclusive da desigualdade de acesso à liberdade cultural, religiosa, política e sexual, implícita na ideia de direito à diferença. Nesse ponto, inclusive, a extrema direita encontra-se com outras forças sociais, como a assim chamada "direita tradicional" ou mesmo "centro democrático neoliberal", com quem compartilha parte da sua base social mais ativa: formada majoritariamente por homens, brancos e posicionados no topo da hierarquia social brasileira, e que, por isso mesmo, assumem o controle da maioria das agremiações partidárias e das instituições políticas que formam, em conjunto, o sistema político e econômico do país.

Para debater essa proposição, o presente texto se organiza em três momentos: o primeiro, analisa a relação entre uma concepção parcial de democracia como forma institucional e o processo de profissionalização e especialização da ciência política brasileira, profundamente ligada à difusão da ciência política liberal estadunidense no pós-ditadura militar; o segundo, resgata uma outra tradição de reflexão sobre a democracia, que põe em primeiro plano o conteúdo social da democracia e, com ele, os atores beneficiados pelas políticas que ela – e somente ela – é capaz de produzir, chamando a atenção para a necessidade de analisar a extrema direita brasileira como um movimento que deve ser compreendido, em primeiro lugar, pela sua composição social, o que ajuda a explicar a radicalização da luta pela desigualdade; por fim, discuto as táticas de enfrentamento à extrema direita e à crise democrática no Brasil à luz desse diagnóstico.

A concepção institucional de democracia

O debate recente sobre a crise da democracia brasileira deve muito, como mencionei, à concepção liberal de democracia, hegemônica nos Estados Unidos e marcada pelo formalismo institucional. Para entender a força dessa concepção, é importante voltar a outro debate fundamental da história política brasileira: aquele que contrapôs diferentes interpretações sobre as raízes da ditadura militar (1964-1985).

De fato, na tentativa de entender o Golpe de 1964, formaram-se duas grandes vertentes interpretativas: uma, originalmente hegemônica e posteriormente marginalizada, olhava para os condicionantes econômico-políticos do golpe que colocou fim ao intervalo democrático aberto pela Constituição de 1946, tendo em vista seus efeitos sociais do ponto de vista distributivo das classes e setores econômico-sociais sendo, por isso, chamada de *estruturalista*; outra, originalmente incipiente, mas posteriormente majoritária, enfatizava a dimensão essencialmente política da ditadura, em especial, seu ordenamento institucional, buscando as raízes institucionais que possibilitaram o fechamento e posterior abertura do regime, o que a levou a ser nomeada de *institucionalista*.

As visões estruturalistas do golpe remetem a autores que, enraizados na vida intelectual brasileira desde antes do Golpe de 1964, tiveram sua trajetória acadêmica profundamente impactada por ele, na medida em que o regime militar passou a perseguir de modo sistemático a intelectualidade crítica do país (Figueiredo, 1993). Assim, afastados das universidades e instituições públicas de pesquisa por ação da ditadura, esses intelectuais não viveram diretamente o processo de profissionalização e especialização da vida acadêmica brasileira que, inspirado por modelos oriundos dos Estados Unidos, o próprio regime militar promoveu (Carlotto; Garcia, 2021), a partir da reforma universitária de 1968 e da consolidação da pós-graduação nos marcos de áreas disciplinares bem-definidas e sistematicamente avaliadas pela CAPES.

Se, por um lado, essa falta de inserção institucional privou tais intelectuais do dinamismo dos financiamentos organizados e da circulação internacional sistemática que se abriu a partir dos anos 1970, por outro, eles puderam preservar, por isso mesmo, a ambição totalizante das ciências sociais do período anterior, ancorada em um diálogo profundo entre a teoria econômica, sociológica e política da época.

Foi essa ambição intelectual totalizante que possibilitou interpretações mais amplas sobre a vida política e econômica do país, para as quais o golpe militar de 1964 não foi apenas uma consequência da fragilidade institucional do regime democrático do período anterior, mas, sobretudo, o desfecho violento de uma intensa luta política entre diferentes setores sociais pela definição de um modelo de Estado, de sociedade e de desenvolvimento. Dessa perspectiva, mais importante do que a oposição entre formas institucionais distintas (democracia/ditadura), é o conteúdo econômico e social das políticas promovidas por cada um desses regimes (ou seja, a disputas em torno da redução das desigualdades em diferentes níveis), que dependem, essencialmente, das relações de força entre diferentes setores sociais.

É explicitamente essa a linha perseguida por interpretações como as de Florestan Fernandes (2018 [1974]), Fernando Henrique Cardoso (1975), Maria da Conceição Tavares (1972), Octávio Ianni (1971 [1968]) e Francisco de Oliveira (1972), para citar alguns dos que analisaram o golpe militar de 1964 colocando em primeiro plano o conteúdo político das medidas que a ditadura possibilitou, especialmente no que concerne à profunda relação entre repressão política, arrocho salarial e incremento do processo de acumulação dependente que, juntos, explicam o assim chamado "milagre econômico brasileiro" da década de 1970 e sua crise posterior.

Essa abordagem dita "estruturalista" sofreu duras críticas da parte de autores que, apontando seu caráter supostamente "sociologizante", "economicista" e "determinista", passaram a reivindicar uma interpretação mais "política", que colocasse em primeiro plano a dimensão "institucional" da ditadura e seu desmonte pela transição democrática, também pensada institucionalmente, isto é, com alto grau de autonomia em relação às forças sociais que sustentavam aquele processo.

A influência crescente dessa interpretação institucional da política é inseparável do já referido processo de profissionalização da academia brasileira, que se liga, como dito, à consolidação da pós-graduação, com a implementação de diretrizes definidas, a princípio, no relatório coordenado por Newton Sucupira (Brasil, 1966) e, posteriormente, pela atuação da CAPES, tal como definido nos Planos Nacionais de Pós-graduação, no sentido de reforçar a avaliação sistemática da pós-graduação por áreas disciplinares (Carlotto, 2014; Carlotto; Garcia, 2021).

Foi no bojo desse processo que se deu a consolidação da ciência política como uma disciplina autônoma no país a partir dos anos 1970 sob os marcos teóricos e metodológicos do liberalismo estadunidense. Nas palavras de Fábio Keinert e Dmitri Pinheiro Silva (2010, p. 79) ao analisarem o processo de autonomização disciplinar da ciência política brasileira:

> A fisionomia que o perfil da disciplina assumiu a partir de fins da década de 1960 é tributária das iniciativas dessa geração, especialmente marcada pelos influxos internacionais estimulados pela Fundação Ford. No âmbito da sociabilidade vivida pelo grupo, um cânone disciplinar era construído articulando as novidades trazidas dos Estados Unidos com referências ligadas aos ensaios de interpretação sobre a história política do Brasil.

De fato, no caso das ciências sociais, o processo de profissionalização e especialização foi acompanhado de uma ação sistemática de agências nacionais e internacionais – especialmente estadunidenses – para a consolidação de disciplinas, temas e problemas. Foi assim que se deu a matematização da economia (Klüger, 2017), a emergência da gestão como área (Carlotto, 2014; Carlotto; Garcia, 2021) e a consolidação da ciência política como disciplina (Miceli, 1990; Keinert; Silva, 2010), todos processos fortemente ligados à importação de concepções norte-americanas como modelo para uma "modernização" das ciências sociais nacionais.

No caso específico do debate sobre democracia, significa dizer, portanto, que existe uma profunda relação entre a consolidação da "ciência política" como uma disciplina estruturada nos moldes norte-americanos a partir da ditadura militar e a expansão de uma visão liberal de democracia que privilegia seu formato institucional, em detrimento do seu conteúdo, ditado pelas relações de força entre diferentes setores e classes sociais.

Essa interpretação da história da ciência política, vale notar, não é propriamente nova e está presente até mesmo em autores clássicos da área como Bolívar Lamounier, que, no seu texto "A ciência política no Brasil: roteiro para um balaço crítico" (1982), propõe a existência de uma forte interação entre as "transformações institucionais" por que passou a ciência política brasileira e o "conteúdo substantivo da produção intelectual" da disciplina (Lamounier, 1982, p. 407).

Segundo o autor, essas transformações institucionais se caracterizam basicamente por uma transição para um modo de organizar a produção de conhecimento que passa a incorporar cada vez mais "a autonomia necessária ao trabalho de pesquisadores profissionalizados, engajados numa produção acadêmica regular, em bases modernas", "a investigação científica regular que supõe a contínua incorporação de novas evidências empíricas", "a internacionalização" que não despreza "a produção aqui realizada", "e a identidade disciplinar" (Lamounier, 1982, p. 408).

Como o próprio Lamounier sugere no seu texto, profissionalização implica, necessariamente, especialização ou, para usar as suas palavras, consolidação de uma "identidade disciplinar". No caso brasileiro, isso significou diferenciar a ciência política sobretudo da sociologia e da economia por meio da adoção de abordagens essencialmente político-institucionais. Isso fica evidente quando o autor analisa a produção da ciência política no período pré-1964, hegemonizada, segundo ele, por "sociólogos":

> Não se trata aqui de discutir o acerto ou não dessa orientação dos sociólogos [...] Afirme-se apenas que ela teve como consequência um sociologismo às vezes exagerado, *na medida em que não dirigia atenção para os temas propriamente políticos, ou políticos institucionais.* (Lamounier, 1982, p. 417; grifo meu)

A consolidação dessa abordagem institucional da democracia, ligada "à institucionalização e à diferenciação acadêmico-profissional da Ciência Política (brasileira)" (Lamounier, 1982, p. 419) sob moldes norte-americanos a partir dos anos 1970, foi intensamente reforçada pela difusão de uma ideologia liberal, também de matriz estadunidense, que, no pós-Guerra Fria, passou a atribuir ao "Ocidente", com seu capitalismo financeirizado e sua democracia representativa liberal, o *status* de estágio "final" da humanidade. A ideologia do fim da história coincide com o início da chamada Nova República, a partir da Constituição de 1988. Por isso, muitas das forças progressistas, que lideram o combate à extrema direita no Brasil hoje, surgiram e se consolidaram tendo como horizonte, justamente, os ideais liberais. Esse horizonte opera como um enquadramento, que circunscreve os limites dentro dos quais deve funcionar a política, ou seja, o que pode ou não ser reivindicado e como.

Na prática, significa dizer que uma das consequências da ditadura, que ampliou muito a influência norte-americana no país, foi tornar o progressismo brasileiro uma força política totalmente capturada pela ideologia (neo)liberal. Essa ideologia estabelece que é impossível pensar para além do capitalismo financeirizado, que, imaginado como força natural, isento de contradições mais profundas, seria capaz de institucionalizar todos os seus conflitos nos marcos de uma democracia liberal, ancorada em formas limitadas de representação política – vide o perfil de classe, raça e gênero dos poderes Executivo, Legislativo e Judiciário no país. Assim, essa ideologia concorre para manter intocáveis os dogmas que interditam a imaginação de reformas mais profundas na política e na economia do país (Carlotto, 2023a).

Esse cenário ajuda a explicar por que, seis décadas depois da "crise democrática" de 1964, grande parte da academia, da mídia e, influenciada por elas, do debate público, olha para a crise democrática atual quase que exclusivamente dirigindo "sua atenção para os temas propriamente políticos, ou político-institucionais" (Lamounier, 1982, p. 417) e projetando, a partir disso, uma defesa essencialmente conservadora da democracia, que olha exclusivamente para a necessidade de preservar essa institucionalidade como forma, não como conteúdo.

Democracia como conteúdo: das regras aos atores em jogo

Apesar de amplamente difundida no debate acadêmico, político e midiático, essa perspectiva que pensa a democracia exclusivamente em termos político-institucionais não é unânime. Muitos atores e autores, dentro e fora do Brasil, vêm se esforçando para pensar a democracia e sua crise atual à luz não só da sua forma, mas também do seu conteúdo, ou seja, para além das falhas e distorções de regras, considerando as políticas, agendas e, principalmente, os atores sociais que se conectam a esses processos. Isso implica extrapolar as fronteiras das concepções liberais, hegemônicas na ciência política, e resgatar perspectivas mais amplas, de viés estrutural, que deem conta das dimensões sociais ou, se quisermos, da economia-política das disputas em curso.

Um exemplo interessante dessa abordagem mais estrutural da democracia está no trabalho da cientista política norte-americana Wendy Brown. No seu livro *Nas ruínas do neoliberalismo: a ascensão da política antidemocrática no ocidente*, publicado nos Estados Unidos em 2019 e traduzido para o português no mesmo ano, Brown olha para o autoritarismo conservador da extrema direita desde uma perspectiva mais ambiciosa, que busca entender como "a racionalidade neoliberal preparou o terreno para mobilizar e legitimar as forças ferozmente antidemocráticas na segunda década do século XXI" (2019, p. 16).

Ao longo do livro, a autora se dedica a explicar de que maneira o neoliberalismo, como fenômeno econômico, abriu caminho para o autoritarismo, como resultante política, através de três processos principais: 1) o ataque permanente a toda forma de solidariedade social, a começar pelo Estado; 2) a deslegitimação constante da política, sobretudo na restrição da soberania popular sobre, por exemplo, a política econômica; e, por fim, 3) o fortalecimento da esfera pessoal protegida, que explica o conservadorismo ligado à hipervalorização da família, dos valores tradicionais e da religião.

A análise de Wendy Brown caminha da economia política para a filosofia política na medida em que a autora se dedica a entender em que medida a relação entre autoritarismo e capitalismo está presente nos principais teóricos da corrente de pensamento que deu origem ao que chamamos de "neoliberalismo". Mas se esse viés teórico permite à autora aprofundar a análise, ao mesmo tempo, fragiliza sua perspectiva ao descolar-se demais da experiência histórica e, justamente por isso, embora se pretenda "universal", a análise de Brown é excessivamente ligada à experiência estadunidense.

Essa parcialidade transparece no próprio título do livro: "nas ruínas do neoliberalismo". Ao sugerir que a relação entre neoliberalismo e autoritarismo é tardia, Brown desconsidera completamente a experiência da periferia do capitalismo, principalmente da América Latina. Como muitas análises já mostraram, ao longo dos anos 1960 e principalmente 1970, as ditaduras latino-americanas funcionaram como laboratório para as políticas neoliberais justamente porque o contexto autoritário servia para "neutralizar" a resistência a medidas antipopulares como as neoliberais. Curiosamente, até Brown reconhece isso logo na introdução do livro, quando destaca que o neoliberalismo, ao contrário do que afirma a cronologia eurocêntrica, não surgiu primeiro nos países do centro do capitalismo para, depois, ser exportado para a periferia global, mas justo o contrário:

> O neoliberalismo é mais comumente associado a um conjunto de políticas que privatizam a propriedade, os serviços públicos, reduzem radicalmente o Estado social, amordaçam o trabalho, desregulam o

capital e produzem um clima de impostos e tarifas amigáveis para investidores estrangeiros. Tais eram, precisamente, as políticas impostas ao Chile por Augusto Pinochet e seus assessores, os "Chicago Boys", em 1973 e logo depois levadas para outras partes do Sul Global, muitas vezes impostas pelo Fundo Monetário Internacional na forma de mandatos de "ajuste estrutural" vinculados à reestruturação dos empréstimos e da dívida. O que começou no Hemisfério Sul logo fluiu para o Norte, mesmo que com poderes executivos bem diferentes. (Brown, 2019, p. 29)

"Poderes executivos bem diferentes" porque, no Sul Global, na América Latina em particular, o contexto de surgimento do neoliberalismo era abertamente autoritário, conectado à onda de ditaduras militares que, com apoio direto dos Estados Unidos e das classes e setores dominantes locais, impuseram-se em praticamente toda a região, sobretudo a partir da Revolução Cubana. Portanto, vista desde essa região do mundo, a relação com o autoritarismo não está nas ruínas, mas nas origens do neoliberalismo. É fundamental reconhecer que se a relação entre capitalismo e autoritarismo tem se tornado mais forte no mundo todo, na periferia do sistema – no Brasil, portanto – ela é indissociável. É por isso que, aqui, enfrentar as forças autoritárias pressupõe enfrentar, com igual ênfase, as forças econômicas hegemônicas no país.

Esse diagnóstico que associa o aprofundamento de um capitalismo dependente e desigual ao recrudescimento do autoritarismo é o núcleo duro das já citadas interpretações estruturais sobre o golpe militar de 1964 que, de Maria da Conceição Tavares (1972) a Florestan Fernandes (2018 [1974]), passando por Octávio Ianni (1971 [1968]), Francisco de Oliveira (1972) e Fernando Henrique Cardoso (1975), interpretam o golpe militar – e a repressão aos movimentos sociais que ele possibilitou – como uma condição necessária para o aprofundamento de um capitalismo marcado por relações de dependência externa e exclusão interna, portanto, à ampliação da desigualdade.

É precisamente essa a proposta do ensaio sociológico de Florestan Fernandes sobre a Revolução Burguesa no Brasil (2018 [1974]). Ao mostrar que o capitalismo dependente pressupõe uma democracia restrita, Fernandes concluiu, ainda nos anos 1970, que a luta pela redemocratização deveria ser indissociável da luta pela transformação do capitalismo brasileiro, em especial das estruturas que promovem não apenas uma profunda desigualdade, mas também opressão, exclusão e miséria para a grande maioria da população brasileira. Foi esse diagnóstico, aliás, que afastou Florestan Fernandes, como intelectual e militante, dos pactos pelo alto que vinham sendo estabelecidos por setores estabelecidos da esquerda, do centro e da direita para promover, por meio de uma frente ampla, uma transição lenta e gradual para a democracia.

A constatação de que, para a burguesia brasileira, a única democracia historicamente possível no país é a democracia tutelada e restrita, levou Florestan Fernandes a concluir que, no Brasil, a democracia só poderia se efetivar plenamente se resultasse da insistência política das classes populares em superar, por meio da mobilização e organização, os limites históricos da democracia no país. É isso que justifica a ênfase de Florestan Fernandes na distinção entre a "oposição consentida" ou "dentro da ordem" e a experiência nascente do novo sindicalismo e dos novos movimentos sociais dos anos 1980, institucionalmente representados pelo Partido dos Trabalhadores e por sua atuação radical no processo de democratização, especialmente cristalizada na recusa do partido em aceitar o pacto de eleição indireta via colégio eleitoral de 1985 e na consequente pressão pela democratização do processo constituinte (Carlotto, 2023b).

De fato, Florestan Fernandes mobiliza uma concepção de democracia e, consequentemente, de consolidação democrática que vai para além da perspectiva institucional que hegemoniza o debate brasileiro sobre democracia desde os anos 1970. Não é por acaso que Fernandes, com sua concepção social de democracia, é uma referência importante de Luis Felipe Miguel no seu *O colapso da democracia no Brasil: da Constituição ao golpe de 2016*. Depois de explicar que seu livro sobre a crise democrática se organiza como um "ensaio de interpretação" que busca responder à pergunta de "como foi possível que o regime democrático e o sistema de direitos construídos no Brasil ao longo de mais de duas décadas ruíssem em tão curto prazo"? (Miguel, 2019, p. 14-15), o autor reitera sua concepção social de democracia ao lembrar que:

> parte importante da resposta reside nas relações de força entre grupos sociais no Brasil e na maneira pela qual nossas instituições – isto é, as

instituições da democracia eleitoral inaugurada após o fim do regime militar e hoje fraturada – as expressam. (Miguel, 2019, p. 15)

Na sequência, justamente depois de apontar a fragilidade de interpretações excessivamente institucionais da crise democrática, Miguel conclui que, "no Brasil, a democracia 'desconsolidou-se' no momento em que grupos-chave concluíram que o jogo eleitoral não lhes servia mais" (2019, p. 19). No seu livro de 2022, *Democracia na periferia capitalista: impasses do Brasil*, Miguel aprofunda sua crítica das concepções parciais de democracia para reiterar que:

> a democracia não é um terreno neutro em que as disputas se resolvem, como querem as visões ancoradas em um institucionalismo ingênuo. É uma forma de dominação política, fruto de um processo histórico de embates entre grupos sociais, portanto, sensível à correlação de forças entre eles. [...] À medida que a classe trabalhadora perde capacidade de pressão, cresce a tentação para que a burguesia exerça sua dominação de forma mais aberta e com menos concessões. (Miguel, 2022, p. 42)

Dito de outro modo, "a força do regime democrático está ligada à capacidade que a classe trabalhadora e outros grupos subalternos têm de impor limites à dominação" (Miguel, 2022, p. 279). Nessa chave, que conecta a crise democrática menos à sua forma do que ao seu conteúdo, importa olhar em primeiro lugar para quais políticas emergem da fragilidade da democracia, e é nesse sentido que o autor chama a atenção para o fato de que, no Brasil, a crise democrática:

> É um retrocesso que ocorre em múltiplas dimensões. A classe trabalhadora foi atingida pela revogação de parte importante da legislação que a protegia na relação com o capital e com a redução do financiamento para educação, saúde e outros serviços públicos. A desproteção social atinge sobretudo as mulheres, principais responsáveis pelo cuidado com as crianças, os velhos e os enfermos. Elas também sofrem, assim como a população negra, os povos indígenas e a comunidade LGBT, com o refluxo das políticas governamentais de enfrentamento dos padrões históricos de opressão social definido por gênero, raça, sexualidade e classe. (Miguel, 2019, p. 11)

Se, como Miguel corretamente aponta, o alvo da crise democrática são as políticas voltadas para as mulheres, a população negra e indígena, a comunidade LGBTQIA+ e a classe trabalhadora em geral, ganham ainda mais relevância os trabalhos que procuram compreender a extrema direita não só como um fenômeno político – cuja unidade se dá pelos efeitos do discurso, do repertório, das técnicas de comunicação e mobilização desses grupos – mas, sobretudo, como fenômeno econômico-social. Refiro-me aos trabalhos que apontam o quanto a extrema direita, no caso do Brasil, o bolsonarismo, é mais bem compreendida como uma reação – que alguns chamam de *backlash* (Norris; Inglehart, 2019) – aos efeitos das políticas de redução das desigualdades de classe, raça, gênero e liberdade sexual possibilitadas, justamente, pela redemocratização consolidada na Constituição de 1988.

Não por acaso, quando mapeamos o núcleo político do bolsonarismo como movimento social – isto é, aqueles atores que primeiro se associaram ao bolsonarismo como movimento e/ou que passaram a cumprir um papel central na sua estruturação –, salta aos olhos o caráter masculino, branco e altamente escolarizado, logo, elitizado desse agrupamento (Carlotto, 2025). Isso importa porque, do ponto de vista estrutural, ajuda a explicar por que esses atores atacam, justamente, as políticas de redução de desigualdades de classe, raça e gênero produzidas pela democracia brasileira desde 1988. Mais do que a forma, seu alvo principal é o conteúdo da democracia e isso tem implicações eleitorais evidentes. Em 2022, "enquanto Lula concentrou seu apoio entre pobres (que ganham até 2 salários-mínimos), negros (em especial a população preta) e mulheres, sobretudo do Norte e Nordeste; Bolsonaro teve seu núcleo duro de apoio entre homens, brancos, de renda alta e média do Sul e Sudeste" (Carlotto, 2023a, p. 27).

Que o ataque à democracia seja cada vez mais radicalizado – incluindo movimentos explícitos de golpe e ruptura institucional –, não deve nos induzir ao erro de considerar a extrema direita um movimento antidemocrático apenas no sentido formal. Em outras palavras, seu maior problema com a democracia é menos com o seu caráter institucional, de procedimento de tomada de decisão e organização de conflitos do que com o seu conteúdo: o fato de que a democracia, efetivamente, contribuiu, sobretudo desde 1988, para a construção de políticas voltadas à redução das desigualdades estruturais que constituem a formação social brasileira.

Isso nos leva a repensar as iniciativas que têm sido priorizadas, no Brasil, para enfrentar os setores de extrema direita, a saber, a tática de construção de uma frente ampla democrática voltada antes à proteção da democracia como forma do que à preservação e aprofundamento do seu conteúdo – as políticas de redução efetiva das desigualdades de classe, raça e gênero.

A defesa da democracia para além da forma

Da perspectiva da história da nossa democracia, consolidada a partir de 1988, as eleições de 2022 foram, sem dúvida, as mais importantes da Nova República. Com o diagnóstico da crise democrática posto claramente para amplos setores da sociedade brasileira, a tática dos setores progressistas – liderados por Lula e pelo Partido dos Trabalhadores – para enfrentar a ameaça da extrema direita foi compor uma frente ampla, cujo objetivo era preservar a democracia como regime político, ou seja, o "Estado democrático de direito". Por mais fundamental que seja essa iniciativa, a aliança que se formou implicou conceder espaço importante a setores (neo)liberais que, justamente, flertam com o ataque à democracia não como forma, mas como conteúdo. Isso nos leva à outra face do debate sobre a crise democrática, que remete à natureza do fenômeno político que estamos enfrentando a partir da emergência de forças abertamente antidemocráticas.

Caracterizar a natureza desse processo político importa não só por razões teóricas, mas pragmáticas e programáticas: é da correta compreensão de um processo político que advêm as melhores táticas e estratégias para enfrentá-lo. Muito tem sido dito e escrito, globalmente, sobre a ascensão de forças antidemocráticas e conservadoras. Porém, não é exageradamente simplista classificar essas análises, como fizemos ao longo deste texto, em dois grandes polos.

De um lado, estão os que analisam esse processo numa chave essencialmente política, enfatizando a capacidade de grupos autoritários e conservadores de gerar convencimento, engajamento e, com isso, ganhar densidade política para atacar as regras do jogo democrático. Justamente por interpretar a emergência desses grupos como resultado de ações estritamente políticas – incluindo a ênfase, por vezes exagerada, no domínio de tecnologias de comunicação e no uso disseminado de *fake news* – essas análises tendem a pensar o seu enfrentamento no terreno puramente político ou, se quisermos, institucional. Em termos mais concretos, sugerem que, considerando a ameaça que representa para o regime político estabelecido, a extrema direita deve ser combatida pelo conjunto do regime, numa grande frente ampla democrática. Empenhada em conservar o regime e suas instituições tal como estão, essa vertente não deixa de assumir um caráter defensivo, por vezes elitista e conservador.

De outro lado, estão os que assumem uma chave de análise menos politicista e, portanto, mais atenta às determinações econômicas, sociais e culturais da ascensão autoritária. Justamente por enfatizar as dimensões estruturais do fenômeno, essas análises tendem a olhar numa chave de mais longo prazo, considerando, embora relevante, menos determinante a capacidade de ação dos grupos e setores autoritários, e mais importante o contexto de vida e sociabilidade que permite a massificação das suas mensagens ao mesmo tempo autoritárias e antissistêmicas. Dessa perspectiva, o processo político que estamos enfrentando não passa apenas pela recente e bem-sucedida mobilização política de grupos conservadores e autoritários, mas tem raízes muito mais profundas, ligadas às consequências econômicas e sociais do neoliberalismo. Nessa chave, o enfrentamento da extrema direita não pode se dar num terreno simplesmente político-institucional, sendo igualmente importante a construção de um programa econômico e social capaz de incidir concretamente sobre a vida da maior parte da população. É essa leitura que explica por que, para muitos, o neoliberalismo precisa ser enfrentado na mesma medida que o autoritarismo conservador, já que, embora distintos, estão indissociavelmente ligados no ataque ao conteúdo mesmo da democracia, ou seja, à capacidade do Estado de fazer políticas substantivas de redução de desigualdades.

O governo Lula III, sustentado por uma frente cada vez mais ampla, tem como mote a defesa da democracia como forma, e como forma tal qual consolidada na redemocratização. Nesse enquadramento, fica de fora qualquer reforma democrática mais profunda, como a que muda o artigo 142, que tem sido interpretado pelas Forças Armadas como a continuidade do seu direito a operar como poder moderador, ou a que altera a interpretação da Lei da Anistia, que impede a punição de golpistas e torturadores. Por outro lado, nessa defesa da democracia apenas como forma, há espaço para medidas que, justamente, atacam o conteúdo da democracia, como um pacote de corte de gastos que implica reduções substantivas nas políticas mais diretas de redução das desigualdades.

O presente texto faz parte do esforço de ampliar a imaginação política dos setores progressistas do país para que possamos escapar das armadilhas que a ideologia (neo)liberal nos coloca. A começar por produzir o ambiente econômico e político em que cresce da extrema direita e, ao mesmo tempo, aparecer como parte da aliança necessária a combatê-la. Como um parasita, integra a aliança democrática para cobrar medidas de austeridade que comprometem a viabilidade eleitoral – democrática – da própria frente ampla. Que a eleição de Donald Trump após quatro anos de neoliberalismo progressista nos Estados Unidos o diga. Em suma, se partimos de uma concepção mais ampla de democracia e, com isso, levamos em conta a complexidade do fenômeno que estamos enfrentando, fica evidente por que não devemos comprar o risco que a abordagem excessivamente institucionalista nos coloca: a de defender a democracia como um regime político sem conteúdo, abrindo espaço para um modelo econômico que interessa a poucos e que, por isso mesmo, é profundamente antidemocrático.

Referências

Brasil, Ministério da Educação e Cultura, Conselho Federal de Educação. 1966. Parecer 106/66. *Documenta*, n. 46, p. 36-88.

Biroli, Flávia. A reação contra o gênero e a democracia. *Nueva Sociedad*, v. 1, p. 76-88, 2019.

Brown, Wendy. *Nas ruínas do neoliberalismo: a ascensão da política antidemocrática no Ocidente*. São Paulo: Ed. Filosófica Politeia, 2019.

Cardoso, Fernando Henrique. *Autoritarismo e democratização*. São Paulo: Paz e Terra, 1975.

Carlotto, Maria Caramez. *Universitas semper reformanda? A história da Universidade de São Paulo e o discurso da gestão à luz da estrutura social*. 2014. 570 f. Tese (Doutorado em Sociologia) – Faculdade de Filosofia, Letras e Ciências Humanas, Universidade de São Paulo, São Paulo, 2014.

Carlotto, Maria Caramez. O abismo, o arame e o outro lado: reflexões sobre a tática e a estratégia da esquerda no governo Lula III. *Jacobin*, n. 6, p. 20-31, 2023a.

Carlotto, Maria Caramez. O significado histórico da Constituição de 1988. *In*: Genoino, José; Caldas, Andrea (Orgs.). *Constituinte: avanços, herança e crises institucionais*. Curitiba: Kotter, 2023b, p. 85-106.

Carlotto, Maria Caramez. "Boa guerra, garoto(s)!": bolsonarismo, "anti-intelectualismo" e masculinidade. *Estudos Avançados*, v. 39, n. 113, p. 1-20, 2025.

Carlotto, Maria Caramez; Garcia, Sylvia Gemignani. O Brasil como "terreno de experimentação" da expertise gerencial: a atuação do Conselho de Reitores das universidades brasileiras (1966-1985). *Revista Pós Ciências Sociais*, v. 18, n.1, p. 63-84, 2021.

Fernandes, Florestan. *A revolução burguesa no Brasil: ensaio de interpretação sociológica*. São Paulo: Globo, 2018 [1974].

Figueiredo, Argelina Cheibub. *Democracia ou reformas? Alternativas democráticas à crise política*. São Paulo: Paz e Terra, 1993.

Ianni, Octávio. *O colapso do populismo no Brasil*. Rio de Janeiro: Civilização Brasileira, 1971 [1968].

Keinert, Fábio Cardoso; Silva, Dmitri Pinheiro. A gênese da ciência política brasileira. *Tempo Social*, v. 22, n. 1, p. 79-98. 2010.

Klüger, Elisa. *Meritocracia de laços: gênese e reconfigurações do espaço dos economistas no Brasil*. 2017. Tese (Doutorado em Sociologia) – Faculdade de Filosofia, Letras e Ciências Humanas, Universidade de São Paulo, São Paulo, 2017.

Lamounier, Bolívar. A Ciência Política no Brasil: roteiro para um balanço crítico. *In*: Lamounier, Bolívar (org.). *A Ciência Política nos anos 80*. Brasília: Ed. UnB, 1982, p. 407-433.

Levitsky, Steven; Ziblatt, Daniel. *Como as democracias morrem*. Rio de Janeiro: Zahar, 2018.

Levitsky, Steven; Ziblatt, Daniel. *Tyranny of the Minority: Why American Democracy Reached the Breaking Point*. New York: Crown, 2023.

Miceli, Sergio. *A desilusão americana: relações acadêmicas entre o Brasil e os Estados Unidos*. São Paulo: Sumaré, 1990.

Miguel, Luis Felipe. *O colapso da democracia no Brasil: da Constituição ao golpe de 2016*. São Paulo: Expressão popular, 2019.

Miguel, Luis Felipe. *Democracia na periferia capitalista: impasses do Brasil*. Belo Horizonte: Autêntica, 2022.

Norris, Pippa; Inglehart, Ronald. *Cultural Backlash: Trump, Brexit, and Authoritarian Populism*. Cambridge: Cambridge University Press, 2019.

Oliveira, Francisco. Crítica à razão dualista. *Estudos Cebrap*, n. 2, p. 1-79, 1972.

Plano de golpe: anistia não faz sentido e seria absurdo afastar Moraes, diz Gilmar Mendes. [*S.l.: s.n.*], 21 nov. 2024. 1 vídeo (4 min. e 3 seg.). Publicado pelo canal Uol. Disponível em: https://www.youtube.com/watch?v=MmTrMKF2Pwo. Acesso em: 16 mar. 2025.

Tavares, Maria da Conceição Tavares. *Da substituição de importações ao capitalismo financeiro: ensaios sobre economia brasileira*. Rio de Janeiro: Zahar, 1972.

Crises da democracia na história brasileira

Gabriela Nunes Ferreira
Maria Fernanda Lombardi Fernandes

Em 2015 o cientista político Larry Diamond cunhou a expressão "recessão democrática" para descrever aquilo que outros muitos analistas passaram a identificar como uma crise dos regimes democráticos (Levitsky; Ziblatt, 2018; Przeworski, 2020; Runciman, 2018). A crise ou recessão era uma consequência direta do desencantamento das populações com a democracia liberal, tanto no plano das ideias quanto no plano prático, no funcionamento das instituições. Jairo Nicolau, no prefácio ao best-seller de Levitsky e Ziblatt (2018), resume o argumento dos autores, apontando para uma mudança na percepção em relação aos regimes democráticos no mundo a partir de meados do século XXI: se no final do século XX vivia-se sob a perspectiva de expansão da democracia (cada vez mais humanos viviam sob esse regime), a partir do refluxo da Primavera Árabe (2011) a situação se modificou; não só se tornou mais improvável a instalação de regimes democráticos nas periferias, como também os países centrais passaram a viver situações de forte instabilidade democrática (Nicolau, 2018).

No Brasil, a crise se manifestou de maneira mais evidente a partir das jornadas de junho de 2013 e do *impeachment* de Dilma Rousseff; o voto de Jair Bolsonaro em homenagem a Ustra no plenário da Câmara pode ser considerado um momento-chave desse processo de escalada da instabilidade política no país. Em relação a esse momento crítico do país, Jairo Nicolau, no prefácio citado, afirma que "para nós brasileiros, essa é uma questão histórica que voltou a ser muito presente de 2013 para cá, período em que temos vivido com a sensação permanente de que algumas coisas estão fora do lugar no nosso sistema político" (Nicolau, 2018, p. 5).

Nicolau acerta quando diz que, no caso do Brasil (mas não só), a crise da democracia "é uma questão histórica". Pelo menos na nossa não tão extensa história republicana, vários foram os momentos em que a ruptura de uma ordem minimamente democrática foi ensaiada ou mesmo se consumou. De 1889 até hoje, tivemos seis constituições, algumas tentativas de golpes (militares ou civis-militares) e a instalação de duas ditaduras: o Estado Novo (1937-1945) e a Ditadura Militar (1964-1985), momentos em que de fato ocorreu a derrubada de regimes ao menos minimamente institucionalizados, com a presença de partidos, eleições, parlamentos e a existência de um sistema legal de garantias das liberdades civis.

A crise da democracia (em sentido amplo)[1] é então, como se pode perceber, uma velha conhecida nossa. A partir dessa constatação, nosso objetivo passa a ser examinar os dois momentos mencionados acima, o Estado Novo e a Ditadura Militar, quando a crise levou à ruptura de uma ordem estabelecida e à instituição de regimes autoritários. Mais do que sobre os fatos históricos em si, nossa ênfase será sobre as ideias por trás desses fatos, isto é, o conjunto de doutrinas, argumentos e conceitos mobilizados pelos atores políticos no esforço de construção e legitimação desses regimes. Como se verá, curiosamente, de modos distintos, o argumento da defesa da democracia esteve no centro desse esforço.

Primeira ruptura democrática: o Estado Novo

A Revolução de 1930, que pôs fim à Primeira República, pode ser considerada, em alguma medida, fruto da maré ideológica marcadamente antiliberal e antidemocrática em ascensão tanto na Europa quanto no Brasil naquele período. No entanto, o movimento que levou Vargas ao poder foi formado por ideias e atores políticos variados e muito distintos entre si.

Se houve um pensamento autoritário formulado no bojo da crítica às instituições liberais instituídas pela Constituição de 1891, houve

---

[1] Em sentido amplo porque o regime anterior a 1937 seria mais bem definido como liberal-oligárquico; já o período compreendido entre 1945 e 1964 poderia ser mais facilmente chamado de democrático, mesmo com as restrições à participação (como a exclusão do direito ao voto aos analfabetos), restrições que, diga-se de passagem, não existiam só no Brasil.

também uma crítica liberal contundente à república oligárquica, cuja principal bandeira era o estabelecimento de um verdadeiro sistema representativo, com voto secreto, representação de minorias e instituição de uma Justiça Eleitoral. O Partido Democrático, fundado em São Paulo em 1926, foi um dos principais representantes dessa vertente liberal (e socialmente conservadora). Somaram-se ainda ao movimento setores oligárquicos dissidentes, dos quais provinha justamente o gaúcho Getúlio Vargas. Havia, finalmente, os setores militares, também pouco homogêneos internamente, em um contexto de desorganização e fragmentação das Forças Armadas, agravadas pela proeminência dos jovens tenentes no movimento, subvertendo a hierarquia militar. Como observa José Murilo de Carvalho, o processo de constituição e fortalecimento das Forças Armadas como ator político nacional, sob a liderança de Góis Monteiro e Gaspar Dutra, foi concomitante e diretamente relacionado à construção do próprio Getúlio Vargas como líder nacional, duas facetas do processo de nacionalização da política iniciado em 1930. O casamento entre ambos se consolidaria em 1937, mas sob a liderança de Vargas (Carvalho, 1999).

O resultado de tamanha heterogeneidade foi o surgimento de múltiplos conflitos pouco após a Revolução de 1930. Os paulistas empunharam armas em 1932, na Revolução Constitucionalista, derrotada militarmente mas em grande medida vitoriosa no plano político: em maio de 1933, realizaram-se eleições para a Assembleia Nacional Constituinte, e uma nova Carta foi promulgada em 14 de julho de 1934. No dia seguinte, a mesma Assembleia elegeu indiretamente Getúlio Vargas presidente da República, com mandato até 3 de maio de 1938.

A Constituição de 1934 representou uma vitória dos liberais, pois manteve a forma federativa, com amplos poderes aos Estados, e um Poder Legislativo preponderante. Ao mesmo tempo, sinal dos tempos, trouxe novidades como títulos sobre ordem econômica e social; sobre família, educação e cultura; e sobre segurança nacional.

O recém-inaugurado período democrático, no entanto, durou pouco. O surgimento de dois movimentos opostos atestava o clima de crescente radicalização política: à direita, a Ação Integralista Brasileira, movimento fascista liderado por Plínio Salgado, criado em 1932, alcançou um grande número de seguidores, tornando-se de fato um movimento de massa no

Brasil. Do outro lado do espectro político, também reunindo um número notável de adeptos, comunistas e outros grupos de esquerda criaram em 1935 a Aliança Libertadora Nacional, com Luís Carlos Prestes como presidente de honra.

Em novembro de 1935, levantes comunistas ocorridos em Natal, Recife e Rio de Janeiro levaram a uma escalada de medidas repressivas pelo governo – com o apoio do próprio Congresso Nacional. Em 1937, a poucos meses da eleição na qual seria escolhido o novo presidente da República, a divulgação de um suposto plano de insurreição comunista, o famigerado Plano Cohen, foi o pretexto final para o golpe do Estado Novo: no dia 10 de novembro, o Congresso e as assembleias estaduais foram fechados e Vargas anunciou a entrada em vigor de uma nova Constituição elaborada pelo ministro da Justiça, Francisco Campos.

Para o redator da Constituição, a instituição do novo regime resultara de "um imperativo de salvação nacional" (Campos, 2001 [1940], p. 39). Na "Proclamação ao povo Brasileiro" lida por Getúlio Vargas no Palácio da Guanabara na própria noite do 10 de novembro, dizia-se:

> Quando as competições políticas ameaçam degenerar em guerra civil, é sinal de que o regime constitucional perdeu o seu valor prático, subsistindo, apenas, como abstração. A tanto havia chegado o país. A complicada máquina de que dispunha para governar-se não funcionava [...]. Restauremos a Nação na sua autoridade e liberdade de ação: na sua autoridade, dando-lhe os instrumentos de poder real e efetivo com que possa sobrepor-se às influências desagregadoras, internas e externas; na sua liberdade, abrindo o plenário do julgamento nacional sobre os meios e os fins do governo e deixando-a construir livremente a sua história e o seu destino. (Vargas, [1937], p. 32)

A Constituição de 1937 nunca foi realmente posta em prática. Nas suas "disposições finais e transitórias", ficou estabelecido que a Constituição deveria ser submetida a um plebiscito nacional, como pré-requisito para a aplicação de muitos dos seus dispositivos – a começar pela realização de eleições para o Parlamento. Enquanto isso, o Governo Federal poderia legislar através de decretos-lei. Fato é que o plebiscito nunca foi realizado, o Parlamento permaneceu fechado e continuou vigorando o "estado de emergência", também previsto como provisório. Nos Estados, os governadores foram transformados em interventores, muitos deles trocados.

De qualquer forma, a Constituição de 1937 representou o marco inicial de uma nova fase da história republicana brasileira, com elementos de continuidade mas também importantes elementos de ruptura em relação às fases iniciais do governo de Getúlio Vargas. No seu conteúdo, o texto constitucional expressava a vitória de um projeto político claramente autoritário, um modelo de organização do Estado e da sociedade que seus idealizadores e defensores qualificaram como "democracia autoritária", termo contraditório aos olhos de hoje.

O projeto político do Estado Novo

Uma boa forma de entender os vários aspectos do projeto político consubstanciado na Constituição de 1937 é examinar os argumentos com que alguns dos principais autores e atores políticos do período, profundamente identificados com o novo regime, defenderam e justificaram a nova ordem política. O triunvirato do pensamento autoritário do período era composto por Francisco Campos, Oliveira Vianna e Azevedo Amaral (Fausto, 2001), homens com formações e trajetórias distintas mas convergentes no vínculo com Vargas e no empenho comum na construção de uma ideologia legitimadora do Estado Novo.

Francisco Campos, jurista e político mineiro atuante desde a Primeira República, conseguiu a façanha de ter o nome vinculado às duas ditaduras brasileiras; além da Constituição de 1937, redigiu também os primeiros Atos Institucionais do regime de 1964. Antes de se tornar ministro da Justiça do governo de Getúlio Vargas em 1937, entre 1930 e 1932 ocupou o cargo do recém-criado Ministério da Educação e Saúde. Seu livro mais importante é *O Estado nacional*, uma coletânea de artigos, discursos e entrevistas publicada em 1940.

Oliveira Vianna, por sua vez, autor fluminense com formação em direito, já era escritor consagrado à época da Revolução de 1930, tendo publicado diversas obras desde sua estreia com *Populações meridionais do Brasil* (1920), em que fazia uma interpretação da formação social e política brasileira desde o período colonial. Em 1930, passou a integrar a máquina do Estado varguista, como consultor jurídico do Ministério do Trabalho e da Indústria. Nessa posição, participou ativamente da elaboração da legislação sindical e trabalhista, um dos pilares do regime varguista (Gomes, 2005). A defesa explícita do Estado Novo foi desenvolvida na segunda edição de seu *O idealismo da Constituição*, de 1939, versão atualizada e bastante ampliada em relação à primeira edição, de 1927.

O único dos três que não chegou a ocupar qualquer cargo público foi Azevedo Amaral, médico de formação e jornalista de profissão. Embora tenha escrito diversas obras, o seu livro mais conhecido é *O Estado autoritário e a realidade nacional*, de 1938. É justamente essa obra que trouxe a ele a reputação de "ideólogo do Estado Novo" e o habilitou a ser tornar o biógrafo de Getúlio Vargas.

Não cabe aqui fazer uma análise aprofundada e sistemática do pensamento de cada autor. Em vez disso, serão destacados alguns aspectos centrais da construção argumentativa comum aos três autores/atores políticos no esforço de legitimação do Estado Novo. Pelas lentes dos três, será possível, também, iluminar alguns traços importantes do próprio regime ditatorial instaurado em 10 de novembro de 1937.

Realidade nacional e novos tempos

Marcelo Jasmin observa que o padrão retórico de Francisco Campos na crítica às instituições liberais e na justificação da Constituição de 1937 tem como elemento básico a ideia de que a nova Constituição apenas "representou" ou "consagrou" juridicamente a realidade contemporânea – é o que ele chama de "retórica da mímesis". Essa retórica, segundo Jasmin, manifesta-se em duas direções: a primeira se refere à realidade nacional, remetendo ao tema da relação entre "país legal" e "país real"; a segunda tem como referência a história contemporânea e seu sentido mais amplo (Jasmin, 2007, p. 230). Tomando essa interessante observação como ponto de partida, é possível dizer que a dupla direção retórica é um traço comum entre os defensores do Estado Novo.

Começando pela primeira direção argumentativa mencionada por Jasmin, esse é um ponto central no esforço de justificação do regime de 1937: o desencontro entre as instituições jurídico-políticas sucessivamente adotadas no Brasil e a realidade nacional, até o momento da instituição do Estado Novo.² Pela natureza mais sociológica da sua obra, quem desenvolveu o tema da relação entre ordem legal e realidade social com mais profundidade foi Oliveira Vianna. A tese principal de *O idealismo da Constituição*, desde a edição de 1927, era a de que no Brasil não havia uma "democracia de opinião organizada". O problema da democracia, dizia ele no prefácio, vinha sendo mal colocado no Brasil, porque colocado à maneira inglesa, francesa e americana, e não à maneira brasileira. Se naqueles países a questão da democracia era como melhor exprimir a opinião popular através do voto, no Brasil o problema era anterior, era o da organização da opinião, da criação de uma consciência coletiva, considerando o nosso persistente "insolidarismo", produto da clanificação da sociedade e da política própria da nossa formação histórica. Foi nessa obra que o autor fez pela primeira vez a famosa distinção entre idealismo utópico e idealismo orgânico: o primeiro "não leva em conta os dados da experiência"; o segundo "só se forma de realidade, só se apoia na experiência, só se orienta pela observação do povo e do meio" (Oliveira Vianna, 1939, p. 12-13). Os idealistas orgânicos, em meio aos quais ele próprio se enxergava, eram dotados de um senso de realismo de que careciam os utópicos.

Oliveira Vianna tinha horror à Constituição liberal de 1891, produto de puro idealismo utópico, que estabelecera instituições liberais em um país que não tinha as precondições para recebê-las, gerando efeitos contrários aos pretendidos: em vez de representação de interesses e liberdade política, arbítrio e poder oligárquicos, predomínio de interesses locais e privados sobre o interesse nacional. Azevedo Amaral, por sua vez, desgostava mais da Constituição do Império do que da Carta de 1891, que ao menos implantara o sistema presidencialista. Mas em um ponto todos convergiam: a Constituição de 1934 havia sido a pior e mais prejudicial ao Brasil; entre outros motivos, porque frustrara o impulso revolucionário de 1930. Nas palavras de Francisco Campos:

---

² O tema do desajuste entre país legal e país real era comum entre os críticos à adoção de instituições liberais no Brasil, não só os defensores do Estado Novo mas toda uma "linhagem" de pensamento (Brandão, 2010) que remonta aos conservadores do Império. Entrelaçado com esse tema estava o da crítica à importação de ideias e instituições estrangeiras pelas elites políticas brasileiras.

Em 1930, toda a Nação tinha consciência de que estava sendo conduzida num caminho errado. Toda a nação se incorporou ao movimento revolucionário, porque era um novo caminho que se abria [...] Mas o movimento foi detido pela reconstitucionalização, que se operou segundo os velhos moldes. Voltaram os erros, os vícios e os males do falido regime liberal que a política, restaurada da sua breve derrota e para satisfação dos seus obscuros propósitos, insistia em restabelecer, valendo-se de fórmulas para encobrir a realidade. (Campos, 2001 [1940], p. 72-73)

Na avaliação comum aos autoritários, a Carta de 1934 deixara o Poder Executivo à mercê do facciosismo e do localismo e dos partidos e dos estados no Legislativo, sem nenhum mecanismo de defesa. A proliferação de partidos irresponsáveis fora agravada pela adoção do sistema eleitoral proporcional para o parlamento. Na visão de Azevedo Amaral (1981 [1938]), além de ser inadequada à realidade nacional, a Constituição reunira elementos vindos de diferentes correntes de pensamento, mal acomodadas e divergentes entre si. Na conjuntura aberta após a Revolução de 1930, de confusão ideológica, com a entrada no Brasil de correntes extremistas como o comunismo e o fascismo, um arcabouço institucional tão precário estava fadado ao fracasso.

Um fato interessante é que Oliveira Vianna chegou a participar, em 1932, da Subcomissão do Itamaraty, encarregada de preparar um anteprojeto de constituição a ser apresentado pelo governo provisório à Assembleia Nacional Constituinte.[3] Na edição de 1939 de *O idealismo da Constituição*, foram inseridos textos escritos naquela ocasião – contra a descentralização, contra o sufrágio direto para presidente, contra a reeleição para deputados, contra a dualidade da justiça, etc. Na verdade, eram votos em separado: taxado de reacionário, Oliveira Vianna saiu da comissão antes do fim dos trabalhos. A comissão, explicou o autor em nota de rodapé escrita já após o Estado Novo, acreditara que o objetivo da Constituição deveria ser a organização da liberdade, enquanto ele próprio estava convencido de que

---

[3] A comissão era presidida por Afrânio de Mello Franco e contava com a participação de nomes como Oswaldo Aranha, Prudente de Moraes Filho, Themístocles Cavalcanti, Assis Brasil, José Américo de Almeida, Antônio Carlos de Andrada e João Mangabeira.

o objetivo deveria ser a organização da autoridade. Em seguida, com um gostinho de revanche, acrescentou: "Os acontecimentos mostraram que a razão estava com meu suposto reacionarismo e não com o liberalismo dos meus ilustres companheiros" (Oliveira Vianna, 1939, p. 157).

Outro pilar da defesa do Estado Novo foi a ideia da necessidade de um novo regime para novos tempos. A segunda direção argumentativa lembrada por Jasmin dizia respeito ao tempo histórico atravessado por todo o Ocidente, posterior à Primeira Guerra Mundial; um tempo de crise, em que os parâmetros herdados do século XIX não forneciam mais instrumentos adequados para lidar com a realidade. *Grosso modo*, os autores convergiam na identificação das principais marcas da nova era: em primeiro lugar, a emergência das massas na política e com isso, como afirmou Francisco Campos em um texto ainda anterior ao Estado Novo, a irracionalidade como elemento incontornável da vida política (Campos, 2001 [1940]). Em segundo lugar, a complexificação da sociedade e da economia, com a correspondente multiplicação das tarefas do Estado, exigindo, em suma, mais técnica e menos política.

Mais técnica e menos política significavam, em termos político-institucionais, mais Poder Executivo e menos Legislativo. Para todos esses ideólogos do regime, os parlamentos, instituições políticas por excelência, com seus longos debates e embates partidários, estavam cada vez mais fadados à obsolescência. Mesmo em regimes liberais-democráticos duradouros e estáveis (como nos Estados Unidos sob Roosevelt) percebia-se, segundo eles, uma tendência à concentração de poderes no Executivo em detrimento do parlamento.

As Constituições nacionais, afirmava Francisco Campos, deveriam se adequar aos novos tempos: de constituições "negativas", destinadas a defender o cidadão do poder do Estado, as novas deveriam se transformar em "positivas", propiciando ao Estado os meios para fazer frente aos seus novos deveres e aos novos direitos do cidadão, inexistentes no século XIX: os direitos sociais.

A democracia autoritária

De todas as Constituições sucessivamente implementadas no Brasil ao longo do tempo, a de 1937 era a única que, na argumentação dos três autores, chegara mais perto de responder ao duplo desafio de corresponder à realidade nacional e de se adequar às exigências do tempo histórico contemporâneo.

Em síntese, a Constituição previu uma concentração sem precedentes do poder político e administrativo nas mãos do presidente da República. A Carta aumentou o poder da União sobre os Estados e o poder do Executivo sobre o Legislativo, deslocando grande parte da função legislativa do parlamento para o Executivo. Além disso, retirou do Poder Judiciário a competência de julgar a constitucionalidade das leis. Ou seja, a rigor, aniquilou a vigência do princípio da separação de poderes. Além disso, a Constituição previu a instituição do Conselho de Economia Nacional, órgão corporativo e técnico, representativo dos interesses econômicos e das organizações profissionais – corpo consultivo mas que poderia, se assim fosse definido em plebiscito, também ganhar competência legislativa.

Um dos grandes argumentos no esforço de legitimação do novo regime era a defesa do seu caráter essencialmente democrático: a Constituição daria corpo ao modelo de "democracia autoritária"[4] do Estado Novo, um modelo diferente e mesmo oposto ao da democracia liberal, mas nem por isso menos democrático, ao contrário: era justamente por meio do resgate do princípio da autoridade que se chegaria à democracia real, substantiva.[5]

Era preciso, argumentavam esses autores e atores políticos, entender o verdadeiro significado da democracia, retirando as camadas liberais que lhe haviam sido atribuídas ao longo do tempo: eleição direta, temporariedade dos mandatos, partidos políticos, limitação das prerrogativas do Poder Executivo, divisão dos poderes, todos esses adereços vinham sendo erroneamente tomados como a própria definição da democracia. Como

---

[4] Ocasionalmente, os autores também usavam os termos "democracia social" e "democracia substantiva".

[5] Naquele contexto de crítica ao liberalismo em várias partes do mundo, o uso da expressão "democracia autoritária" não foi exclusividade do debate brasileiro. Em uma nota de rodapé, Oliveira Vianna observava que a expressão havia sido utilizada pela primeira vez por Goebbels, na Alemanha, e dizia preferi-la a "Estado autoritário", porque Estado autoritário seria um pleonasmo, já que o conceito de Estado implica, em si mesmo, a ideia de autoridade. A democracia autoritária seria uma democracia fundada na autoridade e não mais na autoridade como princípio essencial (Oliveira Vianna, 1939, p. 149). O termo "autoritário", logicamente, também não era usado da forma como é hoje, associado à violência e ao arbítrio.

sintetizava Francisco Campos, era preciso fazer a distinção entre a máquina democrática, associada à democracia formal, e o ideal democrático, realizado na democracia substantiva.[6] No fundo, a democracia poderia assumir diversas formas, as mais adequadas ao contexto e às características de cada nação, já que o que a caracterizaria, em última instância, seria o fato de ser um regime baseado na vontade popular. Ora, a vontade do povo poderia ser aferida de muitas maneiras além daquelas estabelecidas pela cartilha dos liberais do século XIX.

Várias razões eram apresentadas para justificar o caráter verdadeiramente democrático da Constituição. Em primeiro lugar, nela estava prevista a manifestação direta da vontade do povo de diversas maneiras. Os poderes do Estado emanariam do povo, mantendo-se o princípio eletivo, mesmo que limitado e indireto; além disso, previa-se a consulta plebiscitária como meio de aferir a opinião popular sobre assuntos que não demandassem competência técnica. Outro meio de organização e expressão da vontade seriam as organizações profissionais, a serem representadas em conselhos técnicos e no Conselho de Economia Nacional.[7] Em segundo lugar, além de governo *do* povo, o regime de 1937 seria também um governo *para* o povo, porque a Constituição atribuía ao Estado o dever de garantir ao povo direitos individuais e sociais. Em terceiro lugar, um dos aspectos mais democráticos da Constituição era para eles o poder supremo conferido ao presidente da República, o líder das massas, que incarnava e representava a nação e seus anseios.

Vale fazer dois comentários adicionais, que não serão desenvolvidos aqui mas são importantes para entender o discurso de legitimação e o sentido do projeto político do Estado Novo.

---

[6] Para Campos, o ideal democrático estava ligado aos verdadeiros interesses da nação, e consistia "na abolição do privilégio, na igual oportunidade assegurada a todos, na utilização da capacidade, na difusão, a mais larga possível, dos bens materiais e morais com que os progressos da civilização e da cultura têm concorrido para tornar a vida humana mais agradável e melhor" (Campos, 2001 [1940], p. 77).

[7] Segundo Oliveira Vianna, a vontade popular seria procurada não nas "fontes espúrias das assembleias de partidos", mas nas "fontes puras e límpidas das classes e profissões organizadas, cujos interesses coincidem com os próprios interesses da nação" (Oliveira Vianna, 1939, p. 169).

O primeiro é que os defensores do Estado Novo, principalmente Oliveira Vianna e Azevedo Amaral, preocuparam-se em demarcar o terreno em que se situavam: o novo regime correspondia a um modelo de democracia autoritária, oposto de um lado à democracia liberal, de outro aos regimes totalitários.

O segundo e mais fundamental é que, tanto na argumentação de seus defensores quanto na prática do regime, o combate ao individualismo liberal dava-se conjuntamente em dois campos: político e socioeconômico. O projeto político de democracia autoritária estava ancorado na organização corporativa da sociedade e da economia – organização que, corrigindo as injustiças promovidas pelo individualismo, defenderia o capitalismo da ameaça da luta de classes e do comunismo, e promoveria o verdadeiro interesse nacional.

O Estado Novo perdurou até 1945, quando Getúlio Vargas foi retirado do poder com a participação de algumas das mesmas pessoas que haviam construído e sustentado o Estado Novo, dentre as quais Góis Monteiro e Francisco Campos. Entre outros fatores, com o advento da Segunda Guerra Mundial e a participação do Brasil ao lado dos Aliados, a ditadura perdeu muito de sua capacidade de legitimação interna. A própria ideia de democracia ganhou novo contorno, assim como a de autoritarismo; doravante seria muito mais difícil associar os dois termos em uma mesma expressão.

Segunda ruptura democrática: o golpe militar de 1964

Quem acompanhou os movimentos dos militares entre os dias 31 de março e 2 de abril de 1964 não poderia imaginar que aquele gesto daria início a 21 anos de um regime autoritário no Brasil sob o controle dos militares. Poderia ser só mais uma "quartelada" fadada ao fracasso, ou uma intervenção cirúrgica – como tantas outras foram dadas ou tentadas no país antes. Afinal, desde 1889 pode-se dizer que não há momento de crise em que os militares não tenham participação ativa, tendo o 15 de novembro inaugurado uma tradição golpista da corporação.

Assim como várias pessoas que vestiram verde e amarelo no 8 de janeiro de 2023 no convescote golpista de Brasília, a democracia estava na boca dos militares e de seus apoiadores em 1964. Era em nome dela que o governo deveria ser derrubado e as regras deveriam ser rasgadas. Entre os civis, o mesmo grupo que havia comemorado a derrubada do ditador Getúlio Vargas – notadamente a União Democrática Nacional (UDN) – agora apoiava a ruptura do regime que ajudara a construir a partir de 1945. Segundo propalavam os golpistas, o breve período de normalidade institucional se encerrava por conta do predomínio do populismo, responsável pelo falseamento do sistema. Seria necessário limpar o terreno, fazer uma intervenção profilática e depois devolver o poder aos civis dele merecedores – não necessariamente os mesmos que venciam eleições. Mas, como se sabe, não foi isso que aconteceu: os militares tomaram o poder e só o devolveram a um civil em 1985. Durante esse tempo só militares chegaram à presidência, não houve eleições diretas para o cargo – mas sim para outros, como para os legislativos que continuaram funcionando (com expurgos e fechamentos esporádicos). Assim, com a sobrevivência de partidos e eleições, a ditadura insistia em ser nomeada democracia.

A escalada da crise do governo e do regime

Os dezenove anos que separam o fim de uma ditadura – o Estado Novo – de outra – o regime militar –, constituem a primeira experiência democrática que o país viveu, já que o regime anterior a 1930 pode ser mais bem caracterizado como uma república liberal-oligárquica. A curta experiência, no entanto, foi marcada por crises mais ou menos graves, culminando com o Golpe de 1964. A constituição de 1946, que vigorou durante o período, refletia as mudanças operadas no mundo pós-guerra: os horrores da guerra levaram à construção de uma nova ordem internacional, com a busca e manutenção da paz e a defesa da democracia liberal como modelo. Essa era a moldura sobre a qual a Constituição de 1946 havia sido construída e o texto constitucional refletia essas preocupações por meio de seus artigos centrais. A nova Carta trazia de volta os partidos, o Congresso e as demais instituições democráticas, além de retomar a organização federativa de fato. O texto trazia também a novidade de uma declaração de direitos – mesmo antes da declaração de direitos da ONU, de 1948 –, principalmente civis e políticos. No campo dos direitos políticos, o direito ao voto foi ampliado e, na prática, era limitado apenas pela instrução, já que os analfabetos não votavam (além de praças de pré). Entretanto, em um país ainda com maioria de população rural, os índices de analfabetismo eram extremamente elevados, o que implicava o não reconhecimento dos plenos direitos de cidadania da maior parte dos brasileiros.[8]

Por maiores que fossem as limitações à participação, pode-se dizer que a partir de 1946 inaugura-se de fato uma era da política de massas no país. Partidos e candidatos não mais poderiam restringir sua atuação a pequenos círculos; era preciso estar "onde o povo estava", fazer o corpo a corpo, conquistar os eleitores. E nem todos eram felizes nessa empreitada: disputando principalmente com o Partido Social Democrático (PSD) e o Partido Trabalhista Brasileiro (PTB) os votos no país, cedo a UDN percebeu suas dificuldades para acessar e conquistar os eleitores. Voltou, então, suas baterias aos seus inimigos – herdeiros varguistas –, apresentados como demagogos e manipuladores.

De acordo com o ideário liberal, a despeito da existência de instituições bem construídas, os bons resultados não vinham principalmente devido à existência da corrupção e da manipulação de um povo incapaz de usar corretamente seu direito ao voto. A crítica de caráter liberal pré-30 era reciclada pela UDN e pelos seus aliados: um elitismo mal disfarçado aliado a um certo saudosismo do regime oligárquico – junto ao ódio a Getúlio que se manifestava na recusa a tudo que pudesse vagamente lembrar seus governos e realizações – pautaram a ação de um vasto grupo político que era capitaneado pela UDN, mas não se resumia a esse partido.

Das críticas ao golpismo não foram necessários muitos passos. As ações da UDN por meio de algumas de suas principais lideranças – como Carlos Lacerda – contribuíram para a desestabilização dos vários governos do período. Não à toa Wanderley Guilherme dos Santos, ao se referir à sigla, afirmava ser este o "mais subversivo partido do sistema político brasileiro de 1945 a 1964" (Santos, 1978, p. 99). O golpismo era justificado com o argumento de que o sistema político criado por Vargas tornava o poder inalcançável para os opositores, que só poderiam ser vitoriosos se aderissem à corrupção generalizada. Assim, o sistema político era ilegítimo e poderia ser derrubado, inclusive com recurso à

---

[8] José Murilo de Carvalho mostra como, a despeito dessa limitação, houve de fato um crescimento na proporção de eleitores ao longo do período inaugurado em 1946. No entanto, para o ano de 1950, os votantes ainda representavam apenas 15,9% da população (Carvalho, 2001, p. 146).

violência: "admitida a não legitimidade de qualquer sistema, os grupos políticos, inclusive os liberais, doutrinários ou não, passam a agir da mesma forma, isto é, tentando destruí-lo através de quaisquer meios disponíveis" (Santos, 1978, p. 99).

As disputas eleitorais para a Presidência da República no período terminaram com a vitória dos partidos ligados à herança varguista em quase todos os pleitos, com exceção daquele em que Jânio Quadros foi eleito pelo Partido Democrata Cristão (PDC), com apoio da UDN. Pela primeira vez a UDN chegava ao poder, mas ironicamente com um candidato "populista" que havia construído uma carreira meteórica baseada em seu carisma e não na militância partidária. Os udenistas conseguiam, finalmente, usar o veneno como remédio e galgar o posto mais alto do Executivo. No entanto, o governo de Jânio Quadros foi breve, durou apenas 8 meses, e, para coroar o infortúnio, quem assumiria seria o vice eleito, João Goulart, pelo PTB. A primeira eleição vencida pela UDN caía assim no colo do PTB, justamente na figura de um herdeiro de Getúlio visto como um dos mais radicais, Jango – o ministro do Trabalho que havia anunciado o salário-mínimo no último governo de Vargas.

Os menos de três anos do governo de João Goulart foram marcados pela aceleração da crise do regime democrático, tanto no campo parlamentar quanto no extraparlamentar. São conhecidas as teses que apontam para uma paralisia decisória[9] no Congresso, devido principalmente ao processo de radicalização/polarização dos partidos. Ao mesmo tempo, movimentações de organizações sociais e políticas à esquerda e à direita eram sentidas: de sindicatos e organizações de trabalhadores rurais ligados ao PCB e ao PTB, como a Central Geral dos Trabalhadores (CGT) e as Ligas Camponesas, até o que hoje chamaríamos de *think tanks*, como o Instituto de Pesquisa e Estudos Sociais (IPÊS)[10] e o Instituto Brasileiro

---

[9] Como em Santos (1987).

[10] IPÊS: fundado em 1961, começou suas atividades em 1962. Formada por empresários, era uma instituição assumidamente anticomunista e tinha por objetivo combater o esquerdismo do governo. Financiou inúmeros políticos – principalmente da UDN e do PSD – e atuava com forte propaganda nos meios universitários e empresariais. Teve entre seus fundadores Golbery do Couto e Silva, figura central no golpe e na ditadura. Golbery foi o responsável pelos arquivos

de Ação Democrática (IBAD),[11] passando por militares de alta e baixa patentes, havia um claro sentido de questionamento do regime – uns reclamando de seus excessos, outros de suas limitações.

Não cabe aqui descrever os últimos anos do governo Jango e a cronologia de sua queda. Para nós, interessa registrar que o processo de polarização política atingiu o ápice em março de 1964, tendo como marco o comício da Central do Brasil no dia 13 e culminando no golpe dia 31. A crise do governo e do regime não conseguiu ser superada; seu desenlace foi justamente a destituição do governo e a destruição do regime democrático no país, por meio de um golpe e do estabelecimento de uma ditadura militar. No entanto, o golpe em si não foi apresentado como a derrubada da democracia, mas como seu restabelecimento em novas bases, sua "salvação".

Um golpe pela democracia

Se o golpe foi um movimento deflagrado pela direita civil e militar (principalmente), isso não significa que a esquerda também não tenha contribuído para esse desfecho. Carlos Fico, em texto escrito por ocasião dos quarenta anos do golpe militar, chama a atenção para aspectos que muitas vezes foram colocados de lado, como a pouca aderência da esquerda na época à democracia e suas regras "formais", bem como "o perfil vacilante, a inabilidade e o possível golpismo de João Goulart" (Fico, 2004, p. 30), como fatores importantes no acirramento da crise política. De fato, a indiferença do presidente frente à rebelião dos sargentos e a anistia aos marinheiros

---

do IPÊS, feitos a partir da espionagem de "elementos subversivos". Já no regime militar, Golbery levou esses arquivos para o Serviço Nacional de Informações (SNI) (ver Vieira, 2016).

[11] IBAD: fundado em 1959 por empresários, assim como o IPÊS, tinha por objetivo combater o "populismo e o comunismo". O IBAD tinha ligações com a Agência de Inteligência dos Estados Unidos (CIA) e com a Escola Superior de Guerra (ESG). Financiou campanhas políticas e ajudou a eleger muitos parlamentares, além de desenvolver propaganda antigoverno no início dos anos 1960. Alvo de uma CPI no Congresso, o IBAD teve suas atividades encerradas em dezembro de 1963, mas seus membros continuaram ativos – muitos por meio do IPÊS – e tiveram presença tanto no golpe quanto na ditadura a partir de 1964. Sobre o complexo IPÊS/IBAD e a ação de grupos empresariais no golpe, ver Dreifuss (1981).

que se rebelaram em 26 de março,[12] bem como o anúncio das reformas de base no comício da Central e o enfrentamento ao Congresso – nos pronunciamentos dele e de vários dos oradores ali presentes – contribuíram para impulsionar o movimento golpista. Por outro lado, isso não significa dizer que o golpe não aconteceria. O movimento de há muito se organizava; desde 1945 haviam sido feitos vários "ensaios" – por exemplo em 1961, na tentativa de impedir a posse de Jango, então vice-presidente de Jânio, que acabara de renunciar. Vários atores centrais em 1964 tiveram atuação direta em 1961 e aprenderam com os erros a serem golpistas mais eficientes. Entre outras coisas, perceberam que não era possível sustentar a deposição de um governo eleito sem forte apoio na sociedade – principalmente em setores ligados à burguesia nacional, aos proprietários de terra e setores ligados ao capital estrangeiro. Os já citados IPÊS e IBAD fizeram parte dessa estratégia de apoio ao golpismo na chamada sociedade civil. Além disso, era importante construir um consenso dentro das Forças Armadas, o que ainda não existia em 1961, apesar de uma maioria de oposicionistas ao governo entre os militares de alta patente.

No dia seguinte ao comício da Central do Brasil, 14 de maio, os principais jornais do país saíram com editoriais acusando o presidente João Goulart de desrespeito à constituição e à democracia do país. O tom era abertamente insurrecional, com a *Folha de S.Paulo* chegando a chamar os militares à intervenção, como se pode ver no trecho aqui reproduzido:

> O comício de ontem, se não foi um comício pré-ditadura, terá sido um comício de lançamento de um espúrio movimento de reeleição

---

[12] A Revolta dos Marinheiros começou com as comemorações da Associação de Marinheiros e Fuzileiros Navais – proibida pela Marinha. Os fuzileiros navais, enviados para desmobilizar o encontro, aderiram aos marinheiros, que passaram a reivindicar uma série de medidas do governo e da Marinha. Foi nesse movimento que surgiu a liderança de Cabo Anselmo – o mais conhecido agente duplo que atuou na ditadura, responsável pela prisão de muitos membros de organizações de esquerda no período. O desfecho do movimento deu-se com a prisão de vários marinheiros e fuzileiros e a ação de Jango desautorizando as medidas, libertando e anistiando os revoltosos. O episódio contribuiu para a união das Forças Armadas contra o governo, levando inclusive membros reticentes a abraçar o movimento golpista. Em contrapartida, diminuiu ainda mais a parcela legalista dos altos comandantes das Forças Armadas.

do próprio sr. João Goulart. Resta saber se as Forças Armadas, peça fundamental para qualquer mudança desse tipo, preferirão ficar com o sr. João Goulart, traindo a Constituição e a pátria, ou permanecer fiéis àquilo que devem defender, isto é, a Constituição, a pátria e as instituições. Por sua tradição, elas não haverão de permitir essa burla. (*Folha de S.Paulo*, 14/03/1964)[13]

O apelo à intervenção das Forças Armadas era revestido de defesa da Constituição e da democracia. Não eram eles os golpistas, mas o próprio presidente, que ultrapassara todos os limites ao anunciar reformas passando por cima do Congresso Nacional. A reação ao governo estava do lado da democracia, da Constituição; ao pregar literalmente a derrubada de um governo eleito, usava como justificativa a perda de legitimidade do governo. Essa é a chave para se entender o discurso "democrático" do golpismo de 1964. A partir do momento em que um governo se tornava ilegítimo, legítima se tornava a sua derrubada. Novamente um trecho de um editorial do dia 14, agora do *Estadão*:

> Afirmávamos há dias que o País estava já vivendo em regime pré-totalitário. O comício de ontem, na Guanabara, veio confirmá-lo. Depois do que se passou na Praça Cristiano Otoni, depois de tudo o que ali foi dito, depois da leitura dos decretos presidenciais que violam frontalmente a lei não tem mais sentido falar-se em legalidade democrática como coisa existente. (*O Estado de S. Paulo*, 14/03/1964)[14]

O que a imprensa apresentava à sociedade era uma situação de ilegalidade, portanto o apelo à intervenção militar adquiria ares de "salvação nacional".

Como já foi afirmado anteriormente, houve uma grande participação civil na trama do Golpe de 1964, seja no parlamento, com a luta dos partidos de oposição capitaneados pela UDN, seja nos governos de estados como Minas Gerais e Rio de Janeiro (com Magalhães Pinto e Carlos

---

[13] Em: Vick (2024).

[14] Em: Vick (2024).

Lacerda à frente), ou ainda por meio do financiamento de políticos e movimentos contrários ao regime, com destaque para organizações como o IPÊS e o IBAD. Os trechos dos editoriais acima expõem a leitura desses setores civis, que alardeavam um golpe iminente por parte de João Goulart e de seus aliados.[15] Tratava-se, como dizia Lacerda já em 1961, no golpe frustrado para impedir a posse de Jango, de "defender a democracia dos seus inimigos" (Chaloub, 2015, p. 209).

O contexto internacional ajuda a entender esse posicionamento de boa parte da opinião pública e de seus representantes. A Guerra Fria e a mudança de posição dos Estados Unidos em relação à América Latina, que passa a ser central no projeto de manutenção do Ocidente, ajuda internamente na construção da oposição entre comunismo e democracia, o que vai ser fundamental não só para os setores oposicionistas civis, mas principalmente para os militares. Ao se construir essa oposição, o conteúdo da democracia se torna elástico e ela se torna uma arma a ser brandida contra o comunismo. Mais do que um regime que garanta os direitos civis e políticos, além da manutenção do chamado Estado de Direito, a democracia é o que permite a manutenção dos valores ocidentais e o alinhamento ao "mundo livre" – mesmo que a liberdade de alguns tenha que ser suprimida.

Se a participação civil foi importante em todo o período de preparação do golpe, é inegável que a execução e o posterior governo estabelecido foi preponderantemente militar, tendo as Forças Armadas assumido o papel de "salvadoras" da democracia. No editorial da *Folha* aqui citado o apelo à intervenção militar é explícito: eles deveriam se colocar ao lado da Constituição e contra João Goulart. Esse era o papel histórico das Forças

---

[15] Em texto escrito antes mesmo do agravamento da crise em 1964, Wanderley Guilherme dos Santos chamava a atenção para a impossibilidade de se ter um "golpe de esquerda": "tudo define muito simplesmente porque as medidas concretas que venham a beneficiar o povo não podem ser conquistadas por artimanhas golpistas já que o golpe, para ser vitorioso, tem como elementos essenciais o inesperado, e a rapidez com que for executado, rapidez e surpresa que supõem, como condição necessária, a traição. Em todo golpe há sempre alguém que trai alguém ou alguma coisa, pois não há golpe sem traição, enquanto as conquistas efetivas e duradouras do povo não são, nem podem ser, conquistas da traição, mas da luta consequente e diária em que se empenha" (Santos, 1962, p. 7-8).

Armadas, como o próprio editorial lembra. Com o Exército à frente, os militares vestiram o figurino e, em 01 de abril de 1964, saíram às ruas para salvar a democracia, a Constituição e o que mais estivesse ameaçado sob o governo de Jango. Em nome das regras do jogo, virava-se o tabuleiro.

A Doutrina de Segurança Nacional: uma ideia e um projeto de poder

Ao longo da história republicana brasileira, muitos foram os momentos de intervenção dos militares na política, mas só em 1964 eles assumiram direta e permanentemente o poder. O tempo das intervenções cirúrgicas havia passado; muitos civis que haviam incentivado e apoiado o movimento cedo se deram conta de que as coisas haviam mudado. Em 1964, diferentemente do que ocorreu em outros momentos (como em 1961), havia um certo consenso nas Forças sobre a necessidade da intervenção. Existiam setores contrários, mas eram bastante minoritários. Entre os motivos que ajudam a entender essa mudança encontra-se a existência de um projeto político e de uma ideologia que o sustentava: a Doutrina de Segurança Nacional (DSN). Depois de muitas divisões, conflitos e rebeliões, chegava-se de certa forma ao que Góis Monteiro, na década de 1930, defendia: que a política deixasse de entrar *no* Exército e que se passasse a fazer a política *do* Exército.[16]

A DSN tem sua origem nos EUA da Guerra Fria e nasce da necessidade de o país afirmar sua hegemonia e se proteger da "ameaça comunista". Com a Revolução Chinesa (1949), a Guerra da Coreia (1950-1953) e, posteriormente, com a Revolução Cubana (1953), enfatiza-se a ideia de que apenas a luta contra o inimigo em todos os campos, inclusive no interno, seria capaz de salvar o Ocidente.

---

[16] Góis Monteiro defendia a ideia de que as Forças Armadas não deveriam apresentar divisões internas por questões políticas, mas sim manter uma posição unificada e distante do jogo de interesses da política. A política do Exército (ou das Forças Armadas como um todo) deveria ser a defesa intransigente dos interesses da Pátria. Assim, sabedores do que seria esse interesse, os militares deveriam se portar como um poder moderador, intervindo quando necessário para repor a ordem (Monteiro, 1934).

No Brasil, a DSN tem uma relação direta com a Escola Superior de Guerra (ESG), cujo modelo foi o National War College dos EUA. Fundada em 1949, contou com apoio direto dos norte-americanos e tinha por objetivo desenvolver dentro das elites militar e civil um programa de estudos dos problemas brasileiros – e a construção de soluções para eles. A orientação do projeto construído a partir da ESG era dada pela ideia de segurança nacional – elemento que deveria nortear o desenvolvimento do país. Para que essa meta fosse atingida, seria necessário orientar a ação a partir de um projeto que propiciasse uma aliança entre o Estado brasileiro, o grande capital nacional e internacional. Como afirma Oliveira (1975), desde o início fica claro o caráter de classe da ESG,[17] não só pela sua defesa do capital, mas também pela desconfiança em relação à classe trabalhadora, que deveria ser objeto de atenção e controle por parte do Estado brasileiro, justamente porque seria esse o caminho da infiltração comunista no país.

Um dos pilares da doutrina, tanto internacional quanto nacionalmente, era a ideia de *guerra total* – que precisava ser levada a cabo em toda a sociedade e por todos os meios, não só os convencionais. O avanço do comunismo no mundo e o temor de que revoluções atingissem áreas como a América Latina, a África e a Ásia provocaram o deslocamento da ideia do inimigo externo para o inimigo interno: o subversivo ligado aos interesses estrangeiros nocivos à segurança nacional.

A DSN desenvolvida no Brasil não seria diferente, mas apresentava tintas locais. Assim como as desenvolvidas em outros países, a doutrina elaborada aqui se apoiava nos estudos de geopolítica germânicos, ingleses e franceses; mas também em uma tradição do pensamento político autoritário e conservador brasileiro, tomando deste a tese da necessidade de um Estado forte capaz de dirigir uma sociedade inorgânica, formada por uma massa incapaz e por elites igualmente incapazes de dirigi-las.

---

[17] A despeito de não ter a mesma centralidade do passado, a ESG continua com o mesmo objetivo, de unir elites militares e civis para pensar o Brasil. Assim como antes, em seu curso aberto a civis o recrutamento se faz por convites, dirigidos principalmente a entidades de representação patronal, tribunais, assembleias, universidades, etc. Há raros convites feitos a trabalhadores por meio de organizações de classe. O caráter de classe continua inequívoco.

Um os artífices da DSN brasileira foi o general Golbery do Couto e Silva, homem forte de vários governos militares (Castello, Geisel e Figueiredo) e responsável pela montagem do Serviço Nacional de Informações (SNI), órgão central na atuação do controle e erradicação da oposição durante a ditadura. Muito pelas reflexões de Golbery, a geopolítica está no centro da formulação da DSN no Brasil. A ideia de que o espaço é fundamental para o destino de um Estado/povo está na base da geopolítica, em suas várias versões e também na apropriação que aqui se faz dela. A ideia da bipolaridade, da oposição irredutível entre os dois elementos – a necessidade de superar o outro –, também é um elemento presente nesses estudos. Segundo a doutrina, o mundo se dividiria entre o Ocidente e seus inimigos (que muitas vezes estavam dentro mesmo das fronteiras dos países ocidentais), sendo o primeiro depositário de valores civilizacionais que deveriam ser defendidos – como a liberdade, a *democracia* e os valores cristãos.[18] Já os inimigos eram aqueles que lutavam para destruir tudo isso, agora personificados nos comunistas.

Para assegurar a segurança e o desenvolvimento deve-se, segundo os pressupostos doutrinários, estabelecer objetivos nacionais a serem atingidos, *permanentes* ou *atuais*. Os objetivos nacionais permanentes (ONP), como o nome já diz, seriam aqueles perenes, imutáveis e inegociáveis – a *democracia,* a integridade territorial, a integração nacional, progresso, paz social, soberania. Já os objetivos nacionais atuais (ONA) seriam aqueles voltados à implementação dos ONP em um determinado momento, ou seja, objetivos voltados a superar uma conjuntura que apresenta empecilhos à realização plena dos ONP. Para tanto, mobiliza-se o chamado poder nacional (PN) e suas expressões na busca da solução dos problemas. O PN seria a consolidação dos meios de que o Estado dispõe para viabilizar os objetivos nacionais e, para tanto, vale-se de suas expressões: política, econômica, psicossocial e militar. A cada uma dessas expressões correspondem instituições e agentes com funções importantes na implementação dos ON e, portanto, no desenvolvimento do país e na garantia de sua segurança.

---

[18] Golbery afirmava que devia se ter o Ocidente como "ideal, propósito e programa" (Couto e Silva, 1981, p. 22).

Em 1964, a grande maioria do comando das Forças Armadas estava convencida de que a situação era de ameaça à democracia e à liberdade. O inimigo interno, aquele que ameaçava todo o alicerce civilizacional, estava identificado – comunistas e seus aliados, sindicatos e organizações de trabalhadores, organizações estudantis e todos os herdeiros de Vargas, principalmente aqueles abrigados no PTB. Os militares – com amplo apoio civil – tinham a DSN a orientá-los na ação: era necessário usar o poder nacional para que os objetivos nacionais fossem atingidos. A questão é que o inimigo interno identificado estava justamente ocupando o poder político no país. Antes de qualquer coisa, era necessário desalojá-lo desse lugar, para que então houvesse uma reorientação do Estado brasileiro no caminho do desenvolvimento, com ordem e segurança.

Derrubar o governo, isolar e eliminar os inimigos internos deveriam ser colocados como objetivos nacionais atuais, já que eram empecilhos à realização dos objetivos nacionais permanentes – como a democracia. A doutrina justificava e legitimava a ação intervencionista das Forças Armadas, o que contribuiu para o consenso entre os militares e o apoio civil. Segundo Oliveira, "a DSN [...] surge como um elemento aglutinador das tendências que tomaram corpo nos preparativos que visavam à alteração da ordem constitucional" (Oliveira, 1975, p. 55).

Nessa leitura, as condições enfrentadas pelo país ao longo de uma série de regimes populistas haviam chegado ao limite sob a presidência de Jango: havia se instalado uma crise do regime que, paradoxalmente, não poderia ser resolvida pelo recurso às regras democráticas. Nas palavras do general Meira Mattos: "o Estado de Direito não pode transformar-se na ruína da democracia. Não se trata, na presente conjuntura mundial, de escolher entre a ordem e a liberdade, e sim entre a liberdade com ordem e a anarquia sem ambos" (Meira Mattos *apud* Oliveira, 1975, p. 44). Ordem, segurança, essas eram as necessidades maiores do país e, para serem atingidas, seria necessário romper com a ordem democrática, pois esta havia sido incapaz de evitar que o Estado fosse capturado por forças contrárias à própria democracia.[19]

---

[19] Lacerda condensa essa ideia: "ou esse país se reforma para a democracia por meios democráticos, ou acabará reformando-se para a democracia por quaisquer meios. Pois a alternativa é o domínio comunista" (Lacerda *apud* Chaloub, 2015, p. 196-197).

Em 20 de março de 1964, na condição de chefe do Estado Maior do Exército, Castello Branco fez circular um documento em que apresentava a situação e a direção que deveria ser assumida pelas forças armadas:

> São evidentes duas ameaças: o advento de uma constituinte como caminho para a consecução das reformas de base e o desencadeamento em maior escala de agitações generalizadas do ilegal poder do CGT. As Forças Armadas são invocadas em apoio a tais propósitos (mas devem estar prontas) para a defesa da legalidade, a saber, pelo funcionamento integral dos três poderes constitucionais e pela aplicação das leis, *inclusive as que asseguram o processo eleitoral, e contra a revolução para a ditadura e a Constituinte*, contra a calamidade pública a ser promovida pelo CGT e contra o desvirtuamento do papel histórico das Forças Armadas [...] *a insurreição é um recurso legítimo de um povo*. Pode-se perguntar: o povo brasileiro está pedindo uma ditadura militar ou civil e Constituinte? Parece que ainda não. (Castello Branco *apud* Oliveira, 1975, p. 54-55, grifos nossos)

Os militares aceitavam a missão designada de depor um governo ilegítimo e reestabelecer a ordem, e contavam com amplo apoio das elites nacionais e de setores médios urbanos, além do apoio internacional, notadamente norte-americano. Mas, diferentemente de outros momentos, tinham eles mesmos uma doutrina, um ideário, uma estratégia e uma meta, fornecidos pela DSN. A incapacidade das elites civis havia levado o país a uma sucessão de governos corruptos e à beira da guerra civil. As Forças Armadas tinham a possibilidade de assumir o poder nacional e "salvar" o país, mudando o rumo da história brasileira. Não se tratava de um golpe ou uma quartelada, mas de uma *revolução*. A novidade é que os militares vinham para ficar e tiravam do próprio movimento liderado por eles a legitimidade do novo governo, como fica claro na redação do primeiro Ato Institucional: "A revolução vitoriosa se investe no exercício do Poder Constituinte. Este se manifesta pela eleição popular ou pela revolução. Esta é a forma mais expressiva e mais radical do Poder Constituinte. Assim, a revolução vitoriosa, como Poder Constituinte, se legitima por si mesma" (AI-1, 09/04/1964).

Mesmo sem numeração inicial (o Ato recebeu o número 1 depois de editado o número 2), estava nítido que havia algo de novo na ação militar em 1964, o que foi percebido mais cedo ou mais tarde por parte dos aliados civis, sobretudo aqueles ligados ao sistema político-partidário com pretensões de disputar – e vencer – eleições. A construção de um regime com base no poder militar era apresentada como uma necessidade histórica frente a uma crise que havia escapado totalmente do controle da classe política e da elite civil.

Considerações finais

O Estado Novo e a Ditadura Militar foram dois períodos da história brasileira em que houve a supressão da democracia no país. Democracia entendida como um regime apoiado no exercício do poder pelo povo e pelos seus representantes, com leis conhecidas, garantia de liberdade de pensamento, expressão, política; enfim, um regime ancorado no respeito ao Estado de Direito. Isso não impediu que os mandatários das duas ditaduras se colocassem como defensores da democracia, utilizando o conceito de formas diferentes.

Os ideólogos e defensores do Estado Novo procuraram justificar o golpe e o regime como uma necessidade histórica: o contexto nacional e o "espírito do tempo" demandavam a organização do Estado em novas bases, que não as liberais.

Por mais estranho que possa parecer aos olhos de hoje, a ideia de democracia autoritária era possível, entre outros motivos, porque não havia nesse mundo pré-Segunda Guerra Mundial um consenso mínimo em torno do conteúdo do regime democrático. Pode-se afirmar que a democracia era um conceito em disputa e, por isso, era reivindicada pelos defensores de regimes autoritários. O autoritarismo era contraposto ao liberalismo, não à democracia.

No mundo pós-guerra as coisas mudaram. Havia – sempre há – alguma discordância em torno do conceito, mas pode-se dizer que, a partir do fim da guerra e do conhecimento dos seus horrores, a democracia não pôde mais ganhar qualquer conteúdo. As várias dimensões da liberdade do indivíduo, instituições representativas, eleições, partidos, os "adereços liberais" tão criticados pelos pensadores autoritários dos anos 1930 tornaram-se atributos fundamentais do regime democrático. Não seria mais possível compatibilizar o nome democracia com o adjetivo autoritário, pois eles passaram a ser vistos como antípodas: um regime autoritário era um regime não democrático. Ao menos no nome, houve a separação.

Diferentemente do Estado Novo, a Ditadura Militar foi construída por um golpe que se pretendeu democrático e não autoritário. Em um mundo dividido pela Guerra Fria, o Brasil alinhava-se ao autodenominado "mundo livre", ou seja, aquele que partilhava dos valores da civilização ocidental, entre eles a democracia. Também numa perspectiva diferente do regime estado-novista, o regime militar não se pretendia inovador, não se criaria um mundo novo, nem um homem novo. O Brasil deveria voltar aos trilhos, alinhar-se definitivamente ao Ocidente e lutar contra o comunismo – a grande ameaça à democracia.

A ditadura então se travestiu de democracia[20]: manteve instituições como o Congresso Nacional funcionando na maior parte do tempo, permitiu a existência de partidos políticos, eleições regulares, manteve o STF e os demais tribunais, entre outras medidas. Pode-se objetar que todas essas instituições funcionavam "pela metade", já que eram controladas pelo Executivo (militar) e uma série de leis e decretos simplesmente suspendia seus poderes. A manutenção da fachada, no entanto, tinha um significado: os militares brasileiros não eram caudilhos ou golpistas de ocasião, mas portadores de uma missão embasada numa doutrina orientada pelos valores ocidentais. O Brasil reivindicava um papel central na América do Sul e tinha a pretensão de ser visto como um parceiro do mundo ocidental, portanto um portador e defensor de seus valores. Não poderia para isso ter governantes que se assemelhassem a ditadores de republiquetas sul-americanas. Era preciso manter a democracia e suas instituições, mesmo que para isso fosse preciso desvirtuá-las.

Referências

AMARAL, Antônio José de Azevedo. *O Estado autoritário e a realidade nacional*. Brasília: Editora UnB, 1981 [1938].

---

[20] Esse argumento foi levantado para afirmar o caráter mais "suave" da ditadura brasileira em relação a outras estabelecidas nos países do Cone Sul na década de 1970. Não à toa a *Folha de S.Paulo* cunhou o termo "ditabranda" para se referir ao regime militar brasileiro (*Folha de S.Paulo*, 17/02/2009).

Brandão, Gildo Marçal. *Linhagens do pensamento político brasileiro*. São Paulo: Hucitec, 2010.

Brasil. *Ato Institucional nº 1*. Dispõe sobre a manutenção da Constituição Federal de 1946 e as Constituições Estaduais e respectivas Emendas, com as modificações introduzidas pelo Poder Constituinte originário da revolução Vitoriosa. Rio de Janeiro, 09 abr. 1964. Disponível em: https://www.planalto.gov.br/ccivil_03/ait/ait-01-64.htm. Acesso em: 20 mar. 2025.

Campos, Francisco. *O Estado nacional: sua estrutura, seu conteúdo ideológico*. Brasília: Senado Federal, 2001 [1940].

Carvalho, José Murilo de. *Cidadania no Brasil: o longo caminho*. Rio de Janeiro: Civilização Brasileira, 2001.

Carvalho, José Murilo de. Vargas e os militares. *In*: Pandolfi, Dulce (Org.). *Repensando o Estado Novo*. Rio de Janeiro: Ed. da FGV, 1999.

Chaloub, Jorge. *O liberalismo entre o espírito e a espada: a UDN e a República de 1946*. 2015. 285 f. Tese (Doutorado em Ciência Política) – IESP, Universidade do Estado do Rio de Janeiro, Rio de Janeiro, 2015.

Couto e Silva, Golbery do. *Geopolítica do Brasil*. Rio de Janeiro: José Olympio, 1981.

Dreifuss, René A. *1964: A conquista do Estado: ação política, poder e golpe de classe*. Petrópolis: Vozes, 1981.

Fausto, Boris. *O pensamento nacionalista autoritário*. Rio de Janeiro: Jorge Zahar Editor, 2001.

Fico, Carlos. Versões e controvérsias sobre 1964 e a ditadura militar. *Revista Brasileira de História*, São Paulo, v. 24, n. 47, p. 29-60, 2004.

Gomes, Ângela de Castro. *A invenção do trabalhismo*. São Paulo: Vértice; Rio de Janeiro: IUPERJ, 1988.

Gomes, Ângela de Castro. Autoritarismo e corporativismo no Brasil: o legado de Vargas. *Revista USP*, São Paulo, n. 65, p. 105-119, 2005.

Jasmin, Marcelo. Mímesis e recepção: encontros transatlânticos do pensamento autoritário brasileiro da década de 1930. *In*: Jasmin, Marcelo; Feres Jr., João. *História dos conceitos: diálogos transatlânticos*. Rio de Janeiro: PUC-Rio; Loyola, 2007.

Levitsky, Steven; Ziblatt, Daniel. *Como as democracias morrem*. Rio de Janeiro: Zahar, 2018.

Limites a Chávez. *Folha de S.Paulo*, Editorial/opinião, 17 fev. 2009. Disponível em: https://www1.folha.uol.com.br/fsp/opiniao/fz1702200901.htm. Acesso em: 20 mar. 2025.

Monteiro, Pedro Aurélio de Góis. *A Revolução de 30 e a finalidade política do exército*. Rio de Janeiro: Andersen, 1934.

Nicolau, Jairo. Prefácio. *In*: Levitsky, Steven; Ziblatt, Daniel. *Como as democracias morrem*. Rio de Janeiro: Zahar, 2018.

Oliveira, Eliézer Rizzo de. *As forças armadas: política e ideologia no Brasil (1964-1969)*. Petrópolis: Vozes, 1975.

Oliveira Vianna, Francisco. *O idealismo da constituição*. 2. ed. São Paulo; Rio de Janeiro: Cia Editora Nacional, 1939.

Oliveira Vianna, Francisco. *Populações meridionais do Brasil*. Brasília: Senado Federal, 2005 [1920].

Przeworski, Adam. *Crises da democracia*. Rio de Janeiro: Zahar, 2020.

Runciman, David. *Como a democracia chega ao fim*. São Paulo: Todavia, 2018.

Santos, Wanderley Guilherme dos. *Ordem burguesa e liberalismo político*. São Paulo: Duas Cidades, 1978.

Santos, Wanderley Guilherme dos. A paralisia decisória. *In*: *Sessenta e quatro: anatomia da crise*. Rio de Janeiro: Vértice, 1987.

Santos, Wanderley Guilherme dos. *Quem dará o golpe no Brasil?* Rio de Janeiro: Civilização Brasileira, 1962. (Cadernos do Povo Brasileiro, 5).

Vargas, Getúlio. *Proclamação ao povo brasileiro*. Brasília: Biblioteca da Presidência da República, [1937]. Disponível em: http://www.biblioteca.presidencia.gov.br/presidencia/ex-presidentes/getulio-vargas/discursos/1937/04.pdf/view. Acesso em: 18 mar. 2025.

Vick, Mariana. Dia a dia do golpe: o comício de Jango na Central do Brasil. *Nexo*, 12 mar. 2024. Disponível em: https://www.nexojornal.com.br/serie/2024/03/12/comicio-jango-central-do-brasil. Acesso em: 20 mar. 2025.

Vieira, Fernando de Oliveira. *O discurso anticomunista nos boletins mensais do IPÊS entre 1963-1966*. 2016. 292 f. Dissertação (Mestrado em Ciências Sociais) – Escola de Filosofia, Letras e Ciências Humanas, Universidade Federal de São Paulo, São Paulo, 2016.

Sobre os autores

Cristiana Losekann é professora associada de Ciência Política na Universidade Federal do Espírito Santo, coordenadora do Laboratório de Pesquisa em Política Ambiental e Justiça (Lapaj) e pesquisadora do Conselho Nacional de Desenvolvimento Científico e Tecnológico (CNPq). É autora de *Ambientalistas em movimento no Brasil: entrelaçamentos e tensões entre o Estado e a sociedade durante o governo Lula* (Appris, 2014).

Gabriela Nunes Ferreira é professora associada de Ciência Política na Universidade Federal de São Paulo e pesquisadora do Centro de Cultura Contemporânea (Cedec). É autora de *O Rio da Prata e a consolidação do Estado imperial* (Hucitec, 2006) e *Centralização e descentralização no Império: o debate entre Tavares Bastos e Visconde de Uruguai* (Editora 34, 1999).

Jorge Chaloub é professor adjunto de Ciência Política na Universidade Federal do Rio de Janeiro, coordenador do grupo de pesquisa Anatomia das Direitas Brasileiras e pesquisador do CNPq. É autor de *Interpretações contemporâneas do Brasil* (Ed. UFJF, 2023).

Luciana Ballestrin é professora associada de Ciência Política na Universidade Federal de Pelotas e coordenadora de Desalinho: Grupo de Pesquisa em Globalidade Pós-Colonial e Democracia. É coorganizadora dos volumes *Teoria e política feminista: contribuições ao debate sobre gênero no Brasil* (Zouk, 2020) e *Junho de 2013: sociedade, política e democracia no Brasil* (EdUERJ, 2022).

Luis Felipe Miguel é professor titular de Ciência Política na Universidade de Brasília, coordenador do Grupo de Pesquisa sobre Democracia e Desigualdades (Demodê) e pesquisador do CNPq. É autor, entre outros livros, de *Democracia e representação: territórios em disputa* (Ed. Unesp, 2014), *Democracia na periferia capitalista: impasses do Brasil* (Autêntica, 2022) e *Marxismo e política: modos de usar* (Boitempo, 2024).

Marcelo Sevaybricker Moreira é professor associado de Ciências Sociais na Universidade Federal de Lavras e coordenador do grupo de pesquisa Democracia e Vulnerabilidades. É autor de *O pensamento político de Wanderley Guilherme dos Santos* (Appris, 2020).

Maria Caramez Carlotto é professora adjunta de Sociologia na Universidade Federal do ABC e coordenadora do grupo de pesquisa Neoliberalismo, Democracia e Mudança Estrutural do Espaço Intelectual Brasileiro. É autora de *Acesso negado: propriedade intelectual e democracia na era digital* (Sesc, 2019) e *Veredas da mudança na ciência brasileira: discurso, institucionalização e práticas no cenário contemporâneo* (Editora 34, 2013).

Maria Fernanda Lombardi Fernandes é professora associada de Ciência Política na Universidade Federal de São Paulo e coordenadora do grupo de pesquisa Pensamento Político Brasileiro. É autora de *A esperança e o desencanto: Silva Jardim e a República* (Humanitas, 2008).

Este livro foi composto com tipografia Adobe Garamond Pro
e impresso em papel Off-White 70 g/m² na Formato Artes Gráficas.